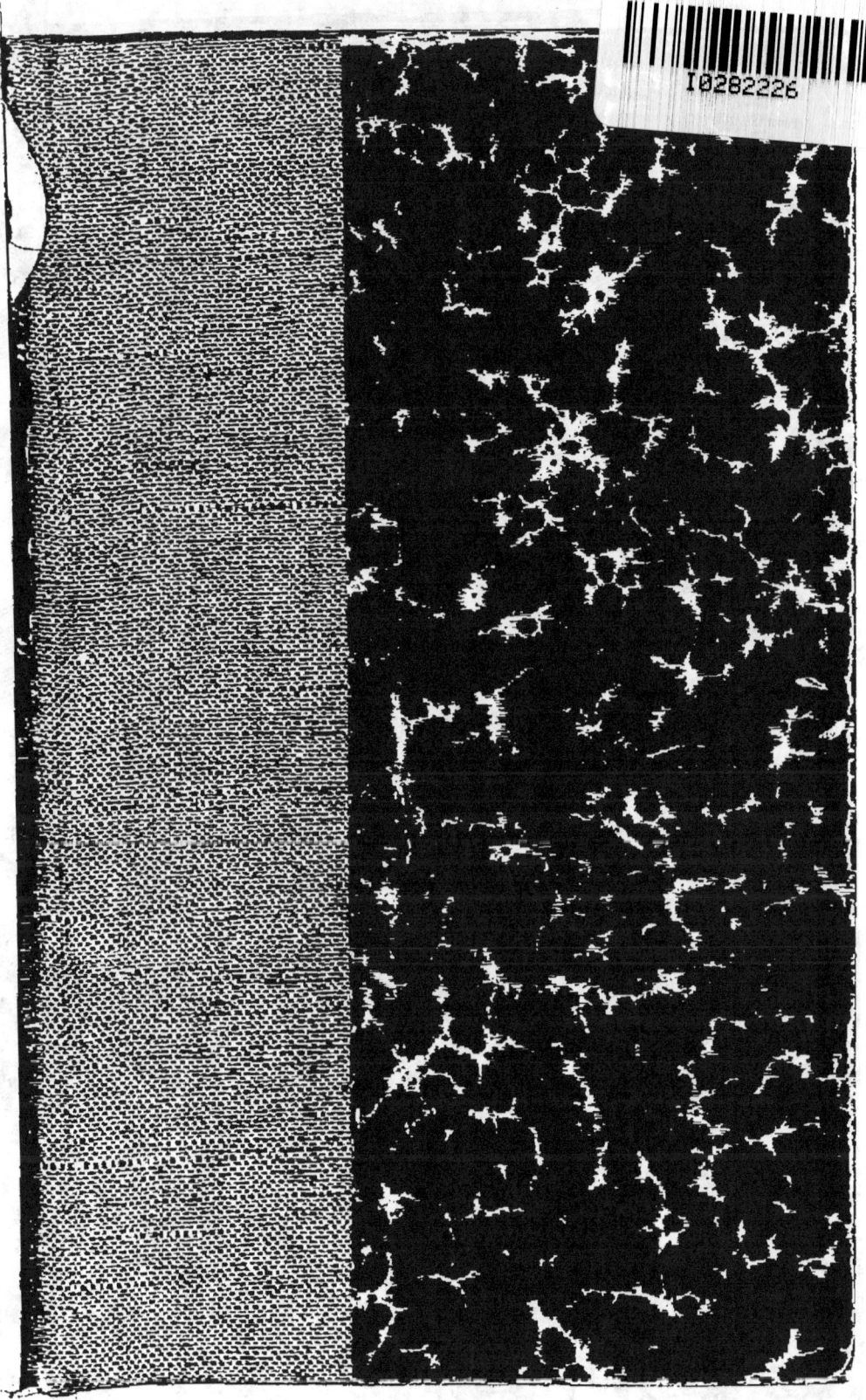

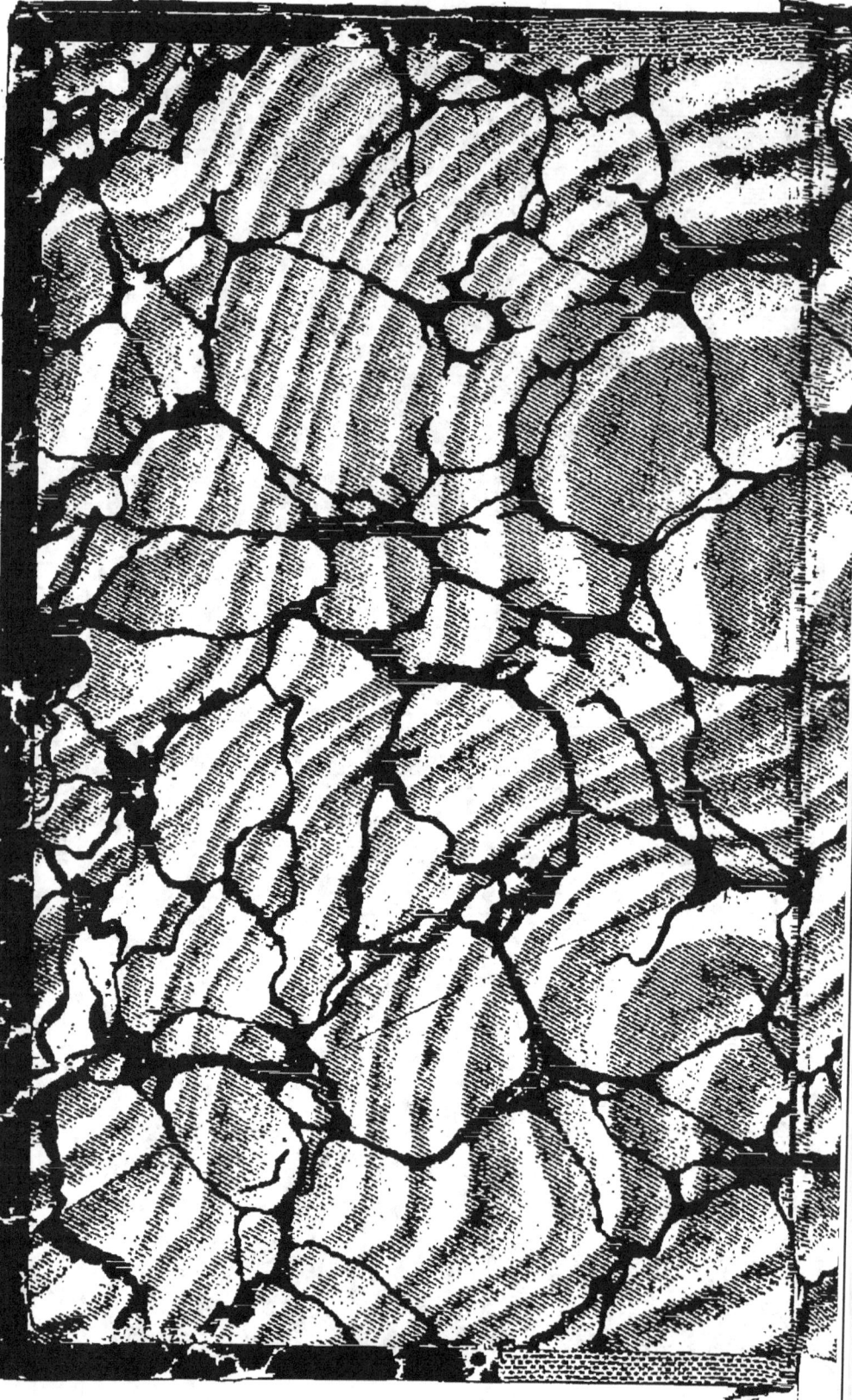

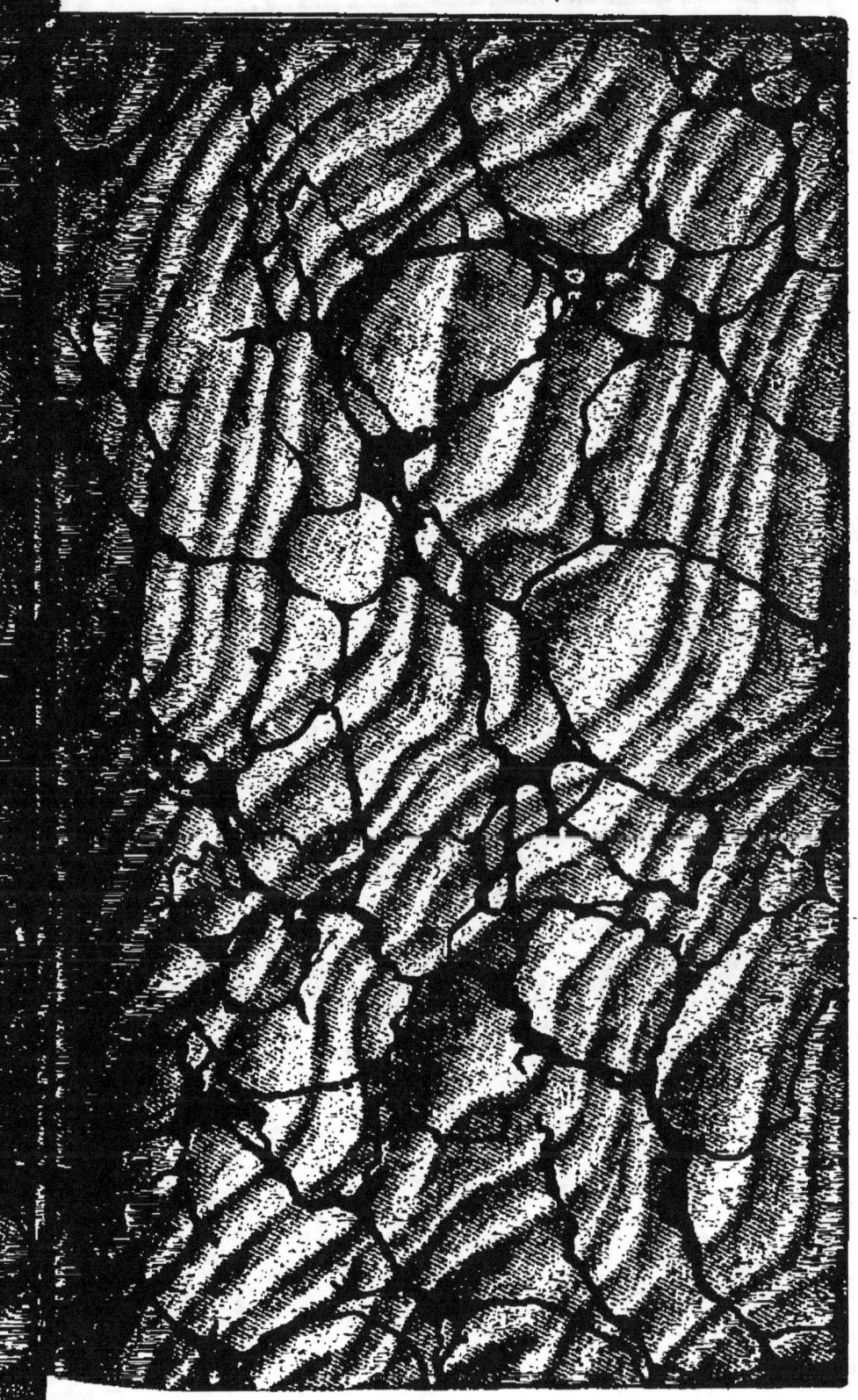

ENCYCLOPÉDIE-RORET

PARFUMEUR

TOME SECOND

PARIS
ENCYCLOPÉDIE-RORET
L. MULO, LIBRAIRE-ÉDITEUR
12, RUE HAUTEFEUILLE, VIe

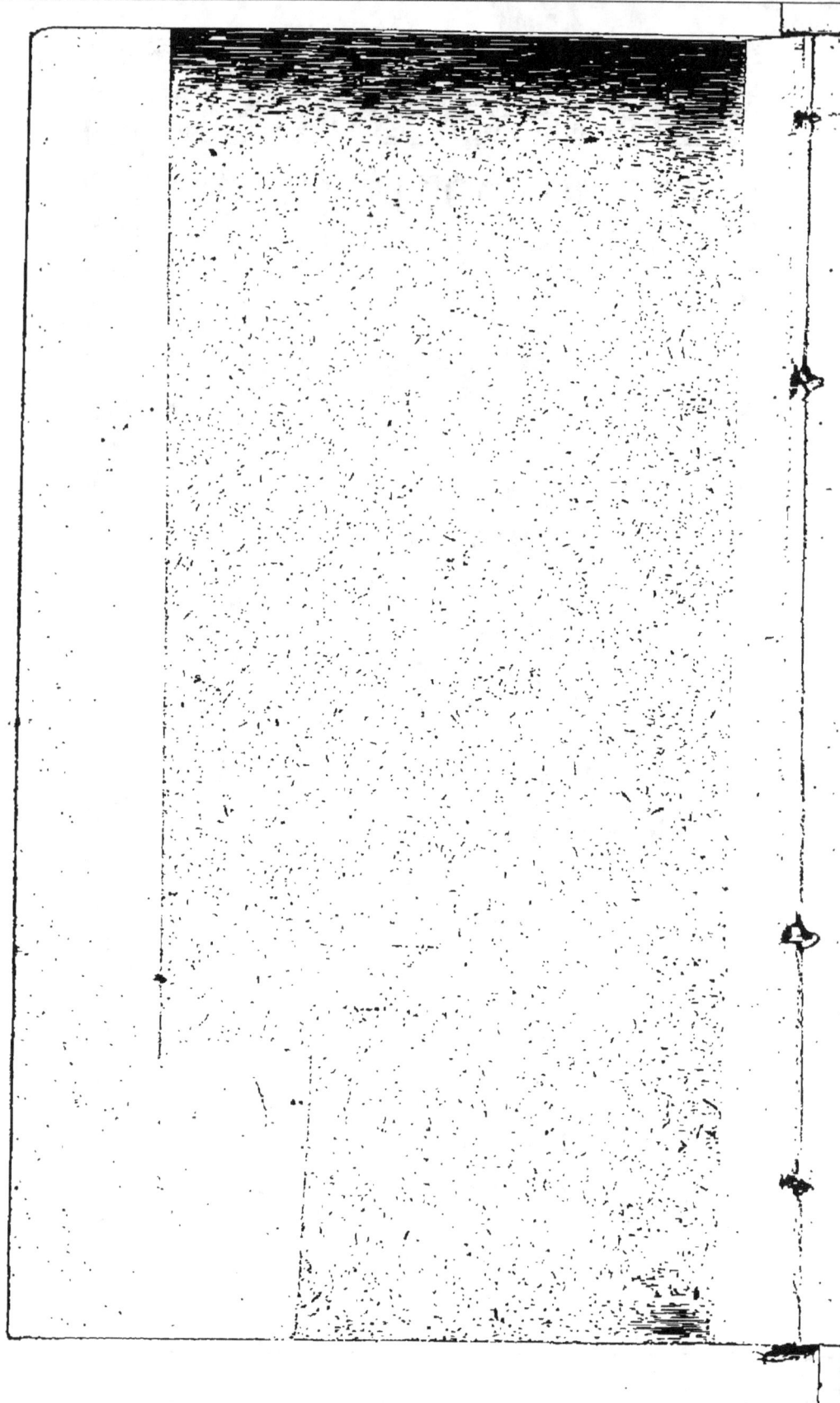

ENCYCLOPÉDIE-RORET

PARFUMEUR

TOME SECOND

EN VENTE A LA MÊME LIBRAIRIE

Nouvelle Collection de l'Encyclopédie-Roret
Format in-18 jésus 19 × 12

Manuel de l'Agriculteur, contenant : agriculture générale, engrais, aménagements des eaux, labours, semences, machines, agriculture spéciale, industries agricoles, zootechnie, comptabilité, etc., par Louis BEURET et Raymond BRUNET. 1 vol. in-18 jésus orné de 117 fig. 5 fr.

— **Apiculteur Mobiliste**, nouvelles Causeries sur les Abeilles en 30 leçons, par l'abbé DUQUESNOIS. 1 vol. in-18 jésus, orné de 20 figures dans le texte (*Médaille d'argent* à Bar-le-Duc). 3 fr.

— **Eleveur de Chèvres**, contenant : description des races, aménagement, soins généraux, alimentation, reproduction, élevage, produits, maladies, etc., par H.-L.-Alph. BLANCHON. 1 vol. in-18 jésus, orné de 12 fig. dans le texte. 2 fr. 50

— **Eleveur de Poules**, contenant : choix d'une race, installation, hygiène, nourriture, ponte, conservation des œufs, élevages naturel et artificiel, engraissement, maladies, etc., par H.-L.-Alph. BLANCHON. 2ᵉ édition, revue et corrigée. 1 vol. in-18 jésus, orné de 67 figures dans le texte. 3 fr.

— **Pisciculteur**, contenant : l'exploitation des étangs, lacs, cours d'eau, espèces à introduire, multiplications artificielle et naturelle, culture de l'écrevisse, par H.-L.-Alph. BLANCHON. 2ᵉ édition, revue, corrigée et augmentée de l'Elevage de la Grenouille. 1 vol. in-18 jésus, orné de 65 figures dans le texte. 4 fr.

— **Jardinage et Horticulture**, contenant : notions générales, multiplication des végétaux, cultures potagère et fruitière, culture d'agrément, ornementation des jardins, etc., par Albert MAUMENÉ, avec la collaboration de Claude TRÉBIGNAUD, arboriculteur. 2ᵉ édition. 1 vol. in-18 jésus, orné de 275 figures dans le texte, 900 pages. Broché, 6 fr.
— Cartonné. 7 fr.

— **Artichaut et Asperge** (Culture de l'), par R. BRUNET, ingénieur agronome. 1 vol. orné de 13 figures dans le texte. 2 fr.

— **Champignons et Truffe** (Culture des), par R. BRUNET, ingénieur agronome. 1 vol. orné de 15 figures dans le texte. 2 fr. 50

MANUELS-RORET

NOUVEAU MANUEL COMPLET
DU
PARFUMEUR

CONTENANT
LA FABRICATION ET LA NOMENCLATURE DES ESSENCES
La Composition des Parfums, Extraits, Eaux
Vinaigres, Sels, Poudres, etc.
LA PRÉPARATION DES FARDS, COLDS-CREAMS
TEINTURES, ETC.

PAR

MM. PRADAL, MALEPEYRE et A.-M. VILLON

NOUVELLE ÉDITION
CORRIGÉE, AUGMENTÉE ET ENTIÈREMENT REFONDUE
Par **J. BRODERS**

TOME SECOND

PARIS
ENCYCLOPÉDIE-RORET
L. MULO, LIBRAIRE-ÉDITEUR
12, RUE HAUTEFEUILLE, VIe
1918

AVIS

Le mérite des ouvrages de l'**Encyclopédie-Roret** leur a valu les honneurs de la traduction, de l'imitation et de la contrefaçon. Pour distinguer ce volume, il porte la signature de l'Éditeur, qui se réserve le droit de le faire traduire dans toutes les langues, et de poursuivre, en vertu des lois, décrets et traités internationaux, toutes contrefaçons et toutes traductions faites au mépris de ses droits.

NOUVEAU MANUEL COMPLET

DU

PARFUMEUR

TOME SECOND

CHAPITRE VIII

Huiles d'amandes. Huiles parfumées dites huiles antiques

SOMMAIRE. — I. Huiles d'amandes par expression. — II. Huiles parfumées par enfleurage. — III. Huiles de composition. — IV. Huiles parfumées aux essences. — V. Huiles parfumées aux esprits et teintures. — VI. Huiles aux odeurs ambrosiaques. — VII. Extraits d'huiles antiques. — VIII. Huiles diverses pour la conservation et la pousse des cheveux.

Nous ne devrions traiter des huiles d'amandes que lorsqu'il sera question des pâtes d'amandes; mais nous considérons ici les huiles comme une matière première, servant en partie à la fabrication des huiles parfumées ou *huiles aux fleurs*.

Ces dernières huiles diffèrent totalement des essences ou *huiles essentielles*, car jamais on n'applique la distillation pour les recueillir. Ce sont tout simplement des huiles d'amandes douces, d'amandes amères, de ben, des quatre semences froides, surtout la belle huile d'olive, appelée huile vierge, que l'on charge du parfum des fleurs, selon les procédés employés pour parfumer les pommades.

Dans la parfumerie à bon marché, on emploie aussi aujourd'hui l'huile de paraffine et l'huile de vaseline, depuis que l'on obtient ces corps absolument purs et transparents.

I. HUILES D'AMANDES PAR EXPRESSION

Huiles d'amandes douces

L'extraction de l'huile d'amandes douces est des plus simples : on doit d'abord choisir les amandes saines, non vermoulues, récentes autant que possible, et rejeter celles qui sont rances ; après les avoir séparées soigneusement des impuretés qu'elles peuvent contenir, on les introduit dans un sac qu'on remplit à moitié ; on les agite fortement et pendant quelque temps, afin de détacher cette poussière jaune qui recouvre la pellicule ; on les crible ensuite pour les séparer de cette poudre ; on les pile dans un mortier jusqu'à ce qu'elles soient réduites en pâte, ou bien on les met en poudre au moyen d'un moulin à bras ; on prend cette pâte ou cette poudre, on la place sur un carré de toile forte que l'on replie sur lui-même, et on la soumet à l'action graduée d'une forte presse, entre deux plaques légèrement chauffées, car l'expérience a démontré que lorsqu'elles le sont un peu trop elles disposent l'huile à rancir. L'huile ainsi obtenue doit être filtrée de suite et soigneusement conservée à l'abri de l'air; le filtre la dépouille d'une partie de son mucilage. M. J. de Fontenelle est parvenu à l'en séparer en plus grande quantité et à la conserver plus longtemps avec trois fois son poids d'eau tenant en dissolution un vingt-cinquième de sel marin. L'huile d'amandes douces bien préparée, et extraite des amandes qui ne sont point amères, est d'un jaune doré, ayant une légère et suave odeur d'amande; elle rancit facilement et se fige.

Pour obtenir une huile plus belle et plus blanche, le parfumeur commence à mettre les amandes dans un grand vase et à les couvrir d'eau bouillante, en les tournant jusqu'à ce que la peau ou pellicule se détache parfaitement. Alors il les verse dans un panier, les laisse égoutter, jette dessus de l'eau fraîche, pour pouvoir les éplucher; puis les fait sécher, et procède comme il vient d'être dit.

Diverses sortes d'huiles d'amandes

L'huile n'est que l'un des produits que peut obtenir le parfumeur, en pilant et pressant les amandes, car leur marc est destiné à préparer les pâtes d'amandes pour blanchir les mains, pour ajouter aux qualités adoucissantes du bain. Comme ces pâtes sont de trois sortes, l'huile est de trois sortes aussi : 150 kilogrammes d'amandes rendent à peu près 65 kilogrammes d'huile.

1º *Huiles d'amandes de noyaux d'abricots, de pêches,* seules ou mêlées d'amandes amères. — *Pâte d'amandes bise.* On s'abstient souvent d'échauder les amandes.

2º *Huile fine d'amandes douces.* — On doit, autant qu'il se peut, employer les amandes à coques tendres appelées *amandes de dames*, qui se trouvent principalement dans le département de l'Hérault. — *Pâtes d'amandes douces blanches.* On traite les amandes à l'eau bouillante.

3º *Huile d'amandes amères.* — On emploie ordinairement celles de Narbonne. L'amande amère, dépouillée de sa coque, donne 20 0/0 d'huile, c'est-à-dire un cinquième. — *Pâte d'amandes amères blanche.* Même procédé pour détacher la pellicule des amandes.

L'huile d'amandes douces s'emploie avec tous les parfums, mais il n'en est pas de même de l'huile d'amandes amères, dont le parfum particulier nuit à certaines odeurs, comme celles du jasmin, de la jonquille, de la tubéreuse, etc. ; mais elle s'emploie fort bien avec les essences de fruits à écorce, tels que la bergamote, le citron, le cédrat, l'essence de Portugal, et d'ailleurs avec toutes les huiles essentielles aromatiques, avec les parfums, entre autres l'essence de mirbane et l'aldéhyde benzoïque (essence d'amandes artificielle).

Huile de noisette ou d'aveline

Cette huile s'extrait comme celle des amandes douces. L'on échaude les avelines, on les jette dans un baquet dont le fond est percé de trous : on les rafraîchit, on les épluche, puis on les étend sur des tamis de crin faits exprès, et l'on place ces tamis sur des claies à l'étuve : on remue les avelines de temps en temps, jusqu'à parfaite dessiccation. Ces ustensiles ou ces procédés doivent être employés pour les amandes douces. L'huile d'aveline se conserve bien et remplace souvent l'huile de ben, dont le haut prix restreint l'usage. On fait aussi de la pâte d'avelines.

Huile de ben

On choisit les noix de ben oblongues, couvertes d'une coque blanchâtre. Cette noix, qui vient d'Egypte, est préférable à la noix de ben de l'Inde, moins grosse qu'elle. On en retire l'huile **par expression**, comme des amandes **ordinaires**.

Huile d'œuf

On fait durcir trois ou quatre douzaines d'œufs de sept à huit jours : plus frais, ils seraient trop visqueux, l'huile ne passerait pas **bien** ; plus vieux, l'huile serait moins bonne. On retire les jaunes que l'on émiette bien et qu'on place dans un vase sur un feu doux ; on agite continuellement avec une spatule de bois, jusqu'à ce qu'ils rougissent un peu et commencent à écumer. On les met alors promptement dans un sac de toile forte ou de coutil, puis on les soumet à l'action de la presse, comme on le fait pour les huiles d'amandes ou de noisettes.

L'huile d'œuf peut être employée principalement dans les préparations cosmétiques.

PROCÉDÉ POUR PARFUMER A LA FOIS L'HUILE ET LA PATE D'AMANDES.

Huile à la fleur d'oranger

Après avoir choisi, épluché, échaudé et pilé les amandes, on les pèse pour mettre 500 ou 625 grammes de fleurs d'oranger sur 4 kilogrammes de pâte. On a une boîte de fer-blanc ou en bois doublé, ou bien un vase ou seau de terre vernissé ou de faïence, en ayant soin qu'il ne soit pas trop évasé pour que l'odeur se concentre davantage. On dispose au fond de ces boîtes ou vases un lit d'amandes et un lit de fleurs, en continuant, toujours également, jusqu'à ce que toutes les amandes et les fleurs soient employées ; cela fait, on tient les boîtes closes pendant deux jours, après lesquels on passe la pâte dans un tamis clair pour en ôter les fleurs et en remettre de nouvelles dans le même ordre que l'on a commencé. On répète cette opération jusqu'à cinq ou six fois ; quand on aura formé la dernière couche de fleurs et qu'elles seront séparées des amandes, on remettra sous presse dans les toiles, comme il a été dit. On laisse quelque temps reposer l'huile qui en provient ; enfin, on la tire au clair et l'on obtient une huile d'un excellent parfum.

La pâte qui proviendra de cette opération sera également parfumée. Quand elle est sèche, on la met en poudre comme les autres pâtes, en ayant soin de la tenir dans des vases de terre ou de faïence bien clos pour lui conserver sa fraîcheur et son odeur.

Les marcs d'huile d'aveline, de ben, même ceux des huiles d'amandes d'abricots, de pêches, de prunes (car plusieurs parfumeurs provençaux tirent parti des amandes des noyaux de prunes des grosses espèces) peuvent être ainsi parfumées en même temps que l'huile. On voit combien ce procédé économise de matière odorante et de temps.

Huile au jasmin

On obtient cette huile par le même procédé; mais comme le jasmin est moins fort en odeur et, par conséquent, en huile essentielle que la fleur d'oranger, il faut en mettre 1 kilogramme au moins sur 4 kilogrammes de pâte. On peut employer de la même façon la tubéreuse et la cassie.

HUILES PARFUMÉES PAR INFUSION

On fait infuser la rose, la fleur d'oranger, la cassie, le seringa, la tubéreuse, dans l'huile bien fraîche, absolument comme on fait infuser ces fleurs dans la pommade épurée et liquéfiée par la chaleur du bain-marie. S'il est besoin d'un exemple, la rose de Provins va nous le fournir.

Huile à la rose de Provins

On pèse, par demi-kilogramme d'huile vierge d'Aix, 500 grammes de pétales de roses de Provins. On fait chauffer d'abord l'huile au bain-marie et l'on fait infuser les fleurs pendant une demi-heure, l'huile étant exposée au bain-marie ; puis vingt-quatre heures, l'huile étant retirée du feu. On agite deux fois pendant ce temps. Bien des parfumeurs obtiennent des huiles plus fines par simple infusion à froid. Ils laissent alors les matières odorantes en contact avec l'huile pendant dix à quinze jours en agitant continuellement dans des appareils automatiques. On retire les roses et on les passe dans un tamis ou canevas, et on les soumet à la presse pour en exprimer toute l'huile. On met à point les pains qui en proviennent, et l'on recueille l'huile déjà parfumée une fois pour la parfumer de nouveau, et successivement cinq, six ou sept fois de la même manière. On termine en ajoutant un peu de carmin à l'huile, si la couleur de rose en était trop pâle, et on la met dans des flacons en verre de grand, de moyen et de petit modèle, qui tous porteront une rose gravée ou coloriée.

On préparera de même par infusion, les huiles suivantes :

Huile de civette

Huile d'olive	20 kilogr.
Civette	250 gram.

Huile à l'iris

Huile d'olive.	20 kilogr.
Essence d'iris (beurre des violettes).	12 gram.

Huile à l'héliotrope

Huile d'olive.	20 kilogr.
Héliotropine.	60 gram.
Vanilline.	50 —
Ionone.	4 —

II. HUILES PARFUMÉES PAR ENFLEURAGE

On choisit de l'huile d'olive de première qualité, parfaitement fraîche et pure ; on nettoie complètement la *caisse à châssis*, l'on dispose les toiles de coton blanchi, en se souvenant qu'elles doivent être bien sèches, de la grandeur des châssis et pliées en deux ou en quatre, suivant leur épaisseur. Tout cela étant préparé, on trie les fleurs fraîchement cueillies, sans humidité, n'étant ni trop ni pas assez épanouies ; on enlève les queues, calices, en un mot toutes les parties verdâtres et l'on commence l'opération.

Il faut d'abord prendre par les quatre coins les toiles des deux mains et les tremper dans l'huile ; on exprime légèrement, puis on accroche ces toiles aux châssis, ou bien, si dans l'encadrement des châssis se trouvent des planches de fer-blanc percées à jour, on étend les toiles grasses sur ces planches, ce qui est d'un usage beaucoup plus commode et plus prompt.

Cela terminé, on étend sur chaque toile une couche peu épaisse de fleurs, en prenant soin de les renverser, c'est-à-dire de les placer de manière que la partie supérieure des pétales touche la toile, tandis que la partie inférieure, ou l'*onglet*, est en l'air. On sent que le parfum ainsi concentré entre la corolle et la toile, ne peut s'évaporer et pénètre naturellement celle-ci.

On laisse cette première couche de fleurs pendant vingt-quatre heures ; après ce temps, on les enlève délicatement à l'aide d'une *brucelle* ou pince de fleuriste, puis on les renouvelle, opérant ainsi jusqu'à ce que l'huile soit assez chargée de parfums. Alors on enlève les toiles en les pliant comme une serviette et en les soumettant à l'action de la presse jusqu'à ce qu'elles soient sèches. Cette dernière partie de l'opération exige ordinairement huit jours entiers.

On traite ainsi les fleurs de jasmin, de tubéreuse, de jonquille, mais principalement la violette de Parme, le muguet, la julienne, et généralement toutes les fleurs délicates.

Quand on veut abréger l'enfleurage, on y supplée par l'addition de l'huile essentielle de la fleur.

Huiles parfumées par un courant de vapeur

M. Piver, parfumeur à Paris, a pris un brevet pour recueillir le parfum des fleurs dont on peut se former, ainsi qu'il suit, une idée : On fait passer, au moyen d'une pompe foulante, un fort courant d'air sur des fleurs fraîches contenues dans un récipient. Cet air passe de là dans un cylindre rempli d'huile maintenue dans un état constant d'agitation par un certain nombre de disques. Les molécules odorantes, mises en contact avec des surfaces d'huile qui se renouvellent sans cesse, en sont en grande partie absorbées, tandis que celles qui échappent sont reprises par un second cylindre, de façon que l'air sort sans odeur. Néanmoins, afin de ne rien perdre, on fait encore passer ce même courant d'air, à plusieurs reprises, à travers les fleurs, jusqu'à ce qu'il en ait extrait toute l'odeur. La puissance de courant d'air est telle qu'il enlève à ces fleurs, même introduites sèches, une quantité assez notable d'eau. Cette eau, que l'on recueille dans un récipient faisant partie de l'appareil, est un produit intéressant qui possède au plus haut degré l'odeur pure des fleurs ainsi traitées.

Huile à la clématite cultivée

Cette fleur, abondante en automne, et dont l'odeur rappelle agréablement celle de la fleur d'oranger, peut offrir au parfumeur une gracieuse variété.

Huile au chèvrefeuille

On choisit le chèvrefeuille précoce et rosé dont les fleurs sont abondantes et suaves. Pour en tirer un parti certain, il sera bon de tremper les toiles d'huile de ben, qui absorbe si complètement le parfum des fleurs. Nous recommandons cette précaution, parce que le chèvrefeuille est oublié des parfumeurs. Cependant cette fleur est au moins aussi odorante que l'héliotrope, que le réséda, qu'ils emploient journellement ; elle est bien plus abondante que l'une, bien plus facile à traiter que l'autre, et nous pensons que la routine doit être seule cause de cet oubli.

Huile à l'aubépine

Nous recommandons avec moins de confiance cette fleur, malgré son parfum pénétrant et pur, car il devient bien aisément désagréable dès qu'il est un peu concentré. Cependant, en faisant alterner une couche de muguet ou de jacinthe et une couche d'aubépine, on pourrait obtenir à peu de frais un parfum agréable. Dans les produits de l'art du parfumeur, plus peut-être que dans tout autre, la variété est un gage de succès.

Huile au bouquet de Flore

On opère, pour la fabrication de cette huile, comme on l'a fait pour celle de la pommade aux *fleurs d'Italie* (p. 54 et 58, t. II) ; mais, au lieu d'employer seulement les fleurs indiquées, telles que jonquille, jacinthe, lilas et muguet, on peut aussi confectionner une huile analogue avec des fleurs d'été, telles que rose, œillet panaché (appelé aussi *œillet gris*), réséda, giroflée rouge, ou toute autre collection de fleurs.

III. HUILES DE COMPOSITION

Ainsi que les pommades rangées dans la même série, ces huiles ont pour but d'imiter le parfum des fleurs, sans subir toutefois l'opération de l'enfleurage.

Huile aux violettes de Parme composée

On mélange ensemble et l'on clarifie avec soin :

Huile de noisette, ou huile vierge .	250 gram.
— à la cassie	125 —
— au jasmin	125 —

Huile à l'œillet de ratafia composée

Huile d'amandes amères	250 gram.
— à la fleur d'oranger	125 —
— essentielle de girofle	15 —

Huile à l'héliotrope du Pérou composée

On laisse infuser pendant quinze jours, en agitant de temps en temps le vase, 30 grammes de baume du Pérou liquide dans 500 grammes de bonne huile d'olive ou d'amandes douces. On tire ensuite au clair et l'on ajoute, en agitant bien, pour mêler exactement :

Huile au jasmin	60 gram.
— à la rose	30 —
— d'amandes amères (la meilleure possible)	30 —

Si l'on désire rendre l'huile plus forte et plus agréable, on l'aromatise avec :

Huile à la vanille. . . . . 60 gram.
— à l'ambre et au musc . . . . 30 —

Huile de mille-fleurs ou de bouquet composée

Pour en faire un kilogramme environ, on prend :

Huile au jasmin . . . . 250 gram.
— à la rose. . . . . 250 —
— à la cassie. . . . . 125 —
— à la fleur d'oranger. . . . . 125 —
— à la tubéreuse . . . . 125 —
— à la jonquille. . . . . 60 —
— à la jacinthe. . . . . 60 —
— à la vanille. . . . . 60 —
— essentielle de girofle. . . . . 8 —

Pour la rendre plus forte en odeur, on met encore :

Huile ambrée et musquée . . . . . 60 gram.

Huile au pot-pourri composée

C'est l'huile précédente, à laquelle on ajoute :

Essence de bergamote. . . . . 8 gram.
— de thym . . . . 3 gouttes

IV. HUILES PARFUMÉES AUX ESSENCES

Huile à la bergamote, citron, ou cédrat

Sur un demi-kilogramme d'huile vierge on met 60 grammes d'essence de bergamote ou 75 grammes si l'on emploie l'huile d'amandes amères. On agit de même pour le citron et le cédrat.

Huile de Portugal

On met 15 grammes de moins par demi-kilogramme d'huile, d'essence de Portugal pour obtenir l'huile de ce nom, parce que cette essence a plus de force que les précédentes.

Huile de petit grain et de néroli

Comme nous le verrons bientôt, l'essence de petit-grain s'obtient en distillant la fleur d'oranger et celle de néroli, en repassant l'eau de fleurs d'oranger sur de nouvelles fleurs. Ces essences, comme les suivantes, appartiennent aux parfumeries de Grasse.

Or donc, pour préparer des huiles au petit-grain, ou bien au néroli, il suffit de 8 à 15 gr. au plus, d'essence par demi-kilogramme de fine huile d'olive.

Huile à la lavande ou à la marjolaine

On met seulement 8 grammes d'essence de lavande ou de marjolaine par demi-kilogramme d'huile. On laisse déposer pour l'avoir plus claire, et, si on en a besoin sur-le-champ, on clarifie au papier gris.

Huiles à la menthe, au thym, au serpolet, etc.

On procède exactement comme il vient d'être dit. L'on peut aussi préparer ces huiles par infusion, en laissant les fleurs de menthe, de thym et de serpolet pendant quinze à vingt jours dans l'huile, à la dose de 156 à 187 grammes par demi-kilogramme. On termine en clarifiant.

V. HUILES PARFUMÉES AUX ESPRITS ET TEINTURES

Les huiles parfumées aux essences peuvent être données à bon marché par le parfumeur : elles sont, à cet égard, favorables au commerce de la pacotille et de la province ; mais des *huiles parfumées aux esprits ou teintures*, de tout genre, seraient encore à plus bas prix et, par conséquent, plus avantageuses. On obtient ainsi des huiles au *benjoin*, au *baume du Pérou*, au *musc*, à l'*ambre*, à la *civette*, à la *cannelle*, au *girofle*, au *macis*, au *santal citrin*, à la *vanille*, au *fenu grec*, au *styrax*, à la *maréchale*, à l'*iris*, avec bien peu de peine et de frais.

Nous présenterons maintenant ici un certain nombre de formules récentes d'huiles de composition parfumées aux essences, aux esprits et aux teintures.

Huile lavande Mitcham (1)

Infusion d'ambrette (à l'huile de ben).	2 kilogr.
— d'iris.	2 kil. 500
— de musc.	250 gram.
— d'ambre.	250 —
— de vanille.	500 —
Huile de miel d'Angleterre.	3 kilogr.
— d'essence bouquet.	1 kil. 500
— de Chypre.	500 gram.
— d'olive.	2 kilogr.

(1) Mitcham, nom d'une localité du comté de Surrey, en Angleterre, où l'on cultive en grand la lavande et où on en produit de qualité supérieure.

Essence de lavande............ 100 gram.
— de bergamote.......... 75 —

On fait dissoudre les essences dans l'huile d'olive, on agite ensuite, on réunit le tout et l'on expose à une douce chaleur en agitant souvent.

Au bout de huit jours on filtre pour s'en servir au besoin.

Huile réséda

Huile d'olive............ 1.500 gram.
— à la cassie.......... 400 —
— au jasmin.......... 500 —
— au néroli........... 400 —
— à l'ambre........... 10 —
Essence de bergamote....... 6 —
— de girofle.......... 5 —
— de roses........... 4 —

On opère en tout comme pour la précédente formule.

Huile mille-fleurs

Huile au jasmin............ 2 kilogr.
— à la fleur d'oranger...... 2 —
— de lavande Mitcham...... 1 —
— de miel d'Angleterre..... 2 —
— de mousseline......... 2 —
— d'essence bouquet...... 2 —
Infusion d'héliotrope (à l'huile de
ben)............ 1 —
— d'iris............ 1 —
— de girofle.......... 1 —
— de styrax.......... 125 gram.
— de storax.......... 125 —
— de tolu........... 125 —

Huile d'olive. . . . . 2 kilogr.
Essence de Portugal. . . . . 125 gram.

On fait dissoudre l'essence de Portugal dans l'huile d'olive, l'on réunit le tout et on l'expose à une douce chaleur pendant huit jours, en agitant de temps en temps ; après cela on filtre pour s'en servir au besoin.

Huile pré fleuri

Huile d'ambroisie. . . . . 2 kilogr.
— de lavande Mitcham. . . . . 2 —
— d'essence bouquet. . . . . . . 2 —
— de pois de senteur. . . . . . . 2 —

Huile œillet

Huile au jasmin . . . . 4 kilogr.
— à la rose. . . . . 4 —
— à la fleur d'oranger. . . . . 1 —
— à la tubéreuse . . . . 1 —
Infusion de girofle (à l'huile de ben). . . . . 2 —
— de musc. . . . . 80 gram.
— de vanille. . . . . 80 —
— de tolu. . . . . 80 —
Essence de Portugal. . . . . 10 —
— de girofle. . . . . 20 —
— de néroli. . . . . 10 —
Huile d'olive . . . . 2 kilogr.

On fait dissoudre les essences dans l'huile d'olive, on agite fortement, l'on réunit le tout et on l'expose à une douce chaleur ; on agite pendant huit jours et l'on filtre pour s'en servir au besoin.

Huile fleurs de pêcher

Huile de fleurs d'oranger	500 gram.
— d'olive	200 —
Infusion de baume Pérou (à l'huile de ben)	10 —
Essence d'amandes amères	4 —
— de citron	4 —

De même que la formule précédente.

Huile vanille

Infusion de vanille	1 kilogr.
— de baume tolu (à l'huile de ben)	250 gram.
— d'ambre et de musc	60 —
Huile à la rose	200 —
— d'olive	200 —

On réunit le tout et l'on opère comme pour la formule précédente.

Huile miel d'Angleterre

Teinture de vanille (à l'huile de ben)	1 kilogr.
Infusion d'iris 2ᵉ — —	1 —
Huile à la tubéreuse	3 —
— au jasmin	3 —
Infusion de benjoin (à l'huile de ben)	125 gram.
— de musc — —	30 —
— d'ambre — —	30 —
— de civette — —	10 —
Essence de roses	20 —
— de girofle	15 —
— de bergamote	30 —

De même que la précédente indication.

Huile jacinthe

Huile de jacinthe.	1 kilogr.
— à la fleur d'oranger	500 gram.
Teinture de benjoin (à l'huile de ben).	5 —
— d'ambre	5 —

On agit comme pour la précédente formule.

Huile mousseline (extra-fine)

Huile de miel d'Angleterre.	12 kilogr.
— d'essence bouquet.	6 —
— à la fleur d'oranger	6 —
Teinture de mousseline (à l'huile de ben).	9 —
Teinture d'ambroisie	3 —
— de Chypre.	6 —
— de vanille.	3 —
— de musc.	3 —
— de lavande musquée. . . .	3 —
Essence de roses vraie	125 gram.
— de poivre.	125 —
— de cannelle Ceylan	15 —

On opère comme pour la précédente formule.

Huile essence bouquet

Huile de jasmin.	13 kil. 500
— à la tubéreuse.	6 — 500
— à la rose.	11 — 500
— à la fleur d'oranger.	4 — 500
— à la cassie.	3 kilogr.
— de lavande Mitcham.	3 kil. 500
Infusion d'iris (à l'huile de ben) . .	9 kilogr.
— de vanille (à l'huile de ben).	3 —
— de tolu (à l'huile de ben). .	1 —
Essence de Portugal.	450 gram.

Essence de bergamote	1 kil. 125
— de roses	160 gram.
— de géranium	160 —
— de citronnelle	25 —

On réunit les essences avec les huiles et l'on agite de cinq à dix minutes. Ensuite on y ajoute les infusions et l'on expose à une chaleur modérée pendant huit jours, en agitant plusieurs fois dans la journée, et l'on filtre pour s'en servir au besoin.

Huile fleurs d'Italie

Huile au jasmin	2 kilogr.
— à la cassie	2 —
— à la rose	2 —
— d'essence bouquet	3 —
— à la tubéreuse	2 —
— à la fleur d'oranger	2 —
— de mousseline	2 —

On opère en tout comme pour la précédente indication.

Huile tubéreuse

Huile à la rose	500 gram.
— à la tubéreuse	1 kilogr.
Infusion de tolu (à l'huile de ben)	15 gram.
— d'ambre	5 —

On opère exactement comme pour la précédente formule.

Huile maréchale (extra-fine)

Huile au jasmin	1 litre
— à la fleur d'oranger	1 —
— à la tubéreuse	1 —

Huile à la cassie.	1 litre
Teinture de maréchale (à l'huile de ben).	8 —
Teinture d'ambre (à l'huile de ben).	125 gram.
— de musc.	60 —

On réunit toutes les huiles, ainsi que les teintures ci-dessus dans un balaru. On expose à une chaleur modérée pendant huit jours, en agitant de temps en temps ; après ce temps, l'on filtre pour s'en servir au besoin.

Huile fine violette de Parme

Huile de violette.	3 kil. 500
— d'iris.	1 kilogr.
— de jasmin.	750 gram.
— de cassie.	750 —

Huile fine Macassar véritable

Huile d'olive.	5.000 gram.
— d'orange.	2.000 —
— de cassie.	500 —
— à la rose.	500 —
Essence de girofle.	15 —
— de cannelle.	4 —
— de bergamote.	40 —
— de géranium.	12 —
Infusion huile de musc.	5 —
— huile civette.	5 —

Huile fine à la violette

Huile d'olive.	2.000 gram.
— de cassie.	1.500 —
— à l'orange.	100 —
— au jasmin.	100 —
— à la rose.	100 —

HUILES PARFUMÉES AUX ESPRITS ET TEINTURES

Huile d'infusion d'iris	1.500 gram.
Essence de bergamote	15 —
— de santal	4 —
— de géranium	1 —
Infusion huile de musc	8 —

Parfum pour huile vanille fine

Essence de girofle	15 gram.
— de bergamote	15 —
— d'amandes amères	5 —

Huile à la rose

Huile d'olive	2.000 gram.
— à la rose	2.000 —
— au jasmin	2.000 —
Essence de géranium	60 —
— de girofle	6 —
— de bergamote	16 —
Infusion huile de musc	10 —

On réunit le tout, on laisse dissoudre à une chaleur modérée ; on peut filtrer après huit jours.

Huile athénienne extra-fine

Huile au jasmin	250 gram.
— à la rose	125 —
— à la jonquille	125 —
— à la violette	125 —
— à la tubéreuse	125 —
— au réséda	125 —
— à la fleur d'oranger	125 —
— à la cassie	125 —
Teinture d'ambre musqué (huile de ben)	8 —
Teinture de benjoin vanillé	8 —

Essence de girofle	2 gram.
Teinture de girofle (dans l'huile de ben)	8 —
Essence de bergamote	8 —
— de thym	2 —

On mélange toutes les huiles et essences ci-dessus dans un petit balaru, on agite et on expose à une douce chaleur pendant huit jours. Après ce temps, on filtre pour s'en servir au besoin.

Huile à la quinine

Huile d'olive	5.500 gram.
— à la rose	250 —
— au jasmin	300 —
— à l'orange	250 —
— à la cassie	250 —
— de quinine	200 —
Essence de petit grain	12 —
— de girofle	30 —
— de géranium	8 —
— de cannelle	3 —
— de bergamote	60 —
Huile orcanette	60 —
— au roucou	50 —

VI. HUILES AUX ODEURS AMBROSIAQUES

Huile à l'ambre

Ces huiles se font par infusion et toutes de la même manière.

On broie, dans un petit mortier :

Ambre gris	12 gram.

On prend quelques gouttes d'huile sur un

demi-kilogramme d'amandes douces, dans laquelle on incorporera peu à peu le parfum. On le broie de nouveau avec ce peu d'huile, et l'on ajoute petit à petit le reste de l'huile. On laisse infuser le tout pendant douze jours en remuant souvent la bouteille. Quand l'huile sera suffisamment parfumée, on la clarifiera au papier gris, ou bien on la décantera si l'on s'aperçoit qu'elle ait déposé.

Huile au musc

On opère comme il vient d'être expliqué, en mettant, au lieu d'ambre :

> Musc . . . . 8 gram.

Il est bon d'y ajouter :

> Ambre ou benjoin. . . . . 2 gram.

Huile à la civette

> Civette . . . . 4 gram.
> Ambre . . . . 4 —
> Musc . . . . 2 —
> Huile . . . . 500 —

Telles sont les doses de parfums de cette huile qui d'ailleurs se prépare comme les précédentes.

Huile à l'ambre et au musc

Ces deux parfums se mélangent très agréablement. On emploie :

> Huile fine . . . . 500 gram.
> Ambre . . . . 8 —
> Musc . . . . 2 —

Parfumeur. — *T. II.*   2

La manipulation ne diffère en rien des autres huiles. Pour tirer parti de ces quatre sortes d'huile, on remet dessus 250 grammes d'huile qui se parfume avec le reste de l'odeur, et fournit de l'huile antique de seconde qualité.

VII. EXTRAITS D'HUILE ANTIQUE

On peut fabriquer ces compositions à toutes les fleurs déjà indiquées ; mais, d'après les conseils que nous venons de donner sur l'avantage d'introduire l'usage de nouvelles fleurs en parfumerie, nous allons formuler, comme exemples d'extraits, les préparations suivantes :

Extraits d'huile aux fleurs de catalpa

Au mois d'août, lorsque les fleurs abondantes et suaves du catalpa couvrent ce bel arbre exotique, on prend de l'huile préparée à la cassie, un peu faible, et on l'enfleure par plusieurs couches de fleurs de catalpa. Ces deux parfums analogues s'harmoniseront parfaitement.

Extrait d'huile à l'hémérocalle

Pour l'obtenir, on enfleure de l'huile à la fleur d'oranger, avec quatre couches d'hémérocalle. Comme cette fleur passe en un jour, il faut agir promptement. Ces deux parfums se ressemblent comme les précédents. Cet extrait doit offrir une belle blancheur.

Extrait d'huile au jasmin-jonquille

On prend, comme à l'ordinaire, de l'huile de ben, dans laquelle on aura mis infuser des fleurs du jasmin. On enfleure ensuite avec les odorantes fleurs de jasmin-jonquille. On colore légèrement d'une teinte citronnée.

Extrait d'huile à l'oreille d'ours, à la violette des bois et autres fleurs

On opère encore de même. Pour simuler le léger parfum de l'oreille d'ours, on emploie un peu de réséda, d'héliotrope et d'iris de Florence.

VIII. HUILES DIVERSES POUR LA CONSERVATION ET LA POUSSE DES CHEVEUX

Nous donnons ci-dessous quelques formules d'huiles réputées pour avoir une action efficace sur la chevelure, mais cela sans aucune garantie, naturellement.

Huile du phénix, ou baume nerval pour fortifier la chevelure

On prend :

Moelle de bœuf épurée	125 gram.
Axonge	60 —
Huile épaisse de muscade	125 —
de girofle	2 —
— de lavande	2 —
— de menthe	2 —
— de romarin	2 —
— de sauge	2 —

Huile de thym.	2 gram.
Baume de tolu.	15 —
Camphre.	4 —
Alcool à 36 degrés.	30 —

On place d'un côté, dans une fiole, l'alcool avec le baume de tolu, et on fait dissoudre au bain-marie : on ajoute ensuite le camphre et les huiles essentielles.

On fait fondre, d'autre part, la moelle de bœuf, l'axonge et l'huile de muscade : on passe à travers un linge, dans un mortier chaud : on remue, et quand le baume commence à se refroidir, on ajoute la dissolution de l'alcool et des huiles. On agite jusqu'à l'entier refroidissement.

Huile de graisse d'ours

On prend :

Corps de graisse d'ours.	250 gram.
— de graisse de bœuf.	60 —
Huile de laurier.	4 —
— d'aulnée.	4 —
— de sauge.	4 —
Benjoin.	15 —
Musc.	2 —

On travaille cette huile d'après les principes précédents.

Huile philocome d'Aubril

Cette composition se fait à froid. Il faut d'abord de l'huile de noisette et de l'huile d'amandes, par égales parties, ainsi que de la moelle de bœuf. Les huiles obtenues sans le secours du feu, se broient sous la molette et s'amalgament avec la moelle. Pour se servir de ce cosmétique, on en prend un peu sur les doigts, que l'on passe à plusieurs reprises sur les cheveux écartés. Si l'on désire parfumer cette huile, on y ajoute quelques gouttes d'essence quelconque.

Huile philocome

Huile d'amande	2.000 gram.
— antique de cassie	500 —
— — de jasmin	800 —
Cire	100 —
Blanc de baleine	50 —
Essence de néroli	30 —
— de roses	10 —
— de cannelle	5 —

Huile des Célèbes, de Naquet

Voici la composition de cette huile pour la conservation des cheveux :

On ajoute à un litre d'huile d'olive superfine :

Clous de girofle entiers	8
Cannelle en bois coupé par petits morceaux	15 gram.

On fait bouillir pendant une heure, jusqu'à réduction d'un quart.

On répare le volume perdu, en ajoutant 15 grammes de bois de cannelle en racine, et autant de bois de santal. On laisse infuser le tout pendant dix minutes : on clarifie et on ajoute 15 grammes d'essence de Portugal. Il est bon d'opérer dans des vases de faïence brune.

Huile de Macassar, de Naquet

On prend :

Huile de ben.	8 litres
— de noisette.	4 —
Esprit-de-vin	1 —
Essence de bergamote.	90 gram.
Esprit de musc	90 —
— de Portugal.	60 —
Essence de roses.	8 —

On met le tout au bain-marie pendant une heure, dans un vase bien luté ; on laisse ensuite dans le même vase, en infusion pendant huit jours, en remuant deux ou trois fois par jour ; on donne ensuite la couleur rouge avec l'orcanette. Cette seconde composition est préférable à la première, en ce qu'elle peut se conserver bien plus longtemps.

On fait aussi de la *pommade de Macassar*, en employant, au lieu d'huile de ben ou de noisette, des pommades romaines, parfumées à la noisette, au ben, et coupées avec l'huile de ces fruits.

Autre huile de Macassar, de Henkenins

Essence d'héliotrope.	90 gram.
Graisse d'oie liquide	16 —
Axonge.	16 —
Styrax liquide.	8 —
Huile d'œuf	8 —
Essence de néroli.	4 —
— de thym.	8 —
Baume du Pérou.	50 centig.
Essence de roses.	5 —
Beurre de cacao	8 gram.

On agite le tout dans un flacon, on laisse reposer pendant quelques heures dans un lieu modérément chaud, et l'on conserve ensuite dans un lieu frais.

Huile de racine de clouteron

Huile d'amandes.	2 kilogr.
Essence de racine de clouteron. . .	500 gram.
— de bergamote	50 —
— de citron	30 —
— de roses.	20 —

CHAPITRE IX

Des pommades

SOMMAIRE. — I. Bases ou corps des pommades. — II. Pommades préparées par infusion. — III. Pommades préparées par enfleurage. — IV. Pommades en composition. — V. Pommades romaines. — VI. Pommades par les essences. — VII. Pommades diverses, philocomes et cosmétiques.

La fabrication des pommades se divise en deux opérations : 1º la préparation des graisses ; 2º la manière de les parfumer et de les changer ainsi en pommades. Les diverses combinaisons qui procurent à ces pommades leurs propriétés, sont un important accessoire, mais un accessoire seulement, dont il sera parlé en détail à la fin de ce chapitre. On s'occupera d'abord de la partie principale, c'est-à-dire de l'épuration des graisses.

I. BASES OU CORPS DES POMMADES

On commence d'abord par déterminer l'espèce de corps de pommade que l'on veut préparer. Il est bon de s'en proposer de plusieurs sortes, afin d'employer en même temps les différentes parties de la même graisse. Il faut encore avoir égard à la destination des pommades, car, si elles doivent être expédiées dans les contrées lointaines, dans les pays chauds, surtout pendant l'été, quelques additions sont indispensables. Il importe encore d'avoir égard à la nature des parfums, à la teinte qu'il convient de donner aux pommades. D'après toutes ces considérations, et pour prévenir des oublis désagréables, un parfumeur soigneux prend bonne note de ces diverses précautions.

Corps de pommade d'axonge

Premier procédé

On hache l'axonge ou panne, on la pile dans les mortiers : après l'avoir bien écrasée, on la lave en changeant l'eau, jusqu'à ce que celle-ci reste bien claire : on égoutte, puis on fait fondre à feu doux, en ajoutant sur 25 à 30 kilogrammes, 60 grammes d'alun de glace, et une poignée de sel blanc. On donne quelques bouillons en écumant bien. Lorsque le tout est entièrement liquéfié, on passe au tamis de crin ou de fil métallique, sans trop presser, car les cretons seront mis à part pour servir à préparer un corps de pommade plus commun. On laisse ensuite reposer la graisse fondue pendant une heure, puis on la tire soigneusement au clair sans y laisser d'eau. Si l'on veut lui donner un nouveau degré de perfection, on fait refondre de nouveau la masse au bain-marie. On ajoute quelquefois deux ou trois litres d'eau de rose, mais on se dispense aussi souvent de faire cette addition, qui rend, dit-on, le corps de pommade humide et le dispose à s'altérer. On termine en tirant de nouveau au clair la masse fondue.

Si la pommade préparée avec cette masse doit s'expédier au loin, et que l'on travaille pendant l'été, il faudra ajouter un quart, ou même moitié de graisse de bœuf à l'axonge, afin qu'elle puisse résister à l'action de la chaleur. Si l'on a des envois à faire dans les climats méridionaux, il sera bon d'ajouter au corps de la pommade 60 à 90 grammes par demi-kilogramme de belle cire jaune pour les pommades colorées, de belle cire blanche pour les pommades incolores ou bien un peu de paraffine.

Deuxième procédé

Les graisses ainsi préparées offrent une pureté, une blancheur parfaites, mais, par malheur, au bout de quelque temps, elles commencent à s'altérer. Les portions d'eau qu'elles ont retenues, malgré tous les soins, sont cause de cette prompte, de cette inévitable altération. Pour la prévenir, quelques parfumeurs battaient la graisse fondue, afin d'y introduire une certaine quantité d'air, et la rendre plus blanche, plus légère, mais ils risquaient de décomposer la matière. Aussi les parfumeurs modernes ont-ils adopté la méthode suivante pour obvier à l'un et à l'autre inconvénient. Ils pilent les graisses sans nulle addition d'eau, jusqu'à ce que toutes les membranes soient complètement déchirées : ils jettent cette masse dans une chaudière chauffée au bain-marie ; la graisse fond bientôt, et l'albumine, en se coagulant, entraîne toutes les matières étrangères. On a soin d'écumer à mesure et de passer le tout dans un canevas. Le corps de pommade se conserve alors très bien, et l'addition de la graisse de bœuf, de la cire, peut être faite alors à dose plus légère.

Troisième procédé

On se procure de la panne ou graisse en rame de très bonne qualité et bien fraîche, dont on extrait les membranes avec soin. Cette opération terminée, on étend la panne sur un fort madrier en chêne, et on la bat fortement pour ouvrir les cellules adipeuses dans lesquelles la graisse se trouve enveloppée ; on arrive ainsi à rendre l'extraction de la graisse plus facile et plus prompte.

La panne étant ainsi préparée, on la lave dans cinq à six bains d'eau froide différents ; cette opération se pratique dans un grand baquet rempli aux deux tiers d'eau ; l'eau du dernier lavage doit rester claire et limpide. Le but qu'on se propose par ces lavages est d'éliminer le plus complètement possible les parties colorantes et sanguinolentes qui sont adhérentes à la graisse et qui pourraient la colorer et l'altérer pendant la cuisson, ce qui en rendrait la conservation incertaine et difficile.

Ces lavages étant effectués, on égoutte la panne sur des toiles propres, puis on la fait fondre dans une chaudière en cuivre étamé où l'on a mis une quantité d'eau à peu près équivalente au tiers du poids de la panne. Tout étant ainsi disposé, on allume le feu dessous la chaudière, et lorsque la graisse est fondue, on ajoute 30 à 40 grammes de sel marin raffiné par 10 kilogrammes de graisse. On fait bouillir l'espace de huit à dix minutes, et comme par l'ébullition il se forme de l'écume, on l'enlève avec soin au moyen de l'écumoire.

La fonte étant effectuée, on décante dans un vase en cuivre étamé, de forme conique ; mais pour avoir la graisse propre, on la passe à travers un tamis en crin qui retient les membranes et les matières insolubles qui y sont contenues.

On laisse reposer pendant deux ou trois heures ; pendant ce repos l'eau se sépare, entraînant au fond du vase les crasses contenues dans la graisse. Celle-ci est alors décantée avec soin et remise dans la chaudière qu'on a nettoyée ; comme la première fois, elle est refondue avec de l'eau à laquelle on ajoute quelques litres d'eau de roses ou de fleur d'oranger.

On rallume le feu sous la chaudière, et quand la graisse est fondue, on ajoute 10 grammes d'alun épuré en poudre par 10 kilogrammes de graisse. On fait bouillir doucement l'espace de huit à dix minutes, et, comme à la première fonte, on enlève avec soin l'écume qui se forme sur la surface de la graisse.

Toute l'écume étant enlevée, on retire le feu et on couvre la chaudière avec beaucoup de soin, condition essentielle pour maintenir la masse à une température élevée. On laisse ainsi reposer pendant quatre à cinq heures, ou ce qui est plus sûr, jusqu'au moment où la graisse commence à blanchir et à se figer sur les parois de la chaudière ; quand la graisse est coulée trop chaude, elle se graine en refroidissant et se conserve plus difficilement.

Quand la graisse est dans l'état que nous venons d'indiquer, on la décante dans de grands vases vernissés, ou dans des tonneaux en bois blanc où on la conserve pour l'usage.

Comme les dernières portions de graisse qui surnagent sur l'eau sont moins blanches et moins pures que les premières, on les conserve séparément pour préparer des produits de qualité secondaire.

La graisse ainsi préparée peut se conserver fort longtemps sans altération ; elle forme la base principale des pommades et des philocomes.

Corps de pommade de graisse de bœuf

On la nomme ordinairement *pommade ferme*. On l'unit au corps de pommade d'axonge, en faisant fondre l'une et l'autre au bain-marie, ou bien par moitié de corps de pommade de moelle de bœuf, ou bien à la graisse d'ours. Pure, elle remplace souvent la moelle de bœuf, et communément on la vend sous cette dénomination ; mais en beaucoup de circonstances, elle a besoin d'être adoucie par un peu d'axonge. En hiver surtout, et dans les grands froids, il est nécessaire de mettre trois quarts d'axonge ou moitié d'huile blanche ; on emploie à cet effet les huiles parfumées. La graisse de bœuf s'épure et se prépare d'ailleurs comme l'axonge.

Corps de pommade de graisse de mouton

D'après les règles déjà exposées, ce corps de pommade se traite comme les précédents, c'est-à-dire qu'il ne s'emploie point seul, et s'unit avec l'axonge ; mais cette union a lieu d'une manière particulière : l'axonge, préparée comme à l'ordinaire, se réunit à la graisse de mouton, qui n'est jamais soumise à l'opération de la cuite.

Cette graisse, d'ailleurs, est destinée aux pommades communes, aux pommades en bâtons (et, dans ce cas, elle ne reçoit l'addition d'aucune graisse étrangère).

Procédé particulier d'épuration

Il importe souvent beaucoup au parfumeur d'obtenir des pommades d'une grande blancheur. Le succès est sûr et facile, s'il veut ajouter par 2 kilogrammes de graisse fondue le jus d'un citron, ou, pour plus d'économie, quelques parcelles d'acide tartrique. Après cela, il aura soin de battre cette graisse par parties avec un balai d'osier, semblable à ceux dont on se sert pour fouetter les crèmes.

Corps de pommade de moelle de bœuf

Les parfumeurs ne font presque plus cette pommade que de nom, et c'est un tort en même temps qui peut faire accuser leur bonne foi, et contre leur intérêt bien entendu.

Pour 6 kilogrammes de pommade on mélange un kilogramme de corps de graisse de bœuf et

3 kilogrammes d'axonge. On a, d'autre part, de la moelle de bœuf que l'on pile et fait fondre comme cette dernière graisse. On pèse 2 kilogrammes de ce corps à la moelle et on les ajoute aux 4 kilogrammes précédemment mélangés.

On peut, si on le juge à propos, ajouter, pendant l'été, une partie de belle cire jaune ; pendant l'hiver on doit quelquefois ajouter trois quarts de corps d'axonge et un quart de corps de moelle de bœuf, ou bien moitié corps de moelle et moitié huile blanche, sans addition de corps ferme.

Corps de pommade de graisse d'ours

A 2 kilogrammes de graisse d'ours on joint un kilogramme de moelle de bœuf pour donner de la consistance à cette graisse huileuse. A défaut de moelle, on prend de la graisse de bœuf ; on la fait fondre et on l'épure comme à l'ordinaire, et l'on parfume avec 184 grammes d'essence de lavande et quelques gouttes d'essence de thym. Toutes les pommades qu'on vend encore sous ce nom ne renferment pas la moindre parcelle de graisse d'ours, et sont des pommades souvent communes et mal préparées.

Corps de pommade au beurre de cacao

A une dizaine de kilogrammes de beurre de cacao on ajoute en une seule fois 3 kilogr. 500 d'huile d'amande, et l'on mélange intimement. L'odeur est très fine, et cette pommade se **conserve bien.**

Corps de pommade à la vaseline

La vaseline, que l'on obtient aujourd'hui très pure, présente le grand avantage de ne pas rancir ; aussi encrasse-t-elle moins les cheveux que les autres graisses. On l'emploie généralement mélangée aux graisses naturelles.

Corps de pommade à la lanoline

Cette graisse animale est aussi extrêmement intéressante en ce qu'elle ne rancit absolument pas. On la dit quelquefois douée d'une action efficace contre la chute des cheveux.

Elle est employée à l'état de mélange, soit avec le beurre de cacao, soit avec la vaseline.

Corps de pommade jaune

Comme l'usage est, depuis un certain temps, de faire de la pommade de moelle de bœuf, à laquelle on donne une teinte jaunâtre, on prépare à cet effet un corps jaune bien foncé au moyen d'une certaine dose de matière colorante que l'on met dans la pommade et qui lui donne plus ou moins de couleur. La dose est ordinairement de 30 grammes par demi-kilogramme environ de pommade, que l'on règle de manière à ce qu'elle donne une belle couleur de beurre frais.

Pour faire ce corps jaune bien foncé, on a 3 kilogrammes de corps de bœuf préparé que l'on fait fondre au bain-marie avec 500 gr. de rocou ; on laisse un peu incorporer ce dernier avec le corps en le retournant bien pendant une bonne heure ; ensuite on le passe dans un linge fort, en le pressant le plus possible.

La couleur qui restera sera remise avec la même quantité de corps de bœuf que l'on fond et qu'on laisse incorporer pendant un jour ou deux pour en exprimer le reste de la couleur, qui sera presque aussi foncée que la première. S'il reste encore du marc, on le remet avec du corps : cette drogue rendant beaucoup de couleur, on en tire le meilleur parti possible pour absorber le mauvais goût du rocou.

On parfume ce corps avec 30 grammes d'essence de bergamote par demi-kilogramme.

Corps de pommade verte

On prend du corps de pommade épuré, ou bien de bonne pommade fine à la rose ou à la fleur d'oranger, suivant la quantité dont on aura besoin. On fait fondre au bain-marie et l'on dispose, pour mettre dans cette pommade, **les sommités et les feuilles de morelle nouvellement cueillies** ; on les pile un peu au mortier de **marbre** s'il est possible, parce que celui de fonte pourrait ternir la couleur. On laisse infuser la morelle environ une petite demi-heure, en l'agitant de temps en temps ; ensuite l'on passe **ce corps de pommade** et, l'exprimant bien, on lui donne encore une deuxième couche de morelle, afin qu'il ait plus de couleur ; on le passe de nouveau et on le laisse déposer pour le tirer avec soin, afin qu'il ne s'y trouve pas de fond et qu'il puisse, par ce moyen, se conserver et servir au besoin.

Si le corps est sans odeur, on le parfume avec 16 grammes d'essence par demi-kilogramme.

Ces parfums, pour ainsi dire primitifs, n'empêchent point les corps de pommade de recevoir ensuite d'autres odeurs après le mélange.

II. POMMADES PRÉPARÉES PAR INFUSION

Ces pommades, les plus simples de toutes, s'obtiennent en faisant infuser, dans la graisse fondue, pendant un certain temps, les fleurs ou substances odorantes destinées à parfumer la matière graisseuse.

Pommade à la cassie ou à l'acacia

On prend 164 kilogrammes de corps d'axonge et 81 kilogramme de *corps ferme* (plus ou moins, suivant le temps et la destination). On met ces 245 kilogrammes de graisse dans un *bugadier*, et, quand elle est fondue, on y jette 75 kilogrammes de fleurs de cassie effeuillées. L'on couvre le vase et on remue l'infusion une fois par heure, pendant un jour, en mêlant exactement et pétrissant, en quelque sorte, les fleurs avec la graisse. Au bout de ce temps, on fait fondre de nouveau la pommade en l'agitant continuellement, afin que les fleurs, dont elle est chargée, ne la portent point à s'attacher au fond de la chaudière. On la tient en fusion pendant une autre journée, en remuant avec soin de temps en temps. On la laisse ensuite un peu refroidir et on la verse dans les canevas pour en exprimer la graisse. Après cette première opération, les fleurs, mises dans d'autres canevas, sont soumises à la presse, afin que son action, en les privant des parties graisseuses et odorantes qu'elles ont retenues, en fasse un *marc* sans valeur. Ce marc, qui reçoit dans les canevas la forme de pains rectangulaires, est placé dans le baril troué circulairement, afin que la pommade, coulant tout autour, soit reçue dans le vase placé sous la gouttière de la presse.

Il importe de répéter cette opération plusieurs fois, pour éviter la perte qui résulte du peu de graisse que les canevas retiennent nécessairement. Ce travail, quoique bien simple, exige beaucoup d'habitude et de soins.

La graisse, ainsi dégagée des premières fleurs, doit en recevoir, de la même manière, une même quantité, après qu'elle aura été fondue au bain-marie.

Cette infusion se répète même jusqu'à dix fois, toujours avec de nouvelles fleurs. Après la dixième, on aura soin de bien laisser reposer la pommade pour la tirer au clair : on la met ensuite dans des pots parfaitement propres et secs. Il est nécessaire de ranger à part ceux qui reçoivent le fond de la pommade, qui n'est jamais d'aussi bonne qualité.

Pommade à la rose

Elle se prépare absolument d'après le même procédé. On met un demi-kilogramme de pétales de roses pâles, bien fraîches et sans humidité, par demi-kilogramme de corps de pommade. Ce corps peut être, à la volonté du parfumeur, moitié corps d'axonge, moitié corps ferme, ou bien une partie de corps de moelle de bœuf et trois parties d'axonge. Ces corps, choisis et mélangés, fondus au bain-marie, reçoivent l'infusion comme à l'ordinaire, jusqu'à douze fois, si la pommade est fine et soignée.

Pommade à la fleur d'oranger, fine et extra-superfine

On pèse 250 grammes de fleurs d'oranger par demi-kilogramme de corps de pommade pour faire l'infusion de ces fleurs dans la graisse, comme nous venons de l'expliquer.

Si on a l'intention de préparer une pommade fine ordinaire, l'on prend un corps de pommade, comme il a été dit pour la cassie, et on laisse avec les pétales le pistil et les étamines de la fleur ; mais si on désire avoir la pommade à la fleur d'oranger dans toute sa perfection, on doit suivre les indications que voici :

1° On mêle, pour faire le corps de pommade, deux tiers de corps d'axonge épuré au jus de citron et un tiers de belle cire vierge ; 2° on effeuille la fleur d'oranger avec soin, pour n'infuser que les pétales, ôtant ainsi avec précaution toutes les parties jaunes de la fleur. Cette pommade offre un incomparable parfum, une blancheur éclatante ; mais comme elle revient à un prix élevé, il ne faut la fabriquer que d'après des commandes, ou lorsqu'on a affaire à des pratiques extrêmement riches.

Quoi qu'il en soit, la pommade à la fleur d'oranger se confectionne comme les précédentes ; mais il suffit de répéter l'infusion huit fois, et lorsqu'il s'agit de presser successivement les fleurs infusées, il faut user de beaucoup de soins, parce que cette pommade est sujette à former un dépôt. Cette recommandation est surtout importante pour le soutirage au clair : il faut alors laisser reposer quelque temps la pommade, la décanter doucement sans l'agiter, et en laisser sur le fond pour les pommades communes ou pour les pommades de composition. Le marc doit être conservé pour préparer des pommades auxquelles on ajoute quelque autre odeur.

Pommade à la vanille

On prépare et l'on purifie 6 kilogrammes de corps de pommade et l'on fait fondre (toujours au bain-marie, ce qui sera entendu dorénavant) on jette dedans 365 grammes de vanille *givrée* coupée en petits morceaux bien déliés ; l'on couvre et on laisse infuser l'espace d'environ quinze jours, pendant lesquels on a soin de retourner la pommade. Après cet intervalle, l'on fait fondre et on laisse encore l'infusion se parfaire pendant dix jours. On fait ensuite refondre une dernière fois et l'on termine comme pour les pommades précédentes.

Le marc peut servir encore plus avantageusement que celui de fleurs d'oranger.

Pommade au benjoin

Préparée de la même façon, en employant 2 kilogrammes de benjoin par 10 kilogrammes de corps de pommade.

Pommade à l'héliotropine

On emploie 250 grammes d'héliotropine par 10 kilogrammes de pommade.

Pommade au musc

50 grammes de musc par 10 kilogrammes de pommade.

Pommade à la coumarine

300 grammes de coumarine par 10 kilogrammes de pommade.

III. POMMADES PRÉPARÉES PAR ENFLEURAGE

Pour fixer dans la substance graisseuse les parfums plus délicats des autres fleurs, il est essentiel d'avoir recours à l'*enfleurage*. Enfleurer, c'est implanter des fleurs sur la surface de la pommade étendue dans les tiames, ou plutôt sur des châssis

Pommade à la tubéreuse

Cette fleur pourrait très probablement se traiter par infusion ; mais comme elle est, d'ordinaire, d'un prix élevé, et qu'elle doit, par conséquent, être employée en petite quantité, on l'enfleure et l'on y supplée par quelques gouttes d'essence d'ambre et de vanille.

Quand le corps de pommade mélangé d'axonge et de graisse de bœuf est préparé, on fond et on laisse prendre ; puis, à l'aide d'un couteau à palette, d'une spatule ou même d'un large couteau ordinaire, on l'étend sur la surface interne d'une tiame, ou sur le verre qui recouvre les châssis. Quand on l'aura étendu ainsi, à 5 millimètres d'épaisseur, on tracera dessus des sillons à 7 millimètres de distance entre eux. Sur ces sillons, tirés en ligne droite, on en tracera d'autres tirés en diagonale, afin d'obtenir des carreaux en losange. Cette pratique a deux avantages : elle régularise la position des fleurs, et laisse mieux pénétrer leur parfum dans la pommade.

Cela fait, on détache de la tige les fleurettes de la tubéreuse et on les implante, par le calice, dans chaque losange, après l'avoir partagé en deux ou trois parties, suivant sa grosseur. Les petites fleurs, comme le jasmin, la jacinthe, la violette, ne se partagent pas.

Après avoir ainsi enfleuré les châssis, on les pose les uns sur les autres, et on les laisse de cette manière jusqu'au lendemain. Alors, avec une pince, on retire délicatement les fleurs posées la veille, en prenant bien garde de ne point les briser, de ne point salir la pommade, parce qu'elle ne peut ni se fondre ni se tirer à clair. Il y a cependant des parfumeurs qui la passent dans un linge propre, après l'avoir fondue, pour la dégager des parcelles de fleurs ou des différents corps étrangers qui ont pu s'y introduire ; mais ce procédé est toujours nuisible à la pureté, à la délicatesse du parfum, et l'on doit s'arranger de manière à le prévenir.

Les premières fleurs enlevées, on en implante d'autres et on laisse encore l'action de l'enfleurage avoir lieu jusqu'au surlendemain. Cette opération se renouvelle jusqu'à six fois et plus. Pour certaines fleurs, il faut souvent prolonger l'enfleurage pendant deux ou trois mois, jusqu'à ce que la pommade soit parvenue au degré convenable de parfum.

Ce point obtenu, on enlève, avec la spatule, la pommade des châssis ou des tiames, et on la met en pots.

M. Piver a proposé un nouveau mode d'enfleurage qui se pratique ainsi : Les fleurs sont placées sur les cadres ou boîtes, que l'on superpose et entre lesquels on dispose les surfaces recouvertes d'une couche de corps gras. Ces boîtes à fleurs et ces surfaces sont renfermées dans une armoire à tasseaux sur crémaillère, et pouvant ainsi être rapidement posées et enlevées. Le corps gras est une graisse molle qu'on étend sur une surface en verre, au moyen d'une presse de vermicellier, présentant ainsi une série de lignes vermiculaires qui offrent une surface considérable. Les choses ainsi disposées, l'armoire est fermée et l'air intérieur est mis en mouvement. L'effet de ce courant, établi dans l'air non renouvelé dans l'appareil, est tel que l'opération demande moins d'heures qu'elle n'exigeait de jours avant l'adoption de cet ingénieux moyen.

Le *saturateur universel* de M. Piver a pour objet l'enfleurage à chaud, et permet de parfumer en un seul jour 800 kilogrammes de graisse contenue dans sept compartiments, d'où elle déborde par un trop-plein qui l'amène de l'un dans l'autre par leur fond. La graisse ou les huiles chauffées au bain-marie sont maintenues liquides, et marchent assez rapidement de gauche à droite du compartiment nº 1 jusqu'au compartiment nº 7. Des caisses en toile métallique contiennent les fleurs et suivent une marche inverse de celle du liquide qu'on veut saturer. Chaque panier passe d'abord dans le nº 7, et sort au nº 1 complètement dépouillé de parfum. Cette marche inverse permet de tout recueillir. En effet, la graisse du compartiment nº 1, étant absolument vierge, s'empare évidemment des traces du parfum, tandis que celle du nº 7, déjà saturée, dissout très bien le parfum en excès des fleurs fraîches, et ne retiendrait pas celui des matières épuisées.

Les matières grasses chargées soit à froid, soit à chaud des principes odorants sont placées avec de l'alcool dans des cylindres bien fermés, qu'un moteur anime d'un mouvement circulaire. Par cette agitation de ces matières avec l'alcool, celui-ci, au bout de 24 heures, enlève tout le principe odorant, et ce sont ces alcools qui entrent actuellement en grande partie dans la consommation de la parfumerie.

MM. Chardin et Massignon ont proposé un nouveau procédé d'enfleurage qui consiste à remplacer les matières grasses par la paraffine. Cette paraffine chargée des matières odorantes est coulée en plaquettes qui se conservent sans altération jusqu'à ce qu'on les utilise. On en extrait le parfum à l'aide de l'alcool, comme on fait pour les matières grasses.

Pommade au jasmin

On parfume, avec 125 grammes de benjoin, 5 kilogrammes de corps bien épuré ; on fait fondre, on décante, on laisse refroidir, puis on étend la pommade pour enfleurer. Quelques parfumeurs préfèrent laisser l'odeur du jasmin seule, et supprimer le benjoin : ils ont raison, mais alors la pommade est plus chère, parce qu'il faut enfleurer plus longtemps et employer plus de jasmin, dont il est difficile de s'approvisionner abondamment. On termine comme il a été dit plus haut.

Pommade à la jonquille

L'addition de 8 grammes d'essence de musc dans 6 kilogrammes de cette pommade, est chose qu'il faut laisser à la sagacité du fabricant : je conseille cependant de préparer à la fois cette pommade à la jonquille pure et à la jonquille musquée, car il est beaucoup de consommateurs qui préfèreraient la première. On agit d'ailleurs, en tout, comme il vient d'être expliqué. Les personnes délicates recherchent aussi la pommade à la jonquille simple, comme un peu moins forte en odeur.

Pommade au lilas

Quant à cette pommade, il faut forcément avoir recours à quelque parfum étranger à la fleur dominante, parce que son odeur manque de force. On commence donc par prendre :

Corps de pommade choisi. . . . . . 3 kilogr.

On fait fondre, et l'on ajoute :

Storax en pain. . . . . 250 gram.
Benjoin pulvérisé. . . . . 125 —

On laisse infuser pendant trois jours, en remuant de temps à autre. On fait fondre de nouveau, on décante, et l'on ajoute à ce corps un kilogramme de pommade à la jacinthe pure, dont l'odeur se rapproche de celle du lilas. Le tout fondu, reposé, tiré au clair, sera coulé dans des tiames, ou étendu sur des châssis après avoir fait prise. Alors on choisit du beau lilas de Perse, bien odorant, celui qui sent la jacinthe, et l'on effleure le plus fleuri et le plus sec, car le lilas humide n'est point du tout avantageux. A cet effet, il faut le détacher préalablement de sa grappe, sans attendre qu'il tombe, et l'exposer au soleil ou dans l'étuve ; on le renferme avec soin dès qu'il aura été assez desséché.

Pommade à la jacinthe

On procède entièrement comme pour la pommade à la tubéreuse ; seulement on renouvelle l'enfleurage jusqu'à huit et dix fois, et on le prolonge plus longtemps que pour cette fleur si fortement parfumée. Il sera bon de colorer très légèrement cette pommade en rose ou en bleu ; dans le premier cas, avec un peu de carmin, dans le second avec une infiniment petite quantité de bleu d'azur. Cette couleur doit s'ajouter quand le corps de pommade est fondu et légèrement refroidi. On enfleure immédiatement après.

Pommade au narcisse

Cette pommade plaît beaucoup lorsqu'elle est bien blanche, bien fine, et seulement parfumée de l'odeur suave de la fleur dont on lui donne le nom. Le parfumeur choisira donc un corps d'axonge épuré, auquel il joindra de la cire vierge ; il enfleurera avec de beaux narcisses, dont il enlèvera le nectaire (ou la couronne intérieure d'un jaune doré). Après un enfleurage semblable à celui de la jacinthe, il y ajoutera quelques fleurs de jonquille, si le parfum n'était pas assez prononcé.

Pommade à la violette

On joint au corps fondu de pommade que l'on a choisi, une partie d'iris de Florence pulvérisée, dont l'odeur se rapproche de celle de la violette ; on tire au clair, on laisse légèrement refroidir, puis on y verse une très petite quantité de violette, que l'on aura obtenue en mélangeant un peu d'indigo et de décoction de bois de Brésil. La pommade figée, on l'étend, on l'enfleure, en prenant les précautions conseillées pour la pommade au lilas.

Pommade au réséda

On choisit du beau réséda, à longues et fortes grappes, à larges feuilles bien vertes ; on l'expose à l'air pendant quelques instants, après l'avoir cueilli, et on casse les grappes en plusieurs morceaux. On étend le corps de pommade comme à l'ordinaire, et on l'enfleure avec beaucoup d'attention, de crainte de casser les petites fleurettes composées d'étamines, qui forment le réséda. On apporte le même soin quand on défleure, et l'on se sert, à cet effet, d'une petite pince à épiler, ou de tout autre instrument semblable, car il est d'autant plus important de ne pas laisser de parcelles de réséda sur la pommade, qu'en la faisant fondre, pour la passer, on nuirait nécessairement au parfum délicat de cette fleur. Si l'on veut qu'il soit plus prononcé, on ajoute au corps de l'iris, comme il a été dit pour la pommade à la violette, et à la fin du refroidissement, quelques gouttes de rhodia.

Pommade aux pois de senteur

Cette pommade, nouvelle et gracieuse, se prépare avec les fleurs violet foncé de la gesse odorante ; on les choisit parce qu'elles ont plus de parfum que les fleurs de couleur rose. On fait infuser, dans le corps de pommade préparé, du marc de fleurs d'oranger, pendant deux jours ; on coule, on presse ; on ajoute à ce corps ainsi parfumé préalablement, et liquide encore, une partie de pommade à la cassie. On enfleure ensuite, en réitérant l'enfleurage jusqu'à neuf fois. L'on termine par relever, s'il en est besoin, la pommade, par quelques gouttes d'essence d'ambre, et autant de néroli. On colore en rose ou bien en violet clair.

Pommade aux fleurs d'Italie

On applique sur les châssis 4 kilogrammes de corps préparé, on les enfleure de jacinthe. Après avoir donné cinq couches de cette fleur, on enfleure autant de fois avec des jonquilles. On agit ensuite de même avec le lilas, puis avec le muguet. On fait fondre ensuite, et l'on passe la pommade.

Cette première manœuvre terminée, on ajoute :

Pommade à la fleur d'oranger. . . .	500 gram.
— au jasmin.	500 —
— à la tubéreuse.	250 —
— au réséda.	250 —
— à la rose.	250 —

La pommade fondue et demi-figée, on la parfume avec :

Essence d'ambre.	30 gram.
— de musc.	15 —
— de bergamote.	15 —
Huile essentielle de girofle.	4 —

IV. POMMADES DE COMPOSITION

Ces pommades, dont quelques-unes des précédentes, et surtout la dernière, ont donné une idée, sont un mélange ingénieux, souvent très compliqué, de pommades diverses. Elles ont d'abord pour but d'imiter le parfum des fleurs, et, par conséquent, de remplacer l'opération lente et coûteuse de l'enfleurage. En les préparant, le parfumeur se propose en outre de créer, par l'assemblage de différents parfums, un parfum spécial, tels que les odeurs des pommades nommées au *bouquet*, au *pot-pourri*, à la *sultane*, etc., et enfin d'adoucir, de rendre plus suaves encore, certains parfums très prononcés, comme le musc, la vanille, le benjoin, et autres semblables.

Commençons par les pommades composées, à l'imitation des pommades de fleurs.

Nous recommandons ici tout spécialement l'emploi des essences artificielles de fleurs que les grandes fabriques livrent aujourd'hui dans un état de perfection absolue. Leur mélange avec les pommades aux fleurs naturelles donne un excellent rendement.

Pommade à la jonquille composée

On fait fondre et l'on mélange ensemble :

Pommade à la fleur d'oranger	1	kilogr.
— à la tubéreuse	1	—
— à la cassie	500	gram.
— au jasmin	1	kil. 500

Ces pommades fondues et à demi-froides, on y mêle :

Essence artificielle de jonquille. . .	25 gram.
— — d'ambre.	15 —

On donne une légère teinte de jaune avec une très faible quantité de *terra merita* ou *curcuma*.

Pommade à la jacinthe composée

Pommade à la fleur d'oranger. . . .	500 gram.
— à la tubéreuse.	1 kilogr.
— au seringa.	500 gram.
— à l'ambre.	250 —
— au réséda	250 —

On mélange le tout en le faisant fondre, et l'on parfume avec :

Essence artificielle de jacinthe. . . .	15 gram.

Pommade à la violette composée

On fait infuser pendant quelques jours 3 kilogrammes de corps de pommade épuré, 500 gr. d'iris de Florence, en poudre. On remue de temps en temps, on fait fondre, on passe et l'on ajoute :

Pommade à la cassie.	3 kilogr.
— au jasmin.	750 gram.
— au réséda	750 —

On décante et l'on ajoute :

Essence de bergamote.	50 gram.
— d'iris.	5 —
— de graines d'ambrette. . . .	0 gr. 4

Pommade au muguet composée

On fait fondre :

Pommade à la rose.	1 kilogr.
— au réséda	1 —
— au pois de senteur	250 gram.
— au jasmin.	250 —

On parfume avec :

Essence artificielle de muguet. . . .	40 gram.
Infusion de musc	50 —
— de coumarine.	50 —

Pommade à l'héliotrope composée

On mêle sur le bain-marie :

Pommade à la rose.	500 gram.
— à la vanille.	1 kil. 250

Lorsqu'elles sont fondues, on ajoute :

Pommade au jasmin ou à la cassie .	1 kilogr.
— à la tubéreuse	500 gram.

On laisse ces dernières pommades le moins possible exposées au feu, on les retire vite dès qu'elles sont fondues, et on mélange d'autre part :

Vanilline.	1 gram.
Baume du Pérou.	25 —
Héliotropine crist.	1 —

On agite bien ce mélange, et on le joint à la pommade à demi-froide.

Pommade à l'œillet composée

Corps de pommade．	3 kilogr.
Pommade à la cassie．	2 —
— au jasmin．	1 —

Le tout bien mélangé et prêt à prendre, on parfume à l'aide de :

Isoeugénol．	50 gram.
Alcool cinnamique．	0 gr. 6
Essence de bergamote．	40 gram.
— de roses．	6 —
Vanilline．	2 —

Pommade aux fleurs d'Italie composée

Comme on ne peut préparer cette pommade naturelle que dans le printemps, et que d'ailleurs elle exige beaucoup de frais et de soins, presque tous les parfumeurs y suppléent par la composition suivante :

Pommade à la fleur d'oranger．	1 kilogr.
— à la cassie．	500 gram.
— au jasmin．	1 kilogr.
— à la tubéreuse ou à l'orange．	500 gram.
— à la jacinthe ou au lilas．	500 —
— au réséda．	250 —
— à la rose．	250 —
— à la jonquille．	500 —

On mêle, on fait fondre et l'on parfume avec ce mélange :

Essence d'ambre．	24 gram.
— de musc．	8 —
— de bergamote．	12 —
— de girofle．	4 —

On colore avant de parfumer, avec 90 gr. de poudre d'écorce de bergamote, et 30 gr. de poudre à la vanille.

Pommade au bouquet -

On fait fondre au bain-marie :

Bonne pommade à la rose......		1 kil. 500	
—	—	à la fleur d'oranger.	1 kilogr.
—	—	à la cassie.....	500 gram.
—	—	à la jacinthe ou à la tubéreuse....	500 —
—	—	au réséda.....	250 —
—	—	à la jonquille...	250 —
—	—	à la vanille....	500 —

Toutes ces pommades étant fondues, on y ajoutera :

Pommade au jasmin.......... 1 kil. 500

Le tout étant à demi-froid, on le parfumera avec :

Essence de bergamote.........	60 gram.
Huile essentielle de girofle.....	15 —
Essence de thym, 2 ou 3 gouttes..	
— d'ambre et de musc.....	8 —

Pommade au pot-pourri

On fait fondre :

Corps préparé selon la méthode... 2 kilogr.

Lorsqu'il sera fondu, on ajoutera :

Pommade à la fleur d'oranger....	1 kilogr.
— à la cassie.........	1 —

Pommade à la rose..............	500 gram.
— au réséda............	500 —
— au jasmin..........	1 kilogr.

On parfume avec :

Essence de bergamote...........	90 gram.
Huile essentielle de girofle......	15 —
Essence de thym, de néroli, de lavande, de fenouil, de fenu grec..	qq gouttes

On ajoute aussi quelques gouttes d'essence d'ambre, de musc et de vanille. On donne une teinte avec 30 ou 60 grammes de poudre brune à l'œillet.

Pommade de mille fleurs

Cette pommade diffère fort peu de celle au bouquet, et peut se traiter de même ; en y ajoutant la même quantité d'essence :

Essence de Portugal...........	4 gram.
— de fenouil............	4 —
— de lavande...........	2 —

On lui donnera une teinte d'une couleur différente.

Pommade à la duchesse

On prend :

Corps préparé................	2 kilog.

Lorsqu'il sera fondu, on y ajoutera :

Pommade à la fleur d'oranger....	2 kilog.
— au jasmin...........	1 kil. 500
— à la rose...........	500 gram.

Toutes ces pommades étant fondues, à demi-froides, on parfumera avec :

Essence de bergamote..........	125 gram.
— de thym...........	4 —
— d'ambre et de musc......	4 —

Pommade à la frangipane

On prend :

Corps de pommade préparé.....	2 kilog.

Lorsqu'il sera fondu, on ajoute :

Pommade à la fleur d'oranger....	1 kilog.
— à la cassie.........	500 gram.
— à la rose..........	500 —
— au jasmin..........	2 kilog.

Le tout étant fondu et demi-froid, on verse dans une bouteille :

Essence de bergamote..........	60 gram.

avec laquelle on mettra :

Essence de girofle...........	15 gram.
Baume du Pérou............	45 —
Essence de vanille...........	30 —
— d'ambre et de musc......	15 —

On agite toutes ces essences ensemble, afin qu'elles s'incorporent bien, et ensuite on les verse dans la pommade, en l'agitant bien, jusqu'à ce qu'elle soit prise. Avant d'y mettre les essences, on donne la teinte que l'on jugera à propos ; on lui en communique ordinairement une d'un jaune rougeâtre, avec un mélange suave, composé de :

Parfumeur. — *T. II.* 4

Poudre d'écorce de bergamote. . . . 30 gram.
— rousse à la maréchale. . . . 15 —

On observe, pour cette couleur, le même principe que pour la vanille, et pour toutes autres pommades que l'on épaissira avec des poudres. On a soin de bien remuer, jusqu'à ce qu'elles soient prises, afin qu'elles ne puissent pas déposer.

Pommade à la sultane

On prend :

Corps de pommade préparé.. . . . . . 2 kilog.

Le tout étant fondu, on y joint :

Pommade à la rose double. . . . . . 500 gram.
— à l'héliotrope ou à la vanille. 500 —
— à la tubéreuse.. . . . . . . 500 —
— à la jonquille. . . . . 500 —
— au jasmin . . . . 2 kilog.

Lorsque le mélange sera à demi-froid, on le parfumera avec :

Essence d'ambre. . . . . 15 gram.
— de musc. . . . . 15 —
— de vanille. . . . . 15 —

Pommade à la maréchale

On observe, pour celle-ci, les mêmes procédés que pour la pommade à la frangipane, excepté qu'on la parfume avec :

Essence de bergamote. . . . . 30 gram.
— de girofle. . . . . 125 —
Baume du Pérou. . . . . 30 —

Essence de sassafras	2 gram.
— de cannelle	2 —
— de rhodia	2 —
Huile essentielle d'anis	une goutte.

ou :

Esprit de badiane ou d'anis	qq. gout.
— d'ambre et de musc	15 gram.

On donne ensuite une teinte différente de celle à la frangipane, en la rendant plus brune, par :

Poudre à la vanille	30 gram.
— d'écorce de bergamote	15 —

Pommade de Chypre

On opère de même pour celle-ci que pour la précédente, en doublant la quantité de l'ambre ou du musc que l'on y mettra, tant en nature qu'en essence ; on ajoute aussi, avant d'y mettre les essences, 60 grammes de poudre de Chypre que l'on aura soin de bien incorporer, comme il est dit ci-dessus.

Pommade au jasmin

Pommade préparée au benjoin	750 gram.
Corps de pommade au jasmin	250 —

On peut encore préparer cette pommade de la manière suivante :

Graisse blanche épurée	1000 gram.
Benjoin en poudre	30 —
Storax calamite en poudre	30 —

On fait fondre au bain-marie et on laisse un jour en infusion.

Le lendemain, on fait refondre, on passe à travers l'étamine, on remet sur le bain-marie et l'on parfume avec :

Pommade à la fleur d'oranger. . . . 200 gram.
— à la cassie. . . . . 100 —
— au jasmin . . . . 300 —
Teinture d'ambre et de musc, quelques gouttes.

Pommade aux cantharides

Moelle. . . . . 2000 gram.
Cire. . . . . 210 —
Essence de macis. . . . . 10 —
— d'œillet . . . . 10 —
— de roses . . . . 10 —
Extrait de cantharide. . . . . 20 —

Pommade au quinquina

Axonge. . . . . 2000 gram.
Huile d'amandes. . . . . 500 —
Moelle. . . . . 3000 —
Baume du Pérou. . . . . 30 —
Ecorce de quinquina. . . . . 20 —
Essence d'œillet . . . . 30 —
— de roses. . . . . 10 —

Pommade circassienne

Pommade au benjoin. . . . . 1000 gram.
— de roses . . . . 500 —
Axonge . . . . 1000 —
Huile d'amandes. . . . . 2000 —
Racine d'alkannat. . . . . 100 —
Essence de roses . . . . 15 —

Pommade transparente

Huile d'amandes. . . . . 3000 gram.
Cire. . . . . 150 —

Blanc de baleine	500 gram.
Essences d'amandes amères	5 —
— de roses	10 —
Extrait de musc	40 —

V. POMMADES ROMAINES

Ce genre de pommade tient le milieu entre les pommades et les huiles antiques ; elle est facile à préparer. On prend un corps d'axonge, on le parfume d'après l'indication, puis on le coupe avec une huile parfumée, soit au quart, soit au tiers, plus ou moins, selon le degré de température.

La pommade romaine, destinée à remplacer, en été, les huiles antiques, qui alors ont l'inconvénient de rancir, est moins employée en hiver, parce qu'en cette saison, les huiles sont de plus agréable usage. Néanmoins, comme il est beaucoup de personnes qui, par goût, ou d'après la nature de leurs cheveux, emploient exclusivement la pommade, le parfumeur devra en préparer de cette espèce pour tous les temps. Seulement (et cette observation concerne tous les genres de pommade), il parfumera au jasmin et à la tubéreuse, depuis le mois de novembre jusqu'aux premiers jours de juin, car les grandes chaleurs sont nuisibles aux odeurs de ces pommades.

Toutes les pommades que nous venons de décrire peuvent prendre la qualité de pommades romaines, par l'addition d'une huile parfumée, de même que les *pommades romaines* que nous allons décrire peuvent devenir pommades ordinaires par la suppression de cette huile.

Faire fondre corps épuré d'axonge et de corps ferme..........	3 kilog.
Y joindre pommade à la fleur d'oranger..................	2 —
Ajouter à la fusion huile à la bergamote.................	1 kil. 500

On mêle exactement, puis on parfume avec :

Essence de bergamote.........	250 gram.
— de limette..........	3 goutt.

On donne à cette pommade une teinte citronnée, avec une très petite quantité de suc des fleurs de souci, dont on aura, à cet effet, conservé les pétales tassées, à la cave, dans un vase de terre vernissé, fermé hermétiquement.

Pommade romaine à la vanille

Pommade à la rose..........	6 kilog.
Huile à la rose............	1 kil. 500
Vanille 1re qualité, pulvérisée....	500 gram.
Bergamote..............	187 —

On fait fondre la pommade au bain-marie, on y jette la vanille, en agitant continuellement pendant une heure ; on laisse déposer pendant deux heures, ce temps suffit au dépôt entier de la vanille ; on tire au clair, et la pommade ainsi fabriquée conserve sa couleur jaune, bien préférable à celle ordinairement brune.

Pommade romaine à l'ambre

On pile ensemble 50 grammes d'ambre gris fin et 15 grammes de musc tonquin. Il est bon d'employer un mortier de fonte et de faire chauffer le pilon de temps en temps. L'ambre se pile le premier, et dès qu'il commence à se pulvériser, on ajoute le musc pour broyer ensuite à la fois les deux substances, tandis que le corps choisi à la dose de 3 kilogrammes, placé au bain-marie, prend la consistance requise pour recevoir les parfums. Afin de ne perdre aucune partie de ces derniers, on lave le mortier et son pilon avec une portion d'huile d'ambrette que l'on destine à couper la pommade. Cette précaution a lieu chaque fois qu'il s'agit d'une matière coûteuse et fortement odorante.

On laisse infuser pendant une dizaine de jours, puis on tire au clair et on mélange avec un demi-kilogramme ou un kilogramme d'huile d'ambrette. Si l'on juge à propos de rendre la pommade plus forte en odeur, on achève de parfumer avec 60 grammes d'essence d'ambre.

Pommade romaine au benjoin

On pulvérise :

Storax	250 gram.
Benjoin	500 —
Civette	très peu.

On laisse infuser pendant dix jours ces substances dans :

Corps d'axonge	4 kilog.

On pétrit et on retourne bien de temps à autre, chaque jour, afin que le parfum se répande partout exactement. La pommade ayant acquis le degré de parfum nécessaire, on la fond, on la passe au tamis, puis on l'éclaircit avec :

Huile antique au benjoin. . . . . . 1 à 1 k. 250

Toute autre addition de parfums serait superflue ou nuisible.

Pommade romaine au musc

On pile :

Musc.	30 gram.
Ambre.	15 —

On coupe avec de l'huile musquée ; on agit d'ailleurs comme pour la pommade à l'ambre. Les préparations à odeurs fortes, à odeurs ambrosiaques, ont toujours beaucoup de simplicité.

La pommade au musc est une des plus chères : beaucoup de personnes ne peuvent la supporter ; mais elle se conserve fort bien, est propre aux expéditions lointaines, et d'ailleurs entre comme base dans un grand nombre de pommades de composition.

VI. POMMADES PAR LES ESSENCES

On appelle pommades par les essences, par opposition à celles faites par infusion des fleurs ou par enfleurage, des pommades qu'on fabrique avec des essences et qui, lorsqu'elles ont été préparées avec des matières premières de choix, sont d'une excellente qualité.

Pommade à la rose

Graisse blanche.	500 gram.
Huile d'œillette.	100 —
Blanc de baleine ou cire blanche. . .	50 —

On fond la graisse et la cire blanche ou le blanc de baleine ensemble. La fusion étant opérée, on ajoute l'huile, on passe le mélange chaud dans un linge blanc, puis on le bat dans un mortier de marbre jusqu'à refroidissement. Si la pommade doit rester blanche, on n'ajoute aucune matière colorante ; mais si elle doit être colorée, on y introduit la substance propre à produire la couleur que l'on désire obtenir. Pour l'avoir rouge, on emploie l'orcanette ; on fait infuser 2 grammes de cette matière colorante en poudre dans les 100 grammes d'huile préalablement chauffée. On peut obtenir une nuance jaune en remplaçant l'orcanette par 1 ou 2 grammes de rocou que l'on ajoute au mélange des matières grasses en fusion. On passe ensuite à travers une étamine. On parfume avec :

Essence de géranium	5 gram.
— de roses	1 —
— de cannelle de Ceylan. . . .	0 gr. 25
— de bergamote.	0 gr. 4
Infusion de musc.	0 gr. 15
— de benjoin.	0 gr. 4

On ne doit introduire les essences que lorsque la pommade commence à se figer.

Pommade à la vanille

Graisse blanche..................	1000 gram.
Vanilline........................	20 —
Essence de citron................	4 —
Teinture d'ambrette..............	5 —
Infusion de musc.................	6 —

Pommade à l'amande amère

Graisse blanche épurée............	1000 gram
Essence d'amandes amères naturelle.	6 —
— de citron, de cédrat ou de Portugal..........	6 —

Pommade à la fleur d'oranger

Graisse blanche épurée........	1000 gram.
Essence de néroli.............	8 —

On colore avec une pincée de safran. Si l'on désire que la pommade soit blanche, on n'ajoute aucun principe colorant.

Comme l'essence de néroli naturelle coûte généralement fort cher, employer de préférence l'essence artificielle de fleurs d'oranger dans la proportion suivante :

Graisse blanche.................	1000 gram.
Essence artificielle de fleurs d'oranger.................	10 —

Pommade à la violette

Graisse blanche épurée, préparée à l'iris de Florence...........	750 gram.
Corps de pommade à la violette...	250 —

On peut encore préparer cette pommade avec :

Graisse blanche préparée à l'iris...	500 gram.
Pommade à la cassie...	250 —
— au jasmin...	250 —

Parfum pour pommade ordinaire

Pour 100 kilogrammes :

Essence bergamote...	1 kil. 500
— girofle...	100 gram.
Infusion civette...	100 —

Après avoir fait fondre la pommade au bain-marie en une masse homogène, sans grumeaux, on y introduit les essences, on rebat en tous sens quelques minutes, et on laisse refroidir avant de boucher.

VII. POMMADES DIVERSES, PHILOCOMES ET COSMÉTIQUES

Nous réunissons sous ce titre, toutes les pommades de fantaisie, les pommades à la moelle de bœuf, à la graisse d'ours, toutes celles dites philocomes, cosmétiques, etc., pour la conservation de la chevelure.

1° POMMADES. — *Préparation des pommades et de l'huile pour les cheveux*

Pour les pommades, on prend en été quatre parties de saindoux et une partie de suif, et en hiver seulement du saindoux, que l'on fond lorsqu'il est frais, en y mêlant beaucoup d'eau, afin d'en retirer la forte odeur.

DES POMMADES

Il y a deux sortes de pommades, une légère et une lourde.

Par pommades légères, nous entendons celles que l'on rend écumeuses, en les battant tout à fait à froid, afin d'obtenir un volume d'autant plus grand. Dans ce but, on met 2 kilogrammes de graisse dans un vase plat, et en le chauffant un peu, on la pétrit avec un morceau de bois, et plus tard on la fouette jusqu'à ce que la graisse devienne entièrement molle, et soit gonflée, de telle sorte que d'après l'apparence extérieure, il paraisse y en avoir encore une fois autant, ce qui provient des bulles d'air contenues dans la masse, et qui se sont formées par le fouettement. Ensuite on parfume et on colore cette pommade légère.

On parfume la pommade ordinaire avec de l'huile de bergamote, d'orange, quelques gouttes d'huile de cannelle ou de girofle ; pour la pommade à la rose, on prend de l'huile de roses, et pour celle à la vanille, de l'extrait de vanille. Mais attendu que l'on demande actuellement une immense diversité de parfums, il faut les composer selon les désirs des clients.

La teinture a lieu, pour le rouge avec du cinabre, pour le jaune avec du rocou ou du safran ; en y ajoutant des huiles, la vanille et le quinquina produisent le brun, et répandent une odeur très agréable.

Les pommades légères, par leur grande masse, sont surtout très favorables pour le commerce en détail, où on en pèse une bagatelle ; au contraire, elles ne sont pas à recommander pour les débiter en pots ou en bouteilles, parce que plus tard elles se resserrent, c'est aussi pourquoi on prend dans ce but des pommades lourdes.

Pommade impériale

On prend :

Pommade au jasmin double	2 kilog.	
— à la fleur d'oranger	500	gram.
— à la cassie	250	—
— à la jonquille	250	—
— à la jacinthe	250	—
— au lilas	250	—
— au réséda	250	—
— à la tubéreuse	250	—

On fait fondre toutes ces pommades au bain-marie, en réservant celles au lilas et au jasmin, pour être fondues les dernières avec les autres en leur laissant subir le moindre degré de chaleur possible. Cette pommade étant à demi refroidie, on la parfumera avec :

Essence de bergamote	30	gram.
— de vanille	30	—
Teinture de *fenu-grec*	4	—
Essence d'ambre	8	—
— de musc	8	—

Pour distinguer la teinte de cette pommade, on y mettra un peu de corps de pommade verte, à l'effet de lui donner un ton verdâtre clair. Nous ne pouvons indiquer la quantité qui est relative au ton plus ou moins foncé qu'on désire obtenir.

Pommade de Flore

On fait fondre au bain-marie :

Pommade à la rose............	500 gram.
— à la fleur d'oranger....	250 —
— à la jonquille..........	250 —
— au lilas................	250 —
— à la jacinthe...........	250 —
— à la violette...........	250 —
— à la cassie.............	125 —
— au jasmin...............	1 kil. 250

Que toutes ces pommades soient de la meilleure qualité. On retire du feu aussitôt qu'elles sont fondues ; on les parfume froides avec :

Essence d'ambre............	8 gram.
— de musc................	8 —
Huile essentielle de girofle......	2 —

On donne à cette pommade une belle couleur de rose très tendre, comme celle de l'hortensia avec l'orcanette, la liqueur rose ou un peu de beau carmin, qu'on broie à part, avec une petite portion de la pommade. La couleur étant bien broyée, on la met avec la totalité, en tournant toujours, pour qu'elle s'incorpore bien. Cette pommade peut passer pour une des plus agréables, par son odeur douce et suave.

Pommade de moelle de bœuf à l'ambroisie

On prend 4 kilogrammes de corps à la moelle de bœuf : on la fait fondre au bain-marie, puis on y ajoute :

Pommade au seringa...........	500 gram.
— au musc...............	250 —

POMMADES DIVERSES

Pommade à la rose.	500 gram.
— au benjoin.	250 —

On parfume avec :

Essence de lavande.	60 gram.
— de jasmin.	30 —
— de Portugal.	30 —

Pommade de moelle de bœuf au baume de la Mecque

On prépare :

Moelle de bœuf.	3 kilog.
Axonge.	1 —

avec :

Storax.	500 gram.
Benjoin pulvérisé.	250 —

On laisse infuser à l'ordinaire, puis on ajoute :

Baume de la Mecque.	250 gram.

On parfume avec :

Esprit d'ambrette.	15 gram.

Les pommades à la moelle de bœuf étant susceptibles de recevoir toutes les odeurs précédemment indiquées, nous ne nous étendrons pas davantage à leur égard.

Moelle de bœuf odorante

On sait que pour faire pousser la chevelure, beaucoup de personnes se servent de moelle de bœuf pure. C'est pour répondre à cette habitude, à ce besoin, que le parfumeur devra faire fondre et clarifier de la moelle qu'il parfumera avec diverses essences, soit essence de *cannelle*, de *lavande*, de *mousseline*, de *citronnelle*, de *vétiver*, d'*œillet*, etc.

Pommade à la moelle de bœuf

Moelle de bœuf épurée............	600 gram.
Graisse de veau...............	600 —
Huile de noisette............	80 —
Baume du Pérou.............	4 —
Vanille.................	2 —

On chauffe au bain-marie une demi-heure ; on passe à travers une étamine ; cette pommade est un excellent cosmétique pour les cheveux.

Pommade à la moelle, autre formule

Moelle de bœuf épurée...........	1000 gram.
Graisse de mouton............	600 —
Citral.................	8 —
Isoeugénol..............	4 —
Essence de bergamote..........	15 —

Pommade à la graisse d'ours, aux feuilles de noyer

On met au bain-marie :

Corps à la graisse d'ours........	3 kilog.

D'autre part, on choisit des feuilles de noyer, les plus fraîches et les plus tendres, on les broie dans le mortier, puis on les met infuser dans la graisse liquide et chaude, jusqu'au lendemain. On fait fondre de nouveau, on passe et on renouvelle deux fois l'infusion. On parfume ensuite avec :

POMMADES DIVERSES

Essence de thym, de marjolaine ou de romarin. . . . . 187 gram.

en y ajoutant quelques gouttes d'essence de bergamote. Cette pommade doit offrir une teinte verte.

Pommade canadienne, ou véritable graisse d'ours

On fait fondre :

Corps à la graisse d'ours. . . . . . . 4 kilog.

On y met ensuite infuser :

Roses pâles. . . . . 4 —

comme il a été dit en commençant pour la pommade à la rose : on passe et on parfume avec :

Essence de menthe. . . . . 15 gram.
— à la rose. . . . . 30 —
— de vanille . . . . qq. goutt.

Il faudra ajouter un peu de carmin pour donner à la pommade une nuance hortensia.

Pommade à la graisse d'ours

Corps de pommade à la graisse d'ours. 2 kilog.
Pommade à la cassie. . . . . 0 kil. 400
Essence de bergamote. . . . . 20 gram.
— de girofle. . . . . 10 —
— artificielle de roses. . . . . 1 gr. 2
— artificielle de néroli. . . . . 1 gr. 5
— artificielle de jasmin. . . . 1 gr. 8
Aldéhyde benzoïque. . . . . 0 gr. 3

Pommade de vaseline, à la rose

Vaseline.	5 kilog.
Cire.	3 —
Essence artificielle de roses rouges. .	80 gram.

Pommade de vaseline, au néroli

Vaseline.	5 kilog.
Cire d'abeilles.	3 —
Essence artificielle de néroli.	50 gram.
— de bergamote.	25 —

Pommade de vaseline, à l'héliotrope

Vaseline.	5 kilog.
Lanoline.	5 —
Baume du Pérou.	80 gram.
Ionone.	0 gr. 6
Héliotropine.	4 gram.
Vanilline.	1 —

Pommade de vaseline, au lilas

Vaseline.	5 kilog.
Beurre de cacao.	1 —
Essence artificielle de lilas.	40 gram.
Aldéhyde phénylacétique.	0 gr. 4

Pommade cristalline, au muguet

Blanc de baleine.	1 kilog.
Huile d'olives fine.	5 —
Essence artificielle de muguet. . . .	60 gram.
— de roses artificielle.	8 —

2° Brillantines

Après les pommades nous devons rationnellement parler des brillantines, compositions destinées à faire briller les cheveux. Anciennement, elles se composaient d'un mélange d'huile de ricin et d'alcool parfumé. On a longtemps ajouté de la glycérine en forte proportion, mais comme ce corps a une action desséchante qui rend les cheveux cassants, on en met de moins en moins. Par contre, l'huile d'olives et les diverses autres huiles parfumées pourront être ajoutées à l'huile de ricin, suivant les besoins.

Brillantine à la rose

Alcool.	800 gram.
Huile de ricin.	1 kilog.
Essence artificielle de roses.	12 gram.

Brillantine au muguet

Alcool.	800 gram.
Huile de ricin.	1 kilog.
Essence artificielle de muguet.	15 gram.
— — de roses.	4 —
Héliotropine.	1 —

Brillantine à la violette

Alcool.	800 gram.
Huile de ricin.	1 kilog.
Essence d'iris concrète.	0 gr. 6
— de violette pure.	2 gram.
Ionone.	4 —
Infusion de musc.	3 —
— de benjoin.	5 —

Brillantine à l'héliotrope

Alcool.	800 gram.
Huile d'olives.	250 —
— de ricin.	750 —

Héliotropine.	8 gram.
Vanilline.	3 —
Essence de roses.	0 gr. 8
Ionone.	0 gr. 5
Infusion de musc.	3 gram.

Brillantines cristallisées

Les brillantines liquides étant, comme nous l'avons vu, des mélanges plus ou moins complexes d'huiles et d'extraits alcooliques, présentent un inconvénient : ces liquides non miscibles se séparent en deux couches distinctes. Avant l'emploi, il est donc indispensable d'agiter les flacons. On a remédié à cet ennui en créant des brillantines semi-solides, dites brillantines cristallisées.

La matière grasse est alors constituée en majeure partie par la paraffine, à laquelle on ajoute encore un peu de cire ou de stéarine.

On fond rapidement au bain-marie, on ajoute les extraits alcooliques et les essences, puis on refroidit le tout aussi vite que possible, en agitant lentement. Lorsque la masse est prise en gelée, on laisse alors le refroidissement s'achever lentement et en repos ; des cristaux se forment qui gagnent bientôt de tous côtés.

Voici la formule d'une brillantine cristallisée extrêmement agréable et très appréciée :

Paraffine pure.	1000 gram.
Acide stéarique.	150 —
Cire blanche.	100 —

Après fusion, on mélange avec :

Alcool.	800 gram.
Glycérine	60 —
Essence d'ylang-ylang.	12 —
Infusion d'héliotropine	20 —
— de musc.	2 —
— d'iris	10 —

puis on fait cristalliser rapidement.

3° Philocomes et cosmétiques

Les philocomes et cosmétiques se composent, en hiver, par parties égales de graisse de porc et d'huile d'œillette épurée ; en été, on emploie deux tiers de graisse pour un tiers d'huile. On opère la fonte des matières au bain-marie, on passe à travers une étamine, et lorsque le produit commence à se figer, on y ajoute les essences, puis on coule dans des pots ou dans des flacons.

Pour les philocomes fins, on remplace la graisse de porc par des pommades fines de Grasse à la rose, à la fleur d'oranger, au bouquet, au géranium, à la tubéreuse, au jasmin, etc., etc.

Pour les philocomes ordinaires, on les parfume avec les essences, les esprits, les infusions, etc.

Philocome moelle de bœuf

Panne.	5 kilog.
Pommade à la rose.	2 kil. 500
— aux mille-fleurs.	500 gram.
Huile cassie.	1 kilog.
— jasmin.	1 —

Esprit de roses.	50 gram.
Essence bergamote.	20 —
— petit grain.	10 —
—. géranium	10 —
— Wintergreen (pyrole). . . .	15 —
Infusion quinquina.	20 —
Rhum pur.	40 —
Essence de roses	5 gouttes

Philocome à la violette

On obtient ce philocome en faisant infuser 250 grammes d'iris de Florence en poudre par kilogramme de belle graisse blanche. Après huit jours d'infusion, on fait refondre la graisse et on la passe au travers d'un linge pour séparer l'iris. On ajoute alors par kilogramme de graisse séparée, savoir :

Pommade au jasmin.	200 gram.
— à la rose.	100 —
Essence d'amandes amères.	5 —
— d'ambre.	5 —

Philocome dur à la violette

Corps de bœuf.	7 kilog.
Panne.	3 —
Pommade cassie.	7 kil. 500
— à la fleur d'oranger. . . .	1.250
— au jasmin.	1.250
Corps d'iris	3.500
— benjoin	1.000
Essence bergamote.	50 gram.
— géranium	10 —
— citron.	30 —
— santal.	15 —
— petit grain bigarade	25 —
— romarin.	5 —

Philocome dur au bouquet

Corps de bœuf.	8 kilog.
Panne.	8 —
Pommade orange (à la fleur d'oranger).	4 —
Pommade à la rose.	2.500
— cassie	2.500
Corps styrax.	100 gram.
Huile Pérou.	100 —
Essence orange ou citron.	20 —
— bergamote.	40 —
— géranium.	10 —
— petit grain doux.	15 —
— girofle.	20 —
Infusion baume tolu.	25 —
— styrax.	15 —

Philocome dur à la mousseline

Corps de bœuf.	7 kilog.
Pommade rose.	2 —
— orange.	3 —
— tubéreuse.	1 —
— cassie.	1 —
Corps de musc.	1 —
— de benjoin.	750 gram.
— de tolu.	125 —
— de styrax.	125 —
Panne.	5 kilog.
Baume Pérou.	20 —
— tolu.	30 —
Infusion vanille.	20 —
Essence bergamote.	20 —
Wintergreen (essence).	10 —
Essence bigarade.	5 —

Philocome fleurs de mai

Corps dur bœuf.	1 kil. 500
Panne.	7.500

Pommade cassie.	3.750	
— orange.	3.750	
— rose.	1.250	
— jasmin.	1.250	
Corps benjoin n° 1.	1.000	
— styrax.	600	gram.
— beurre tonka.	300	—
— baume tolu.	1	kilog.
Essence bergamote.	25	gram.
— girofle.	35	—
— géranium.	45	—
— rose.	5	—
— amandes amères.	45	—
— Portugal.	15	—
Baume du Pérou.	40	—

Philocome à la vanille

Pour obtenir ce philocome, on fait infuser à raison de 60 grammes de vanille coupée en morceaux par kilogramme de graisse blanche parfaitement épurée. Après huit jours d'infusion, on fait refondre la graisse, et on la passe à travers une étamine pour en séparer les morceaux de vanille, puis on y ajoute son poids d'huile d'œillette. Pour les philocomes fins, on mêle par parties égales la graisse ainsi préparée, avec une infusion d'huile de vanille préparée de la même manière que la graisse, c'est-à-dire en faisant infuser 60 grammes de vanille par kilogramme d'huile.

On ajoute au mélange :

Pommade ou huile à la rose	200	gram.
— ou huile de jasmin.	100	—
— de Tonka, préparée par l'in-		

fusion de 125 grammes
de fèves de Tonka par
kilog. graisse blanche. . 100 gram.

Philocome au quinquina

Huile d'amandes douces.	890 gram.
Moelle de bœuf.	240 —
Extrait alcoolique de quinquina. . .	20 —
Baume du Pérou (extrait).	5 —
Essence de bergamote.	5 —

On opère le mélange de l'huile d'amandes douces et de la moelle de bœuf par la fusion au bain-marie. Après avoir retiré le vase de son bain de chaleur, on ajoute les extraits alcooliques de quinquina et de baume du Pérou, puis les essences de bergamote.

Philocome au géranium

Graisse blanche épurée.	500 gram.
Huile d'œillette.	500 —
Essence de géranium.	10 —

Philocome à l'œillet

Graisse blanche épurée.	500 gram.
Huile d'œillette.	500 —
Essence artificielle d'œillet	8 —
Citronellol.	2 —

Philocome au Portugal

Graisse blanche épurée.	500 gram.
Huile d'œillette.	500 —
Essence de Portugal	5 —
— de citron.	5 —

On colore avec un quart de gramme de rocou.

Philocome à la rose

Graisse blanche épurée.	500 gram.
Huile d'œillette.	500 —
Essence de roses.	10 —
— de géranium.	5 —

On colore en jaune avec 2 grammes de rocou, ou en rose avec 1 gramme de carmin de cochenille. La matière colorante doit être introduite dans le mélange de graisse et d'huile en fusion, puis ensuite les essences.

Philocome aux fleurs mélangées

Huile d'enfleurage de fleurs mélangées.	500 gram.
Cire vierge.	75 —

Philocome huile cristallisée

Huile d'enfleurage de fleurs.	500 gram.
Blanc de baleine.	50 —

Cosmétique violette blanche

Cire blanche.	200 gram.
Corps dur cassie.	200 —
— dur tubéreuse.	200 —
— iris.	400 —
Essence de bergamote.	50 —
— de géranium.	5 —

Ce cosmétique se prépare de la même manière que les pommades, il se fond dans des tuyaux de fer-blanc, qui sont de la longueur et de la grosseur des morceaux que l'on désire fabriquer.

Il faut bien faire attention de le couler dans

les moules lorsqu'il est près de se figer. Les bâtons complètement refroidis, on les sort des moules, et on les enveloppe de paillon.

Cosmétique violette (Lubin)

Cire jaune.	1 kilog.
Corps dur iris.	2 —
— dur cassie.	2 —
— dur violette	1.500
— dur tubéreuse	500 gram.
— dur rose.	500 —
Pommade jasmin.	1 kilog.
Essence de bigarade	10 gram.
— géranium	10 —
— bergamote.	50 —

Cosmétique vanille (Lubin)

Cire blanche.	2 kilog.
Corps dur benjoin	3 —
— dur rose.	1 —
Tonka.	500 gram.
Cacao.	500 —
Corps musc	700 —
— dur vanille 1re.	2 kilog.
Essence de géranium.	10 gram.
— girofle.	5 —
— rose pure	5 —

Cosmétique moelle de bœuf

Cire jaune.	1 kil. 500
Corps dur bœuf	4.500
— dur rose.	1.500
— dur jasmin	1.500
— dur cassie.	1.500
— dur orange.	1.000
Pommade fleurs d'Italie.	500 gram.

DES POMMADES

Cosmétique à la violette ordinaire

Corps dur bœuf..................	3 kilog.
Cire jaune.....................	2 —
Corps dur cassie................	3 —
— dur iris..................	1 —
— dur rose.................	1 —
Pommade réséda.................	1 —
Essence bigarade................	5 gram.
— géranium..............	5 —
— bergamote.............	50 —

Cosmétique à la violette (Lubin)

Cire jaune.....................	2 kilog.
Corps dur cassie, n° 6	2 —
— dur iris	2 —
— dur violette, n° 18	2 —
— jasmin, n° 6............	3 —
— dur tubéreuse, n° 6......	1 —
Essence bergamote..............	100 gram.
— géranium..............	5 —
— bigarade..............	5 —

Cosmétique à la vanille

Cire blanche...................	1 kil. 500
Corps dur de benjoin...........	4 kilog.
— dur bœuf.............	2 —
Cacao blanc....................	500 gram.
Tonka.........................	500 —
Corps de musc..................	500 —
— dur à la rose..........	500 —
— dur vanille	1 kilog.

Un filet d'essence de roses et géranium.

Cosmétique à la violette de Parme

Cire jaune.....................	200 gram.
— blanche.................	200 —

Corps dur cassie, n° 24.	500 gram.
— dur tubéreuse, n° 24.	200 —
— dur rose, n° 24.	200 —
— dur violette, n° 24.	2.400

Cosmétique pour lisser et fixer les cheveux

Les substances qui entrent dans la composition de ce cosmétique sont le suif épuré et la cire blanche. Voici les proportions les plus convenables pour avoir un cosmétique d'une forte consistance :

Suif de bœuf ou de veau.	100 gram.
Cire blanche.	20 —

On opère la fusion des matières au bain-marie, et lorsque la masse commence à se refroidir, on la parfume avec 1 gramme d'essence de Portugal, de citron ou de rose ; puis on coule dans des petits moules cylindriques en fer-blanc (fig. 18). Ces moules sont ouverts des deux bouts, dont l'un pose sur un plateau horizontal sur lequel on coule une couche de cire de 1 centimètre d'épaisseur. Cette matière, en se refroidissant, ferme la partie inférieure de chaque moule, et ne permet pas que le cosmétique qu'on y coule puisse s'épandre au dehors.

A A, moules en fer-blanc.

B B, plateau en fer-blanc sur lequel les moules A A sont placés verticalement.

C C C, couche de cire solidifiée qui garnit le pied des moules.

Chaque plateau contient de trente-six à

quarante-huit moules. Ceux-ci ont un diamètre intérieur qui varie de 2 à 3 centimètres et une hauteur de 8 à 12 centimètres. Lorsque les

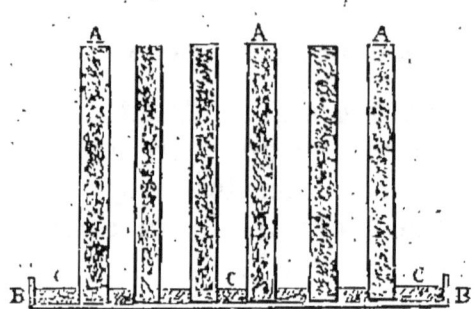

Fig. 18.

cosmétiques sont solidifiés, on les refoule des moules à l'aide d'un petit bâton.

Pommade noire en bâtons pour les sourcils

On prépare la pommade comme à l'ordinaire, mais au lieu d'un quart de cire, on en met un tiers pendant l'hiver et moitié pendant l'été. On la coule dans les moules lorsqu'elle est près de se figer. Les bâtons complètement refroidis, on les sort des moules et on les enveloppe de paillon.

Pommade pour noircir les cheveux

Nitrate d'argent	8 gram.
Crème de tartre	8 —
Ammoniaque liquide	15 —
Graisse blanche	19 —
Essence de Portugal	9 —

On broie toutes les substances ensemble dans un mortier de marbre. Nous prévenons que cette pommade offre du danger et peut donner lieu à des accidents, à raison du nitrate d'argent qui est un sel vénéneux, et qu'on ne doit introduire en parfumerie qu'avec une extrême réserve.

Pommade collante pour les faux-toupets

On prend 750 grammes de poix de Bourgogne de bonne qualité, 250 grammes de cire vierge ; on fait fondre ces matières ensemble dans un poêlon de terre vernissé, on ajoute 30 grammes de pommade liquide. Le tout étant fondu, on y met un double décilitre d'esprit-de-vin, en ayant soin de retirer le poêlon de dessus le feu lorsque l'on mettra l'esprit, parce que la grande chaleur ferait monter la composition et exposerait à mettre le feu ; lorsque le mélange est fait, on le remet sur le feu pour le chauffer à petits bouillons ; on passe dans un linge et on verse dans des moules. Après avoir passé, on parfume avec 60 grammes d'essence de bergamote ou tout autre.

Pour faire sortir la pommade des moules, on la présentera au feu en la tournant, elle se détachera facilement ; on tâche de la faire tomber debout sur un papier légèrement saupoudré. Lorsqu'elle est refroidie, on l'approprie un peu par le bout, et comme cette pommade est visqueuse et très collante, pour avoir la facilité de la manier, on se frotte les mains avec un peu de poudre pour la toucher et même pour l'envelopper. Ces bâtons se font ordinairement du poids de 60 à 90 grammes. Cette pommade, quoiqu'elle ne coûte pas beaucoup à établir, est très désagréable à faire. Il faut donc se dédommager de ses peines en la vendant à un prix raisonnable.

Pommade hongroise pour les moustaches

Cire blanche.	500 gram.
Savon d'huile.	250 —
Gomme arabique.	250 —
Eau de roses.	25 centil.
Essence de bergamote.	30 gram.
— de thym.	4 —

Cire à moustaches hongroise

Gomme arabique.	1 kilog.
Savon.	1 —
Cire.	1 —
Eau de roses.	1 —
Essence de bergamote.	40 gram.
Santal.	20 —

Pommade fixatrice à la rose

Gomme arabique.	1 kilog.
Savon.	1 —
Cire.	2 —
Eau de roses.	2 litres
Essence de bergamote.	20 —
— de citron.	100 —
— de thym.	10 —

Bandoline aux amandes

Gomme adragante.	400 gram.
Eau de roses.	8 litres
Essence d'amandes amères	20 gram.

Bandolines

Produits servant à fixer les cheveux. Ce sont en général des mucilages aux gommes. Voici quelques formules :

Eau de roses................	450 gram.
Gomme adragante...........	15 —
Essence de roses............	1 —
Eau de roses................	8 litres
Gomme adragante...........	400 gram.
Essence d'amandes amères.....	20 —

On met le tout en contact à froid pendant quarante-huit heures, en remuant de temps en temps.

On se sert aussi des mucilages de coings, de graines de lin, de graines de psyllicum.

Voici deux bonnes formules de bandolines :

Bandoline à la rose

Gomme adragante...........	500 gram.
Alcool d'essence de roses à 10 gram. par litre................	3 kilog.
Eau de roses................	5 —

Bandoline à l'héliotrope

Gomme adragante...........	500 gram.
Alcool d'héliotropine à 20 grammes par litre................	2 kil. 500
Mucilage de graines de lin.....	4 litres

Avant de terminer ce chapitre, nous donnons la description d'un fourneau à air chaud pour la fonte des pommades et des philocomes, que nous recommandons aux parfumeurs qui ne possèdent pas d'installation de vapeur, et qui nous a été communiqué par M. Eugène Lormé.

FOURNEAU A AIR CHAUD POUR LA FONTE DES POMMADES ET DES PHILOCOMES (fig. 19).

A, A, A, A, massif en maçonnerie.
B, foyer à grille.
C, cendrier.
D, cheminée.
E, E, caisse en tôle dont le fond supérieur porte trois ouvertures cylindriques, dans cha-

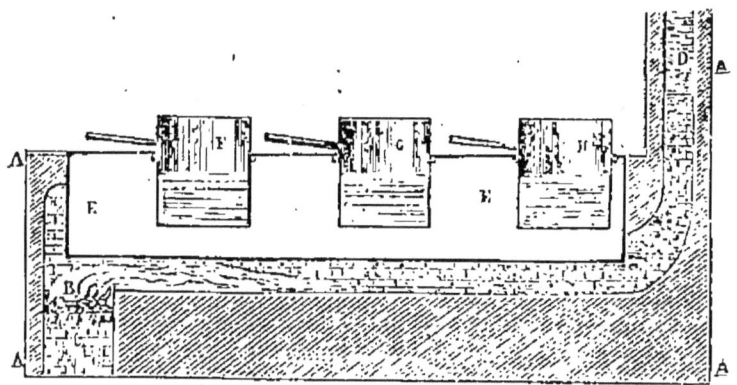

Fig. 19.

cune desquelles on place une casserole contenant la pommade ou le philocome dont on veut opérer la fusion. Le diamètre de ces casseroles est un peu moindre que celui des ouvertures, afin de pouvoir les introduire facilement dans la caisse et pouvoir les en retirer après chaque opération. Elles portent aux deux tiers de leur hauteur un fort rebord qui les empêche de descendre entièrement dans la caisse.

Lorsqu'on veut mettre ce fourneau en train, on allume le foyer B ; la flamme qui circule dans le fond de la caisse et autour de ses parois échauffe rapidement l'eau qui s'y trouve contenue ; on introduit alors les casseroles F, G, H, dans les ouvertures, et lorsque la fonte est opérée on coule le produit à la manière ordinaire.

Ce système de fourneau, qui présente l'avantage de pouvoir fabriquer diverses sortes de pommades dans le même temps, est exempt des inconvénients qu'offre le chauffage à feu direct et au bain-marie.

Nous ajouterons, en terminant ce chapitre, que tous les poêlons qui servent à la fabrication des pommades se nettoient promptement avec de la sciure de bois, et que ce moyen est préférable à l'emploi des liquides purs ou alcalisés pour cet objet.

CHAPITRE X

Des poudres à poudrer, absorbantes, dépilatoires, etc.

Sommaire. — I. Poudres aux fleurs. — II. Poudres aux substances odorantes impalpables. — III. Poudres de composition. — IV. Poudres sachet. — V. Poudres de couleur. — VI. Poudres absorbantes. — VII. Poudres épilatoires, etc. — VIII. Poudres diverses. — IX. Peau d'Espagne.

Les poudres, si fort en usage autrefois, maintenant occupent peu le parfumeur ; néanmoins il doit connaître leur fabrication ; il doit en avoir en magasin pour les vieillards, certains personnages de théâtre, pour la pacotille, les mascarades, etc.

La matière première de la poudre est l'amidon et principalement l'amidon de riz ; le bel *amidon en aiguilles* est sa plus belle partie, que l'on nomme *fleur d'amidon*. Pour n'être point trompé sur la qualité, le parfumeur cherchera dans cette matière les caractères suivants : blancheur, non pas terne, mais transparente, et légèrement azurée : sécheresse qui s'apprécie, lorsqu'en pressant l'amidon dans la main, il crie un peu sans se pelotonner, et s'étend aisément ; enfin, l'absence de toute saveur acide.

Il convient également de s'assurer si la poudre n'a pas été additionnée frauduleusement de substances nocives telles que le blanc de céruse, le bismuth, etc.

1. POUDRES AUX FLEURS

Poudre blanche

La préparation de la poudre est extrêmement simple : il s'agit principalement de moudre l'amidon à l'aide d'un moulin approprié, puis de parfumer avec l'odeur choisie. Deux procédés sont en usage à cet égard : 1° on parfume la poudre avec des couches de fleurs ; 2° en la mêlant avec des matières odorantes pulvérisées.

Comme le premier moyen est d'une exécution longue et assez minutieuse, on ne l'emploie pas directement pour parfumer toutes les poudres blanches, comme on pourrait le croire au premier abord ; on prépare des *corps de poudre*, c'est-à-dire une certaine quantité de poudre, à telle et telle odeur, les saturant bien de cette odeur, afin qu'ensuite le simple mélange d'un de ces corps dans la poudre blanche suffise pour la parfumer.

Corps de poudre

Ces corps de poudre se préparent ordinairement :

Au Chypre, forte odeur, — double.
A la vanille, — double.
Au bouquet, — double.
Au bouquet chamois, — bouquet de la reine.

A l'ambre et au musc.

A la rose, — rose pâle, — rose musquée.

A la maréchale, — maréchale ambrée, — double.

A la mousseline, — à la frangipane.

A l'iris de Florence, — à la violette.

Aux fleurs d'Italie, — aux mille-fleurs.

A l'œillet, — œillet double, — très fin.

A l'héliotrope, — du Pérou, — d'hiver.

Et autres odeurs dont nous parlerons dans la suite.

Corps de poudre à la fleur d'oranger

On épluche 1 kilogr. 750 de fleurs d'oranger, on ne conserve que les pétales et on met à part les étamines, le pistil, pour être employés dans les poudres colorées. Cette quantité qui suffirait pour 20 kilogrammes de poudre ordinaire, doit ici être consacrée à parfumer 7 kilogr. 500 environ de corps de poudre.

On a une caisse ou boîte, au fond de laquelle on forme une couche de poudre, épaisse de deux doigts, puis sur celle-ci une couche de fleurs : on agit ainsi jusqu'à ce que l'on ait employé toutes les fleurs et toute la poudre. On a soin de remuer la poudre deux ou trois fois par jour, avec un grand peigne de bois, à longues dents, et on tamise chaque jour, afin de retirer les fleurs, et en remettre de fraîches à la même dose et de la même manière, pendant quatre jours. Si on désire augmenter la force du parfum, on prolonge l'opération.

Lorsque l'action du premier tamis aura séparé la poudre de toutes les fleurs, on la passera par un second tamis plus fin, afin d'extraire les moindres pétales ou parcelles de pétales, dont la présence introduirait de l'humidité dans cette poudre, et contribuerait à l'altérer. Faute de ces précautions, il faudrait la placer au four après la sortie du pain, ce qui nuit nécessairement aux odeurs.

On ferme bien hermétiquement la boîte qui la contient et on la met dans un lieu bien sec. Comme il reste toujours quelque humidité dans la poudre, il faudra remuer une fois tous les deux jours, jusqu'à ce que cette humidité soit complètement évaporée. On emploie ensuite ce corps, en le mélangeant avec la poudre blanche, à la dose convenable.

On prépare exactement de même, le corps de poudre au jasmin et autres fleurs. Cet exemple suffira pour tous les corps de poudre de même espèce.

Comme il se fait maintenant peu de poudres, et que le parfumeur pourrait répugner à préparer des corps qui supposent une assez grande fabrication ; comme par ce motif il pourrait désirer trouver la manière de parfumer la poudre elle-même, nous arrêtons ici la description des corps, pour donner l'indication de quelques poudres aux fleurs, et passer ensuite aux poudres parfumées avec des substances odorantes, impalpables, puis aux poudres composées.

Poudre aux œillets de mai

Ces gracieux petits œillets, que les bordures de nos jardins fournissent au printemps en si grande abondance, donnent une poudre suave, dont la préparation montre la parfaite ressemblance des poudres et corps de poudre.

On monde les œillets de leur calice : on les fait sécher un peu, puis sur un lit de poudre bien tamisée et faite avec de bon amidon blanc et sec, on met un lit d'œillets ; sur un second lit de poudre, un second lit de fleurs, en ayant soin que la poudre soit bien couverte, et ainsi successivement, le lit de fleurs couvrant toujours la poudre.

Il faut laisser la poudre s'imprégner de l'odeur pendant vingt-quatre heures. Au bout de ce temps, on remue la poudre et les fleurs, qu'on laisse ensemble encore vingt-quatre heures. L'on passe ensuite la poudre pour en retirer les fleurs. L'on en remet des fraîches, également par lit de poudre et de fleurs, et on renouvelle la même opération trois ou quatre jours de suite : l'odeur de la fleur est suffisamment amalgamée avec la poudre.

On retire alors les fleurs, en tamisant la poudre dans le tamis plus fin.

Il faut avoir soin de la déposer à l'abri de toute humidité, dans des boîtes bien sèches, bien fermées ; et, comme il est impossible qu'il n'y ait pas toujours à la poudre un fond d'humidité produite par les fleurs, il faut la remuer tous les jours, jusqu'à ce que l'on soit convaincu qu'il n'en reste plus.

Si la poudre reste longtemps en magasin, on agite de nouveau, tous les deux ou trois mois. Si son odeur s'affaiblit, on la mêle avec du corps d'œillet, ou bien l'on y remet de nouvelles fleurs, en cas que la saison le permette.

Poudre à la giroflée jaune, ou baguette d'or

Il n'existe aucune différence entre les poudres précédentes et celle-ci. On met un lit de fleurs sur un lit de poudre, et successivement, on laisse la poudre s'imprégner de l'odeur de la giroflée, pendant vingt-quatre heures. On la remue avec les fleurs, on la laisse encore s'imprégner de l'odeur pendant le même temps ; on la remue de nouveau, on la tamise, on remet de nouvelles fleurs, trois ou quatre jours de suite ; puis on passe la poudre au tamis le plus fin, on l'enferme dans des boîtes bien sèches, et l'on a de même le soin de la remuer de temps à autre dans l'année.

Poudre au réséda

On confectionne la poudre au réséda comme celles dont il vient d'être question. On corrige néanmoins cette poudre par celle à la rose ; il ne faut mettre qu'un tiers de celle-ci sur deux tiers de poudre au réséda.

II. POUDRES AUX SUBSTANCES ODORANTES, IMPALPABLES

Poudre à l'ambre

On met dans un mortier de fonte.

Ambre gris du plus fin. . . . .   30 gram.

6.

on fait chauffer le pilon du mortier avec lequel on pulvérise, et on broie l'ambre. Lorsqu'il sera broyé, on ajoute :

Bon musc. . . . . 15 gram.

que l'on broiera de même avec l'ambre. Ensuite on met :

Benjoin . . . . 60 gram.
Storax en pain. 8   —
Graines d'ambrette. 60   —

Comme toutes ces drogues sont en partie résineuses et visqueuses, on y ajoutera, pour en faciliter la dissolution et les réduire en poudre :

Bois d'ébène. . . . . 125 gram.
— de palissandre. 125   —
Amidon ou plutôt aiguilles d'amidon. 1 kilog.

Si on en a de sec, la chose n'en vaudra que mieux pour la trituration. On passe le tout au tamis fin, et on continue à broyer des aiguilles d'amidon jusqu'à la concurrence de 6 kilogrammes.

Poudre au musc

On met dans un mortier :

Musc . . . . 30 gram.
Ambre. 15   —

on commence par les broyer, en suivant les mêmes proportions et le même procédé que pour le reste. Pour différencier la couleur, on y ajoutera :

Bois de rose. . . . . 125 gram.
— d'ébène. 125   —

Poudre à la vanille brune

On prend :

Vanille coupée par morceaux.	500 gram.
Roses de Provins.	500 —
Storax en pain.	500 —
Benjoin.	500 —
Bois de Rhodes.	500 —
— de palissandre.	500 —
— d'ébène.	500 —
Girofle.	60 —
Musc.	8 —

Si l'on a des marcs d'infusion d'esprit, ou d'essence de vanille bien secs, on peut les y joindre, la composition n'en sera que meilleure. On réduit toutes ces substances et on les passe au tamis fin. On ajoute à cette composition :

Poudre blanche à la tubéreuse.	500 gram.
— au jasmin.	500 —
— à la vanille blanche.	500 —

On mêle le tout ensemble et l'on tamise de nouveau. Cette poudre est d'une agréable odeur.

Poudre à la vanille blanche

On prend trois kilogrammes de poudre à la tubéreuse ou au jasmin, et 187 grammes de vanille que l'on coupe par petits morceaux bien menus ; on les met avec la poudre, légèrement, par lits, dans une boîte bien close et on la laisse de cette manière au moins quinze jours, au bout desquels on passe au tamis clair pour en détacher la vanille ; on remet de nouveau la même vanille avec la même poudre, par lits, et l'on recommence l'opération jusqu'à ce que l'on s'aperçoive que la poudre est pénétrée de toute l'odeur de la vanille : on la tamise alors et l'on y ajoute 30 ou 60 grammes de poudre blanche ambrée et musquée ; on la retamise encore après l'avoir mêlée.

Poudre de Chypre

La mousse de chêne en est la base ; en poudre, elle a une odeur des plus pénétrantes ; elle ne doit cette qualité qu'à sa volatilité. Ce végétal, préparé et pulvérisé, donne du montant à toutes les substances auxquelles on le joint.

Préparation de la mousse de chêne ou Chypre

On commence par mettre tremper la mousse de chêne dans de l'eau de fontaine ; du jour au lendemain on la retire de cette eau en la passant dans un linge, en l'exprimant le plus que l'on peut ; puis on la remet de nouveau tremper dans de l'eau de roses et un tiers d'eau de fleurs d'oranger pendant deux jours. On la retire en l'exprimant bien et on la fait sécher au grand air et au midi, ou au four, si c'est dans la mauvaise saison, pour lui ôter son goût sauvage ; on fait en sorte qu'elle l'ait absolument perdu et qu'elle soit sèche à pouvoir se broyer dans la main.

III. POUDRES DE COMPOSITION

Corps de poudre à la maréchale

On prend :

Iris.	1	kilog.
Roses de Provins.	250	gram.
Bois de Rhodes.	500	—
Graine d'ambrette.	750	—
Girofle.	60	—
Cannelle fine.	250	—
Benjoin.	125	—
Storax.	250	—
Coriandre.	250	—
Ecorce de bergamote ou de petits orangeons.	125	—
Fleurs d'oranger sèches.	125	—
Badiane.	60	—
Racines d'angélique.	125	—
Santal citrin.	125	—
Souchet.	60	—
Musc.	8	—
ou Vessie.	15	—

On concasse toutes ces matières, excepté le musc, que l'on incorpore à moitié de l'opération ; l'on joindra à ces articles concassés la quantité d'environ 4 kilogrammes d'amidon, en réduisant au fur et à mesure que l'on passera au tamis fin. On remue bien la poudre et on la repasse au tamis de crin, afin qu'elle se trouve, par ce moyen, bien mélangée.

La dose de cette poudre, pour parfumer la poudre blanche, est de 1 kilogramme par 50 kilogrammes ; on mêle bien l'odeur avec la poudre avant de la tamiser.

Corps de poudre au bouquet de la reine

On prend :

Iris.	1 kilog.
Piment	250 gram.
Coriandre.	250 —
Girofle.	750 —
Cannelle.	125 —
Bois de Rhodes.	125 —
Fleurs d'oranger sèches.	125 —
Ecorce de bergamote.	125 —
Graine d'ambrette	125 —
Roses de Provins.	500 —
Roses pâles.	500 —

L'on broie la composition comme on l'a fait pour l'odeur de la maréchale, on y joint la même quantité d'amidon et l'on suit le même procédé que pour la dernière poudre. On met la même dose de celle-ci que de celle à la maréchale pour parfumer la poudre blanche.

Corps de poudre aux fleurs d'Italie ou de Cypris

Sur :

Poudre de fleur d'amidon.	50 kilog.

on met :

Poudre de roses musquées.	3 kilog.
— de roses pâles.	3 —
— de jasmin.	2 —
— à la fleur d'oranger. . . .	2 —
— à la tubéreuse.	2 —
— à la jonquille ou jacinthe. .	3 —
— à l'iris.	1 —
— à l'œillet composée	250 gram.
— à l'ambre et au musc. . . .	250 —

On mêle toutes ces poudres ensemble et on les passe au tamis de soie. Cette poudre est chère et distinguée.

Poudre à la rose musquée composée

On s'en sert comme corps de poudre et poudre à sachets.

On prend :

Roses pâles	3 kil. 187
Poudre au Chypre	687 gram.
Essence de roses	4 —

Suivre la même opération que pour la poudre précédente ; seulement on aura soin de n'ajouter les 4 grammes d'essence de roses qu'après que la poudre aura été pilée et tamisée.

Poudre au bouquet composée

On prend :

Poudre à la rose muscade	6 kilog.
— au jasmin	3 —
— à la fleur d'oranger	3 —
— à la tubéreuse	3 —
— à la jacinthe	3 —
— à la jonquille (à défaut de ces deux dernières, on mettra de la tubéreuse au jasmin)	3 —
— d'iris	2 —
— à la vanille, moitié brune et moitié blanche	500 gram.
— ambrée et musquée	1 kilog.

On donne ordinairement à cette poudre une couleur jaunâtre, tirant sur le chamois, avec un peu d'ocre jaune et moitié de stil-de-grain ; l'on pulvérise ces deux couleurs et on passe au tamis fin ; ensuite on les réunit au reste pour être tamisées de nouveau. Pour faire cette poudre plus ambrée, on broie :

Musc tonquin.	15 gram.
Essence d'ambrette ou d'ambre . . .	15 —

en y mêlant peu à peu une portion de la poudre de composition de bouquet à la quantité de 12 kilogrammes, réduisant et tamisant le tout.

C'est ce qu'on appelle la poudre au bouquet ambré et qui était si renommée autrefois.

Poudre de Flore

On prend :

Poudre au jasmin.	1 kilog.
— à la rose muscade.	500 gram.
— à la tubéreuse.	500 —
— à la fleur d'oranger.	500 —
— à la jonquille.	250 —
— d'iris.	250 —
— de Chypre ou à l'ambre . . .	60 —

l'on donne ensuite au mélange une petite teinte couleur de chair très claire, avec :

Rouge fin en poudre.	30 gram.

que l'on mêle et tamise.

Poudre à l'héliotrope composée

On prend :

Storax en pain.	500 gram.
Benjoin	250 —

POUDRES DE COMPOSITION

Bois de Rhodes	500 gram.
— de palissandre	500 —
— d'ébène	125 —
Girofle	15 —

On concasse toutes ces substances et l'on verse ensuite dessus :

Baume du Pérou	8 gram.

On réduit le tout ensemble avec :

Grossiers d'amidon	3 kilog.

qu'on met au fur et à mesure que l'on broie ; lorsque l'on sera à la moitié de la trituration, on ajoutera au mélange :

Musc	8 gram.

Si la composition était un peu difficile à passer, on y joindrait :

Bois d'ébène	125 gram.

Le tout étant pilé et tamisé, on termine par y mettre :

Poudre à la vanille brune	500 gram.
— au jasmin	500 —
— à la rose muscade	500 —
— à la tubéreuse	500 —

On mêle bien le tout et l'on tamise.

Poudre à l'œillet composée pour corps de poudre et sachets

Rose de Provins	1 kil. 500
Iris	1.500
Clous de girofle	187 gram.

Parfumeur. — T. II.

Ecorce de bergamote.	625 gram.
Graine d'ambrette.	750 —
Cannelle ordinaire.	187 —
Souchet long.	187 —
Roses pâles.	812 —
Cassie sèche.	250 —
Fleur d'oranger.	250 —

Et autant de griffes de girofle.

Poudre à la mousseline des Indes

On prend :

Poudre d'iris.	500 gram.
— de coriandre	250 —
Graine d'ambrette.	60 —
Cannelle fine.	30 —
Girofle.	30 —
Badiane ou anis	8 —
Poivre ou macis	60 —
Gingembre.	60 —
Bois de santal.	30 —
— de palissandre.	60 —

On pile avec soin et l'on tamise cette préparation, qui peut servir à diverses compositions de parfumerie.

Olla podrida

Après qu'on a fabriqué certaines teintures, il reste une quantité assez considérable de résidus ou débris, tels que musc, gousses de vanille, fèves de Tonka, ambre gris, civette, etc., qu'on broie ensemble et que l'on combine en même temps avec un peu d'essence de roses, de la lavande, etc.

IV. POUDRES SACHET

Poudre à sachets, au Chypre

Mousse de chêne.	1 kilog.
Graines d'ambrette.	500 gram.
Benjoin.	400 —
Bois de Rhodes.	600 —
Iris pulvérisé.	500 —
Bois de palissandre.	400 —
Essence de cannelle.	50 —
— de girofle.	20 —
— de roses.	4 —
Musc.	100 —
Civette.	40 —
Castoréum.	40 —

On triture pour bien opérer le mélange, et pour réduire en poudre, puis on introduit dans les sachets, un peu de cette poudre entre deux morceaux d'ouate.

Poudre à sachets à l'œillet

Poudre à la rose.	1 kil. 300
— à la fleur d'oranger.	1 kilog.
— au jasmin.	400 gram.
Isoeugénol.	50 —

Poudre sachet mille-fleurs

Rose de Provins.	1 kilog.
Fleurs d'oranger.	1 —
— de cassie.	1 —
Benjoin n° 1.	1 —
Graine de céleri.	225 gram.

On pile toutes les substances ci-dessus pour les rendre en une poudre grossière.

On ajoute :

Iris grossier.	2 kilog.
Corps de musc.	400 gram.
— d'héliotrope.	300 —

On triture le tout du mieux possible pour en faire le mélange, afin de s'en servir au besoin.

Poudre sachet à l'héliotrope

Corps d'héliotrope.	1 kil. 500
Fleurs d'oranger.	500 gram.
Bois santal.	500 —
Benjoin.	1 kilog.
Roses de Provins.	500 gram.
Fleurs de cassie	1 kilog.
Storax en pain.	500 gram.
Pâte blanche amère.	500 —
Iris grossier.	500 —
Corps de Chypre.	200 —
Baume de tolu.	80 —

On pile toutes ces substances, sauf le corps d'héliotrope et celui de chypre.

On réunit ces deux dernières substances avec les premières aussitôt qu'elles sont réduites en poudre grossière.

On triture pour bien mélanger le tout, et l'on peut s'en servir au besoin.

Poudre sachet au musc

Iris grossier.	2 kilog.
Amidon purgé.	1 —
Ambrette.	1 —
Corps de musc.	1 —
Benjoin n° 1.	500 gram.
Souchet en poudre.	500 —

On pile l'ambrette et le benjoin dans un mortier ; on réunit le tout et l'on triture jusqu'à parfait mélange.

Poudre sachet à la rose

Feuilles de roses broyées	500 gram.
Bois de santal en poudre	125 —
Bois de cèdre en poudre	125 —
Essence de roses	4 —
Roses de Provins	2 kilog.
Amidon purgé	2 —
Fleurs d'amidon	1 —
Iris grossier	750 gram.
Corps d'héliotrope	100 —
Girofle en poudre	150 —

On pile les roses, on triture ensuite le tout ensemble pour bien en opérer le mélange.

Il est bon de faire observer que les poudres à sachet ne se tamisent pas ; les poudres grossières sont infiniment préférables.

Poudre à sachets, à la violette

Iris	8 kilog.
Bois de violette des îles	8 —
Essence de roses	10 gram.
Ionone	40 —
Musc	5 —

On en fait le mélange le mieux possible, on le met dans une boîte hermétiquement fermée pour s'en servir au besoin.

Poudre à sachets à la violette de Parme

Iris	8 kilog.
Bois de violette des îles	8 —

Essence de roses.	4 gram.
Ionone.	20 —
Essence absolue de violettes blanches.	5 —
Musc.	6 —
Mousse de chêne.	200 —

Poudre sachet au bouquet Impératrice

Poudre à la violette.	4 kilog.
— au miel.	2 —
Corps de Chypre.	1.200
Poudre mille-fleurs.	800 gram.

On triture bien le tout dans un mortier pour opérer le mélange avant de s'en servir.

On tient ces poudres dans un endroit sec et dans des boîtes hermétiquement fermées.

Poudre à sachet au miel

Iris en poudre de Florence	2 kil. 500
Roses de Provins.	2 —
Benjoin n° 1.	7 —
Corps d'héliotrope.	200 gram.
— de musc.	350 —
Essence de géranium.	20 —

On pile dans un mortier bien conditionné, recouvert d'une peau, l'iris, les roses et le benjoin ; aux trois quarts de l'opération, l'on ajoute le corps d'héliotrope, celui de musc et l'essence ; on triture le tout ensemble pour bien opérer le mélange. On peut se servir de cette poudre, sans être tamisée, pour remplir les sachets.

Poudre sachet frangipane

Racine d'iris.	500 gram.
Feuilles de roses.	500 —

Bois de santal	125	gram.
Fève de Tonka broyée	125	—
Musc	4	—
Civette	1	—
Essence de roses	2	—

On broie la civette, le musc et les feuilles de rose, avec un peu d'essence de roses, et l'on mélange aux autres ingrédients, soigneusement réduits en poudre.

V. POUDRES DE COULEUR

Ces poudres, fort usitées autrefois, à toutes nuances, sont encore employées par les personnes qui veulent déguiser la teinte de leur chevelure.

Poudre noire, ou du Liban, à la fleur d'oranger

On mêle, par égales parties, de la poudre de charbon impalpable avec du beau noir d'ivoire. On y met, par couches, comme il a été dit en commençant, les étamines et les pistils bien secs, que l'on a mis à part en épluchant de la fleur d'oranger. On peut encore les réduire en poudre fine, en mettant sur 500 grammes de cette poudre odorante 125 grammes de graine d'ambrette; on tamise bien et l'on mêle à la poudre noire dans la proportion de 60 grammes par demi-kilogramme.

On réduit aussi en poudre l'écorce de bergamote bien sèche pour parfumer cette poudre noire, ainsi que la poudre blanche et beaucoup d'autres compositions.

Poudre blonde

On mêle de l'ocre jaune avec de la poudre blanche et de la poudre brune à la vanille, suivant la teinte que l'on désire obtenir.

Poudre brune et châtaine

On pile parfaitement de l'amidon brûlé, du bois d'ébène de Sainte-Lucie, et l'on varie les nuances en mettant plus ou moins de chaque couleur. Ces poudres portent avec elles leur parfum, auquel, cependant, on peut ajouter un peu d'iris ou d'ambre en poudre.

VI. POUDRES ABSORBANTES

En indiquant les poudres précédentes, nous étions inspiré par la mode passée et par la mode à venir ; mais nous le sommes maintenant par la mode présente, car les personnes les plus élégantes, les mieux entendues dans leur toilette, font un grand usage de ces poudres, dont l'utilité ne saurait être contestée.

Poudre d'iris pour éponger la sueur de la tête et des aisselles

On prend de la racine d'iris de Florence en poudre et on ajoute sur 6 kilogrammes :

Écorce de bergamote pulvérisée. . .	250 gram.
Fleur de cassie sèche, pulvérisée. . .	250 —
Clous de girofle.	15 —

On mêle et l'on passe au tamis. Il faut avoir

aussi de la poudre d'iris pure, car bien des amateurs la préfèrent.

Dans l'instruction qui accompagnera les grandes boîtes de cette poudre, on fera savoir qu'il faut en saupoudrer les cheveux le soir, pour qu'elle agisse pendant la nuit, et que le lendemain matin on passe les cheveux au peigne fin.

Son préparé et parfumé pour dégraisser les cheveux

On pile parfaitement du son de froment totalement sec, que, pour plus d'assurance, on aura fait sécher auparavant au four. On y ajoutera, par demi-kilogramme, 60 grammes de poudre d'iris, et l'on passera le tout au tamis. Ce son s'emploie comme la poudre précédente. On peut mettre l'un et l'autre sous les aisselles, en petits sachets bien plats.

Poudre hygiénique de féveroles pour la tête

On prend 500 grammes de farine de féveroles et de haricots blancs complètement secs ; l'on y ajoute 60 grammes d'iris. On pile jusqu'à ce que la poudre soit impalpable et on la passe au tamis. L'on y ajoute souvent 100 grammes de poudre de staphisaigre.

Poudre d'alun de toutes odeurs

On réduit en poudre très fine 500 grammes d'alun calciné ; on le tamise et l'on y joint alors 250 grammes d'iris de Florence en poudre. C'est là *l'alun simple à l'iris*. Pour obtenir l'alun à diverses couleurs, on commence par préparer celui que nous venons de décrire, car il forme la base ou corps de cette poudre. Ensuite on y joint 30 grammes de poudre à odeur forte, ou 60 grammes de poudre à odeur douce. En voici deux exemples.

On diminue quelquefois la dose d'iris.

Poudre d'alun au jasmin, au jasmin-jonquille

500 grammes d'alun, 187 grammes d'iris, 60 grammes de poudre au jasmin. Pour faire la poudre alunée au jasmin-jonquille, on ajoute 60 grammes de poudre à la cassie.

Poudre d'alun au musc

La même dose d'alun et d'iris que pour la poudre précédente : 30 grammes de poudre forte au musc, parfumée à la lavande, au thym et autres plantes aromatiques. La poudre d'alun convient parfaitement pour éponger la transpiration des pieds et pour en masquer la mauvaise odeur. Seulement il ne faut pas en faire abus, parce que l'alun est un astringent puissant qui pourrait supprimer la transpiration et donner lieu à des accidents.

VII. POUDRES ÉPILATOIRES, ETC.

Nous croyons devoir réunir dans cet article tous les dépilatoires, quelle que soit la forme qu'ils affectent : poudres, pommades, cires, etc., parce que la base étant, à peu de chose près, toujours la même, il serait peu convenable de les disséminer dans différentes sections.

Crème parisienne épilatoire

On prend :

Chaux vive	60 gram.
Orpiment ou réalgar (sulfure d'arsenic)	15 —
Orcanette en poudre	8 —

On mélange et l'on met cette poudre rosée en boîtes que l'on fait suivre de cette instruction indispensable :

On met quelques pincées de cette composition dans un petit vase, tel qu'un coquetier, une cuillère à bouche (pourvu qu'elle soit en bois), ou bien une très petite soucoupe ; l'on verse dessus quelques gouttes d'eau tiède, on délaye en consistance de bouillie un peu épaisse et on l'applique sur les endroits que l'on veut épiler. On la laisse de cinq à huit minutes ; on l'humecte avec de l'eau tiède, puis on l'enlève humide, et légèrement, avec la pointe d'un couteau. On lave ensuite avec une éponge imbibée d'eau tiède, on essuie doucement en évitant de frotter.

Rusma dépilatoire des harems

On prend 60 grammes de chaux vive, on la mêle avec 15 grammes d'orpiment ou réalgar ; on les fait bouillir dans 500 grammes de lessive alcaline assez forte. Pour l'essayer, on y plonge une plume, et lorsque les barbes tombent, le *rusma* est convenablement préparé. On en frotte les parties velues dont on veut détruire les poils ; on les lave ensuite avec de l'eau chaude. Ce dépilatoire est d'une grande causticité : il attaque souvent le tissu de la peau en même temps que les poils ; il est d'ailleurs excessivement vénéneux. On ne doit donc l'appliquer qu'avec la plus grande circonspection.

Voici comment on emploie dans les harems de Turquie ce *rusma*, que les Arabes et les Persans nomment *nourei, nuret, nûre* :

On varie les proportions du mélange suivant l'âge des personnes qui doivent s'en servir, la nature de leur peau et la couleur de leurs cheveux : tantôt on met 30 grammes d'orpiment sur 250 grammes de chaux vive ; tantôt 60 grammes d'orpiment sur 60 grammes de chaux ; quelquefois 90 grammes d'orpiment sur 270 grammes de cette dernière substance : ce troisième mélange est le plus actif. Pour en tempérer la dangereuse causticité, on y ajoute un huitième d'amidon ou de farine de seigle ; on en forme une pâte avec un peu d'eau tiède, on l'applique sur les endroits velus, et on l'y laisse séjourner pendant quelques minutes. On a soin de l'humecter un peu, afin qu'il ne sèche pas trop promptement, et l'on essaie si le poil se détache aisément et sans résistance. Ordinairement, il semble brûlé : alors l'opération est faite. Il ne faut jamais employer le *rusma* qu'en très petite quantité, car autrement il pourrait déterminer une dangereuse inflammation de la peau.

Une enveloppe imprimée doit absolument donner toutes ces notions aux acheteurs.

Pommade épilatoire de Turquie à la rose

C'est le *rusma* mêlé avec l'axonge, un peu de cochenille et quelques gouttes d'essence de roses. Même prudence dans l'emploi de cette substance.

Poudre dépilatoire parfumée à toute odeur

Chaux vive.	375 gram.
Orpiment.	30 —
Poudre blanche au jasmin.	312 —
— de savon au palme.	125 —

On voit qu'on peut remplacer la poudre au jasmin par de l'amidon pulvérisé, mettre une poudre de savon non odorante lorsqu'on veut avoir un dépilatoire sans parfum, et qu'avec ces poudres de toutes sortes on donne à cette composition toutes sortes d'odeurs.

On délaie ce dépilatoire avec de l'eau pure ou de l'eau de savon, quand on juge à propos de supprimer la poudre savonneuse.

Poudre épilatoire simple

L'on mêle :

Chaux vive.	125 gram.
Iris en poudre.	45 —

Cire épilatoire

On prend :

Poix de Bourgogne.	500 gram.
Vert de vessie pulvérisé.	15 —

On fait fondre de la poix dans un vase de terre vernissé ; on y ajoute le vert de vessie et l'on passe dans une forte toile, puis on roule la composition sur un marbre et on la coupe en petits morceaux.

Pour employer cette cire, on la fait chauffer à la flamme d'une bougie, puis on l'applique légèrement sur la partie velue ; on la retire ensuite avec les poils qui s'y sont attachés.

Extrait épilatoire

On pulvérise et l'on tamise :

Chaux vive.	60 gram.
Orpiment.	30 —
Sel de nitre.	8 —
Soufre.	8 —
Iris de Florence.	60 —

On mélange et on met dans 500 grammes de bonne lessive. Très vénéneux. Grande circonspection dans l'emploi.

Nous avons donné la recette de tous les dépilatoires à l'orpiment, parce que le parfumeur doit les connaître ; mais nous lui conseillons néanmoins de bannir ces compositions de ses laboratoires et d'en refuser même la vente à ses clients, à raison des accidents graves ou des abus qu'on pourrait en faire et dont il deviendrait responsable.

VIII. POUDRES DIVERSES

Poudre de gomme pour les faux toupets

On pile parties égales de gomme arabique et de gomme adragante ; on joint au mélange un quart de poudre d'iris, ou poudre blanche parfumée, avec un tiers de sucre candi pulvérisé. Au moment de se servir de cette composition, on la délaie en consistance de pâte avec un peu d'eau.

Poudre de propreté

On prend parties égales de staphisaigre et de cévadille ; on pulvérise et on ajoute un quart de poudre d'iris ou de poudre parfumée quelconque.

Poudre stéatite de Florence pour entrer les bottes

La stéatite est une variété de talc, blanche, grise ou verte, quelquefois aussi, mais plus rarement, rouge et jaune. Sa pesanteur spécifique varie de 2,60 à 2,66. Elle est très commune en Allemagne, dans le Cornwall, et en France, dans le département de l'Isère. C'est une pierre très tendre que l'on peut colorer de diverses manières, au moyen des substances qui se dissolvent dans les huiles, dans les acides, dans les alcalis et dans l'alcool.

Le parfumeur la colorera donc comme il le jugera à propos, ou bien il l'emploiera dans son état naturel. A cet effet, il la réduira en poudre, et la mettra en boîtes pour faciliter l'entrée du pied dans les bottes. La qualité onctueuse de cette substance la rend propre à cet usage : il suffit d'en saupoudrer le cuir.

IX. PEAU D'ESPAGNE

Ce sont généralement des petits morceaux de peau blanche que l'on laisse macérer pendant un mois dans le mélange ci-dessous :

Essence de lavande............	100 gram.
— d'oranges douces.......	100 —
— de bergamote.........	100 —
— de cannelle de Ceylan....	20 —
Infusion de benjoin...........	600 —
Coumarine................	10 —
Héliotropine..............	5 —
Alcool cinnamique...........	2 —
Musc Keton...............	50 —
Essence artificielle de néroli.......	250 —
— — de jasmin....	200 —
Infusion de civette...........	40 —
Essence de cuir de Russie.......	2 —
Santalol................	50 —

Papier à lettres parfumé

On introduira dans des sachets spéciaux un petit morceau de peau d'Espagne, que l'on aura au préalable fait macérer dans des extraits alcooliques, de roses, de lilas, de muguet, etc.

Sachets pour boîtes à gants

Faire macérer la peau d'Espagne dans l'extrait alcoolique ci-dessous :

Teinture de benjoin..........	0 lit. 500
Essence de bouleau rectifiée.....	0 gr. 6
— de roses............	0 gr. 4

CHAPITRE XI

Des préparations cosmétiques pour les lèvres et la peau

Sommaire. — I. Pâtes, crèmes et gelées pour embellir la peau. — II. Laits ou émulsions. — III. Préparations pour les lèvres. — IV. Poudres cosmétiques.

I. PATES, CRÈMES ET GELÉES POUR EMBELLIR LA PEAU

Amandine

Procédé. — On mélange, dans un mortier, 62 grammes de gomme arabique avec 185 gr. de miel blanc ; lorsque le mélange forme un corps épais, on y ajoute 92 grammes de savon blanc à base de potasse parfaitement neutre ; ce mélange opéré, on y incorpore peu à peu un kilogramme d'huile d'amandes douces récentes et tirée à froid ; puis on ajoute à la masse cinq jaunes d'œufs exactement privés d'albumine ; cela donne à la pâte une consistance un peu ferme que l'on diminue en y ajoutant un lait épais de pistaches récentes mondées, et 125 gr. d'eau de rose distillée ; ce lait donne à la pâte une légère nuance verte que l'on peut augmenter, si l'on veut, avec 4 ou 8 grammes d'huile chargée de fécule d'épinards, aromatisée ensuite avec l'essence d'amandes amères à la dose de 2 grammes par 500 grammes de pâte.

Usage de cette pâte. — Un peu d'eau tiède, dans laquelle on délaie une portion d'amandine de la grosseur d'une noisette, produit sur-le-champ un lait très blanc et très agréable à l'odorat ; cette quantité suffit pour se frotter les mains ou le visage ; on doit ensuite se laver légèrement, et avec soin s'essuyer lorsque l'eau est encore en lait. Les lotions abondantes pourraient nuire à l'effet de l'amandine, qui est de blanchir et d'adoucir la peau, et de la préserver des impressions de l'air.

Saponaire

Racine de saponaire, réduite en poudre subtile.	2 parties
Racine de guimauve, réduite en poudre subtile.	1 —
Farine de marrons d'Inde.	1 —

On parfume comme suit :

Essence de roses.	8 gram.
— de Rhodia.	4 —
— de baume de la Mecque. . .	4 —
Baume du Pérou.	4 —
Thym rouge.	4 —

Composition propre à adoucir la peau

Beurre.	2 kilog.
Huile d'amandes douces.	2 —
Savon ordinaire blanc.	3 —
Eau de guimauve.	4 —
Alcool.	1/2 litre

On met ensemble les cinq articles dans un pot de faïence, au bain-marie, et on laisse fondre en remuant pour les incorporer, on transvase ensuite et on laisse refroidir.

On peut aromatiser la composition, suivant le goût des amateurs.

On prend gros comme une noisette de cette matière, on en frotte bien les mains qu'on lave ensuite.

Pommade mexicaine de Michel et Lance

Corps gras extrait du cacao.	2 kilog.
Huile de noisette.	1 —
Huile de ben.	1 —
Vanille..	60 gram.
Baume blanc du Pérou.	4 —
Fleur de benjoin.	2 —
Civette.	3 centig.
Néroli.	5 —
Essence de roses.	5 —
Esprit d'œillet-giroflée	30 gram.
Eau odorante de citron et de bergamote distillée.	1/2 litre

On fait macérer la vanille dans le beurre de cacao, pendant huit jours, dans une étuve chauffée à 20 degrés. Dans un demi-verre d'alcool, on dissout le baume du Pérou, le benjoin, la civette, et l'on ajoute l'esprit d'œillet à cette dissolution. D'autre part, on incorpore l'essence de roses et de néroli dans les huiles de ben et de noisette, en remuant le mélange fortement.

Ces préparations achevées, on verse, dans un poêlon étamé, le beurre de cacao et la vanille, en faisant bouillir doucement au bain-marie. A la première ébullition on ajoute l'esprit aromatique, et l'on dirige ensuite également l'ébullition pendant un quart d'heure, afin que l'alcool puisse s'évaporer, et en même temps que les aromes et matières résineuses dont il est chargé puissent se fixer dans le corps gras ; alors on ajoute les huiles, et on retire le tout du feu un instant après. Cela fait, on verse le mélange dans un mortier de marbre à travers un tamis, et l'on remue avec un pilon. Au bout d'une heure environ, le mélange s'étant un peu refroidi, présente la consistance d'une crème liquide. Avant qu'il ne soit trop figé, il faut se hâter d'y ajouter l'eau odorante par petites quantités, en remuant avec beaucoup de vitesse. Ensuite pour colorer agréablement la pommade, on y jette une petite quantité de carmin clarifié avec de l'eau et de l'alcali volatil. On continue de remuer jusqu'à ce que la pâte soit entièrement refroidie, et c'est alors qu'on la met dans les pots.

Cette pâte s'étend sur la figure, le cou, avec le doigt. On humecte ensuite une très fine éponge d'eau légèrement tiède, et on la passe sur la peau enduite de pâte, jusqu'à ce que celle-ci soit complètement fondue. On termine par essuyer avec un linge fin. Cette petite instruction doit accompagner chaque pot de pommade mexicaine. Cette observation s'applique à toutes les autres pâtes que nous allons décrire.

Pommade pour adoucir la peau

Cire blanche.	20 gram.
Blanc de baleine.	50 —

Huile d'amandes douces.	100 gram.
Eau de roses.	200 —
Baume de la Mecque.	2 —

Autre

Cire blanche.	20 gram.
Beurre de cacao.	20 —
Huile d'amandes douces.	80 —
Essence de roses.	8 goutt.
Eau de fleurs d'oranger.	8 gram.
Glycérine.	8 —

Crème de Cathay, de J.-M. Farina

Térébenthine de la Mecque.	15 centig.
Huile d'amandes douces.	125 gram.
Blanc de baleine.	8 —
Fleur de zinc.	4 —
Cire blanche.	8 —
Eau de roses.	24 —

On mêle ces substances, on les expose au bain-marie ou de sable. Selon son auteur, cette crème cosmétique nourrit la peau, donne de la blancheur et détruit les rides occasionnées par la sécheresse. Il faut néanmoins se défier de l'oxyde de zinc.

Pommade au beurre de cacao, de Lange

Beurre de cacao, rigoureusement purifié.	500 gram.
Cire vierge.	250 —
Blanc de baleine.	250 —
Huile vierge d'olives, fortement parfumée avec l'essence de roses.	1 kilog.
Fleurs de benjoin.	1 gram.
Vermillon.	1 pincée

On fait fondre la cire, le blanc et le beurre avec l'huile, à un feu très doux ; ensuite on verse le tout dans un mortier de marbre, et on le remue continuellement avec le pilon, jusqu'à ce qu'il ait commencé à se figer ; on verse alors, par petites portions, et successivement, 4 kilogrammes d'eau, dans laquelle on a fait dissoudre la fleur de benjoin, et l'on ne cesse de remuer que lorsque toutes les matières sont parfaitement incorporées ; c'est dans ce moment qu'on mêle la pincée de vermillon, en continuant de remuer, pour que la couleur se répande uniformément. Précaution dans l'emploi, à raison du vermillon qui est un sulfure de mercure.

Pommade de concombres

On prend :

Axonge pure.	2 kilog.
Suif de veau.	500 gram.
Suc de concombres.	1 kil. 500

On fait fondre les deux substances graisseuses : quand ce mélange est fondu, on mêle avec le suc de concombres, et on malaxe pendant quelque temps. Au bout d'un jour de macération, on décante et l'on ajoute autant de nouveau suc, puis on malaxe ; on réitère ces opérations dix fois, toujours avec du suc nouveau. Quand on voit que le mélange graisseux a acquis une odeur bien sensible de concombre, on le fait fondre au bain-marie, en y ajoutant, par demi-kilogramme, 12 grammes d'amidon en poudre. On remue, et l'on coule ensuite dans des pots que l'on couvre soigneusement.

Cette pommade est estimée avec raison pour faire cesser l'inflammation de la peau. Elle se met pour l'ordinaire en pots de 30 grammes. On doit la confectionner l'automne, en quantité, et la maintenir au frais.

Pommade de Ninon de Lenclos, de Boyer

On prend :

Huile d'amandes douces	125 gram.
Axonge lavée	90 —
Suc de joubarbe	90 —

Cette pommade est adoucissante et rafraîchissante.

Pommade aux limaçons

On prend :

Cire blanche en grains	30 gram.
Huile d'amandes douces	153 —
Eau de roses	250 —

On fait liquéfier la cire avec l'huile, sur les cendres chaudes ; on met ce mélange dans un mortier de marbre et on le laisse figer.

Dès qu'il est figé, on l'agite avec le pilon pendant une demi-heure. Au bout de ce temps, on y verse l'eau de roses. Cette composition est utile contre l'irritation de la peau.

Pommade des sultanes

On fait fondre au bain-marie :

Cire vierge	30 gram.
Blanc de baleine	60 —

Ces objets étant fondus, on retire le bain-marie du feu, et on ajoute :

Huile d'amandes douces	250 gram.
— des quatre semences froides.	250 —
— de pavot blanc.	250 —

on mêle ces objets et on bat sans discontinuer. Lorsque la composition commence à devenir bien blanche, on y met 15 grammes de baume de la Mecque, et un huitième de litre d'eau de roses.

On continue de bien mêler ces substances, en y mettant de l'eau de roses, jusqu'à ce que ce mélange ne puisse plus en absorber, et qu'il se détache par grandes lames.

On aura soin de couvrir d'un peu d'eau de roses les pots de pommade, qui a la vertu d'adoucir et de maintenir la peau dans sa fraîcheur.

Pommade de beauté, pour le teint et les gerçures de la peau

On fait fondre ensemble au bain-marie :

Cire vierge	6 gram.
Blanc de baleine	8 —
Huile d'amandes douces	15 —
— d'olives vierge	15 —
— de pavot	15 —
Baume du Pérou, liquide	4 goutt.

On introduit le baume après avoir bien battu le mélange.

Pommade des Grâces, ou pommade de lavande de Baumé

On prend :

Fleurs de lavande, fraîches et mondées.	10 kilog.
Axonge.	2 kil. 500
Cire blanche.	250 gram.

On fait infuser au bain-marie pendant deux heures, dans un vase d'étain fermé, 2 kilogrammes de ces fleurs et l'axonge : on passe avec expression, et l'on recommence cette opération jusqu'à ce que la graisse se soit trouvée en contact avec les 10 kilogrammes de fleurs. On malaxe alors la pommade avec plusieurs eaux pour la dépouiller de la partie extractive de fleurs. On la fait fondre à une douce chaleur, et l'on coule dans les pots.

Pommade d'Hébé, contre les rides

On incorpore ensemble :

Suc d'ognons de lis.	60 gram.
Miel de Narbonne.	15 —
Cire blanche.	30 —
Eau de roses.	12 —

On fait fondre d'abord la cire à feu doux, puis on réunit le tout en pommade que l'on mettra le soir sur le visage : on s'essuiera seulement le matin avec un linge.

Autre pommade contre les rides

Suc d'ognons de lis blanc.	60 gram.
Miel de Narbonne.	68 —

On fait fondre :

Cire blanche..............	30 gram.

On incorpore le tout pour faire une pommade dont on devra se frotter le visage tous les soirs, et ne s'essuyer que le matin avec un linge doux.

Cold-cream, n° 1

Blanc de baleine...........	20 gram.
Cire blanche..............	20 —
Huile d'amandes...........	300 —

On fait liquéfier au bain-marie ; on verse dans un mortier de marbre échauffé par l'eau bouillante ; on bat vivement et on ajoute 100 grammes d'eau de roses, et quelques gouttes de lessive de potasse.

Cold-cream, n° 2

Graisse blanche épurée.......	100 gram.
Blanc de baleine...........	100 —
Huile d'œillette épurée.......	100 —
Essence de roses...........	1/4 —

qu'on peut remplacer par un gramme d'essence de géranium.

On opère la fusion de la graisse et du blanc de baleine, puis on y ajoute l'huile. Lorsque la matière est refroidie, on la bat dans un mortier de marbre, en y introduisant peu à peu 150 gr. d'eau de roses ; on y ajoute ensuite l'essence.

Cold-cream à la rose

Huile d'amandes...........	500 gram.
Eau de roses..............	500 —

Cire blanche.	30 gram.
Blanc de baleine.	30 —
Essence de roses.	2 —

On fait fondre la cire et le blanc de baleine dans l'huile, puis on y mélange, en agitant, l'eau de roses, enfin, on parfume avec l'essence.

Gelée de glycérine

Glycérine pure.	60 gram.
Savon blanc, doux.	15 —
Huile d'amandes.	500 —
Essence de thym.	4 —
— de girofle.	4 —
— de bergamote.	2 —

On mélange d'abord la glycérine au savon, puis on ajoute l'huile, on triture dans un mortier et on parfume avec les essences. Cette gelée est, dit-on, excellente pour prévenir ou guérir les gerçures de la peau.

Crème-neige

Blanc de baleine.	100 gram.
Cire vierge.	60 —
Huile fraîche d'amandes mondées.	350 —

On fait fondre au bain-marie et on verse dans un mortier de marbre. On agite vivement la masse avec une spatule d'os ou d'ivoire, de manière à la lier et à éviter qu'il ne se forme des grumeaux. Lorsque la masse est figée, on s'arme du pilon et on triture, on bat en tous sens, pendant quinze à vingt minutes, en ayant soin de râcler avec la spatule les parties qui n'auraient point été écrasées par le pilon. Quand on a obtenu une espèce de crème blanche, on ajoute, peu à peu, en triturant toujours :

Eau de roses double............ 30 gram.
Glycérine blanche et inodore..... 30 —

On bat pour bien incorporer pendant vingt minutes, et on ajoute :

Essence de roses vraie.......... 10 goutt.

On rebat vivement pendant trente à quarante minutes ; alors on aura une crème blanche, bien liée et d'une suave odeur. On remplit des pots de porcelaine destinés à cet usage, et on colle autour du couvercle une bande mince de papier pour intercepter l'entrée de la poussière. Plus la crème-neige est battue, meilleure elle devient et plus longtemps elle se conserve.

Crème à la noix de coco

Blanc de baleine............. 16 gram.
Cire blanche................ 8 —
Huile d'amandes douces......... 80 —
Beurre de cacao.............. 16 —
Teinture d'ambre............. 5 —

Crème à la vanille

Baume du Pérou............. 200 gram.
Axonge.................... 1000 —
Huile d'amandes.............. 1000 —

Crème à la vanille

Vanille.................... 200 gram.
Axonge.................... 2000 —

Crème de tonka

Fève tonka	500 gram.
Axonge	4000 —

Crème de ricin

Huile d'amandes	1500 gram.
— de ricin	1500 —
Pommade de roses	1000 —
— de fleurs d'oranger	1000 —
— de tubéreuse	1000 —
Essence de bergamote	200 —
— de citron	200 —

Crème de moelle

Huile d'amandes	2000 gram.
Axonge	2000 —
Huile de palme	100 —
Essence de bergamote	60 —
— de citron	200 —
— de macis	10 —
— d'œillet	10 —
— de cannelle	10 —

Crème kali

C'est un mélange de 60,7 0/0 d'eau, 31,7 0/0 de glycérine et 2,2 0/0 de carbonates de potasse et de soude.

Glycéré d'amidon (1)

Certains praticiens attribuent à la concentration de la glycérine la difficulté que l'on éprouve à donner aux glycérés une bonne con-

---

(1) D'après la *Thèse* de M. H.-F. Mayet.

sistance ; mais le choix de l'amidon n'y est-il pas pour quelque chose et peut-on employer indifféremment l'amidon de blé, l'amidon de riz, l'amidon de maïs, la fécule de pomme de terre ou l'arrow-root?

La grosseur des grains des divers amidons est bien différente et doit influer sur leurs propriétés. Le tableau suivant donne les grandeurs moyennes des granules d'amidon en millièmes de millimètres : Fécule, 140 ; arrow-root, 140 ; amidon de blé, 40 à 50 ; amidon de maïs, 30. Quant à l'amidon de riz, ses grains sont excessivement petits et polyédriques. Or, il est à remarquer que les amidons dont la grosseur des grains est à peu près la même ont aussi des propriétés semblables.

Il est vrai que le Codex entend par *amidon* l'amidon de blé ; mais est-il encore facile à trouver dans le commerce? Ayant voulu m'en procurer de différents côtés, j'ai le plus souvent reçu de l'amidon de riz, de l'amidon de maïs ou un mélange quelconque. Les mélanges qui se trouvent le plus communément sont : amidons de blé et de riz ; amidon de blé et fécule de pomme de terre ; amidons de blé et de maïs. Quant à la fraude avec du plâtre ou du kaolin, elle n'a lieu que pour les amidons tout à fait inférieurs ou en vue d'emplois particuliers, comme l'apprêt des tissus. Du reste, ces matières étrangères se reconnaissent facilement par l'incinération, car l'amidon pur ne donne que 1 à 2 0/0 de cendres.

Les différents amidons ne se conduisent pas

de même en présence de la glycérine, comme cela a lieu, du reste, avec l'eau. La substitution de l'un à l'autre peut offrir certains inconvénients, tant pour la facilité de la préparation des glycérés que pour leur conservation. Avec de l'amidon de riz, on peut obtenir un empois assez ferme en en mettant moitié plus.

Le glycéré d'amidon, d'après le Codex, doit être d'un beau blanc, légèrement opalin et transparent. La formule française est celle de M. Grassi :

Amidon pulvérisé.	1 partie
Glycérine	15 —

L'on mélange les deux substances et on les fait chauffer dans une capsule de porcelaine à une chaleur ménagée, en remuant continuellement avec une spatule, jusqu'à ce que la masse soit prise en gelée.

C'est sur cette formule qu'il faut étudier les effets de la concentration de la glycérine. M. Herlant, professeur à Bruxelles, agissant un jour avec de la glycérine concentrée, éprouva à faire la préparation une difficulté qui disparut aussitôt qu'il eut ajouté un peu d'eau. D'un autre côté, M. Rouilhon, tout en trouvant que la formule du Codex est bonne, conseille d'ajouter un peu d'eau, et avoue qu'il s'est servi de glycérine à 28°. En effet, expérimentant la formule avec de la glycérine à 30° et de la glycérine à 28°, nous avons trouvé une grande différence dans la manière dont se comporte la préparation. Car, pour que la gelée se forme avec la glycérine à 30°, il faut chauffer jusqu'à environ 120°; la préparation est très susceptible de brûler et prend une teinte jaunâtre. Si, au contraire, on prend de la glycérine à 28°, la masse se prend, dès 90°, en une belle gelée transparente; et comme la préparation demande un temps bien moins long et une plus basse température, on la réussit beaucoup plus facilement. Du reste, la plupart des auteurs conseillent d'hydrater l'amidon, et voici la formule que nous proposons :

Glycérine à 30°. . . . . 140 gram.
Eau. . . . . 10 —

L'on fait chauffer et, lorsque le mélange commence à émettre des vapeurs, on ajoute, tout en remuant :

Amidon. . . . . 10 gram.

délayé dans :

Eau. . . . . 10 gram.

On continue à chauffer et à remuer jusqu'à ce que la masse se prenne en gelée, ce qui a lieu vers 90°. On obtient ainsi un glycéré bien homogène et qui, n'ayant pas été longtemps chauffé, est d'un beau blanc nacré. Ce glycéré est presque aussitôt refroidi et épaissi. On n'a pas à craindre que la glycérine ne soit pas assez concentrée, car avec la glycérine marquant 24°, on a également obtenu un beau produit.

Voyons donc ce qui arrive pour les glycérés formés avec les autres fécules que l'amidon de blé. Prenons la glycérine à 30° et les amidons de riz et de maïs, par exemple. En suivant la formule du Codex, c'est-à-dire chauffant sans cesser de remuer :

Amidon de riz.	10 gram.
Glycérine à 30°.	150 —

je n'ai remarqué aucune coagulation vers 100° et 120°. D'abondantes vapeurs se dégagent, le produit jaunit un peu, et j'ai pu élever la température jusqu'à 120° sans que le produit se prît en masse. On n'observait que quelques points transparents formés par l'hydratation de l'amidon avec la petite quantité d'eau contenue dans la glycérine. En ajoutant plus d'eau à ce mélange, l'épaississement eut lieu de suite. Il n'est donc pas étonnant que certains praticiens n'aient pu faire leur glycéré. Avec l'amidon de maïs, il en a été à peu près de même.

J'en conclus cependant qu'avec une glycérine moins concentrée on peut obtenir une gelée. En effet, appliquant à ces amidons la formule précédemment donnée pour le glycéré d'amidon de blé, voici les résultats auxquels je suis parvenu :

1° Il est d'abord à remarquer qu'avec aucune de ces fécules l'épaississement n'a lieu dès 90° comme pour l'amidon de blé, et que, de plus, en se refroidissant, la gelée met ordinairement plus longtemps à se prendre en masse. C'est peut-être ce qui a souvent fait croire que le glycéré était manqué.

2° Le plus beau glycéré que l'on puisse faire

est, sans contredit, celui d'arrow-root. La masse se prend vers 100° en une gelée aussitôt consistante et d'une belle transparence. Il a de plus l'avantage de se bien conserver. J'ai conservé un glycéré d'arrow-root fait depuis près d'un an, et qui est aussi beau que le premier jour.

3° Avec l'amidon de riz, l'épaississement est très long à se faire, et il faut chauffer vers 100°, ce qui rend la préparation très susceptible de brûler, et, de plus, le glycéré, en se refroidissant, est par cela même très long à se prendre en masse solide. L'amidon de maïs offre à peu près les mêmes inconvénients, mais à un degré moindre cependant, et ni l'un ni l'autre de ces deux glycérés ne se conserve bien.

4° La fécule donne un beau glycéré bien transparent, mais qui se sépare très vite ; et comme la fécule n'est pas toujours très blanche, il est parfois jaunâtre.

Il résulte de cette troisième partie que ce qui nuit à la préparation du glycéré d'amidon est : 1° la falsification très répandue de l'amidon de blé par l'amidon de riz ou l'amidon de maïs ; 2° la concentration de la glycérine. Il sera donc bon, à défaut d'amidon de blé, de se servir d'arrow-root, si l'on en possède dont on soit sûr.

II. LAITS OU ÉMULSIONS

Lait de roses de Londres

L'on fait fondre, dans un vase vernissé, au bain-marie ou à un feu doux :

LAITS OU ÉMULSIONS

Blanc de baleine.	30 gram.
Belle cire vierge.	30 —
Savon blanc en morceaux.	30 —

On pile à moitié dans un mortier de marbre :

Amandes douces, 1re qualité.	500 gram.
Amandes amères.	60 —

On ôte du mortier et l'on verse sur le quart restant le mélange bien fondu, et on continue de piler vivement pour lier les substances. On incorpore ensuite les trois quarts des amandes peu à peu, toujours en pilant rapidement, jusqu'à ce qu'il ne reste plus aucun vestige d'amandes.

D'autre part, on prépare dans une bouteille de verre blanc :

Eau distillée.	2 litres
— de roses.	50 centil.
— d'esprit fin ou d'esprit de roses.	50 —

L'on verse ce deuxième mélange sur le premier, peu à peu, en broyant ; on réserve un demi-litre de ce mélange liquide, puis on passe le lait dans un linge serré, en mettant aussi le marc à part. Ce marc, remis dans le mortier quand on en a versé tout le lait, se délaie avec le demi-litre mis de côté, et se passe pour être réuni au lait immédiatement après.

Tout en passant, on agite avec une spatule pour faciliter le passage ; et si le lait paraît tendre à se décomposer, on remue vivement la bouteille. Si l'on veut augmenter le parfum de cette composition, on y ajoute quatre gouttes d'essence de roses.

Lait de roses, 2ᵉ formule

Amandes douces décortiquées. . . .	500 gram.
Amandes amères.	50 —
Eau de roses.	2 litres
Alcool de roses à 20 gr. par litre. . .	0 lit. 150
Cire vierge.	30 gram.
Spermaceti.	30 —
Savon d'huile.	30 —

Opérer comme ci-dessus.

Lait d'amandes

Amandes douces décortiquées. . . .	250 gram.
Amandes amères.	300 —
Eau de roses.	2 litres
Essence de bergamote.	6 gram.
Aldéhyde benzoïque.	2 —
Essence de lavande.	2 —
Cire.	30 —
Spermaceti.	30 —
Savon.	30 —

Lait virginal simple

Teinture de benjoin.	8 gram.
Eau de fleurs d'oranger.	220 —

Extrait de lait virginal ou lait virginal double

Benjoin.	250 gram.
Storax en pain.	250 —
Souchet.	325 —
Girofle.	30 —
Cannelle fine.	60 —
Noix muscades.	2 —
Graine d'ambrette	60 —
Calamus.	60 —
Ambre.	4 —
Vessie de musc.	4 —

L'on concasse toutes ces drogues et on les passe dans un tamis de crin clair ; on met infuser dans 10 litres d'eau d'esprit rectifié et 2 litres d'eau-de-vie, pendant au moins un mois, au soleil ou à l'étuve, en remuant l'infusion de temps en temps et en ayant soin que la bouteille ne soit pas trop pleine, afin que la force de l'esprit ne la fasse pas casser. On tire l'infusion au clair ou on la filtre pour plus de sûreté.

Lait de concombre

On procède comme pour le lait de rose, en employant la formule ci-dessous :

Amandes douces, 1re qualité	450 gram.
Jus de concombre	1 lit. 200
Alcool à 60°	0 lit. 500
Savon blanc	30 gram.
Cire vierge	30 —
Spermaceti	30 —

Lait de lis

Même opération ; mais au lieu de savon blanc, l'on met 60 grammes d'oignons de lis, et, au lieu de suc de concombre, du suc de joubarbe clarifié, puis on parfume avec 4 grammes d'essence de jasmin.

Lait de fleurs d'oranger

On prend :

Teinture de benjoin	12 gram.
Eau de fleurs d'oranger	125 —
Néroli	4 goutt.

Parfumeur. — T. II. 9

Lait de pistaches

Pistaches	200 gram.
Eau de fleurs d'oranger	1 lit. 400
Alcool à 60°	0 lit. 400
Savon blanc	30 gram.
Cire vierge	30 —
Spermaceti	30 —

III. PRÉPARATIONS POUR LES LÈVRES

Pommade rosat pour les lèvres

Cire blanche	30 gram.
Huile d'amandes douces	125 —
Orcanète en poudre	30 —
Spermaceti	30 —
Essence de roses	3 —
— de géranium	3 —

Faire fondre ensemble au bain-marie, la cire, l'huile et le spermacéti, puis laisser en contact avec la racine d'orcanète pendant six heures. Ajouter les essences, après refroidissement, puis filtrer au travers d'un linge fin.

Pommade à la cerise pour les lèvres

Cire blanche	30 gram.
Huile d'amandes douces	125 —
Orcanète en poudre	30 —
Spermaceti	30 —
Essence artificielle de cerises	15 —

Pommade rosat pour les lèvres

Cire blanche	60 gram.
Huile d'amandes douces	125 —
Orcanète en poudre	12 —

On ajoute :

>   Huile de roses . . . .   12 goutt.

L'on coule dans de petites boîtes en bois de buis ou de coco.

Pommade de roses pour les lèvres

>   Cire blanche. . . . .   60 gram.
>   Huile d'olive. . . . .   125 —
>   Ecorce d'orcanète concassée. . . . .   8 —

Après deux heures d'infusion au bain-marie, on passe avec expression, on laisse refroidir et l'on ajoute :

>   Essence de roses. . . . .   12 goutt.

On coule dans de petites boîtes rondes en ébène ou en bois de Sainte-Lucie.

Cérat d'amour pour les lèvres

>   Blanc de baleine. . . . .   60 gram.
>   Huile d'amandes amères.. . . . . . .   125 —
>   Lait de roses. . . . .   4 —
>   Rose en tasse en poudre. . . . . . .   12 —

On manipule d'après les précédentes indications.

Pommade pour les lèvres

>   Cire vierge. . . . .   30 gram.
>   Blanc de baleine. . . . .   30 —
>   Huile d'amandes douces. . . . . . .   150 —
>   Baume de la Mecque. . . . .   4 —
>   Acétate de plomb en poudre. . . . .   2 —

On procède de la même manière que pour la

pommade rosat et, lorsque le mélange est chaud, on y ajoute le baume ; quand il est froid, l'acétate de plomb (1).

Pommade au raisin pour les lèvres

On prend :

Beurre frais.	250 gram.
Cire neuve jaune.	125 —
Orcanète.	30 —
Raisin noir dont on ne prend que les grains.	3 grappes

On met le tout dans une terrine neuve, vernie, et l'on fait bouillir jusqu'à consistance du sirop. Quand on voit que la composition est assez épaisse, on la passe dans un linge blanc sans l'exprimer ni presser. Lorsque la pommade quittera le vase où on l'a passée, elle sera à son degré de cuisson. Cette pommade, quoique simple, est très bonne et se garde tant que l'on veut.

Pommade virginale, ou pommade à la comtesse

On donne aussi le nom de *pommade astringente* à cette pommade, qui l'est beaucoup en effet. Elle a pour but de raffermir les chairs, mais il faut en user avec précaution.

On prend :

---

(1) Cette composition est vénéneuse, à raison de l'acétate de plomb qu'on y fait entrer ; il ne faudrait pas, en conséquence, en faire un usage fréquent, mais la considérer plutôt comme un remède pour calmer l'irritation ou le feu des lèvres.

Sulfate de zinc...	15 gram.
Feuilles de myrte...	12 —
Sumac...	12 —
Noix de galle...	8 —
Noix de cypris...	8 —
Écorce de grenade...	8 —
Onguent rosat...	q. suffis.

On pulvérise soigneusement les six différentes substances et on les incorpore dans l'onguent rosat.

Pommade blanche pour les lèvres

Racine d'iris de Florence...	30 gram.
Calamus aromatique...	15 —
Benjoin...	15 —
Bois de rose...	8 —
Girofle...	8 —

Le tout concassé, on le met dans un linge et l'on fait cuire dans 1 kilogr. 250 d'axonge ; on ajoute 125 grammes d'eau de roses et 60 gr. d'eau de fleurs d'oranger. Après une légère cuisson, l'on passe et on laisse refroidir.

Pommade dite cold-cream

On prépare les cold-cream à différents parfums, mais la base est toujours la pommade de concombre.

Voici une bonne formule :

Pommade de concombre...	1 kilog.
Essence de bergamote...	4 gram.
— de lavande...	2 —
— de roses...	2 —
Vanilline...	2 —
Civette...	0 gr. 4

Depuis un certain temps cependant, on fabrique aussi des pommades pour la toilette, dites cold-cream, dans lesquelles on ajoute d'autres corps gras ayant une action adoucissante sur la peau.

La lanoline, le beurre de cacao, l'huile de ricin par exemple.

Voici également quelques formules pour ces cold-cream, dont on pourra varier le parfum à l'infini :

Cold-cream à la violette

Lanoline.	1 kilog.
Huile d'amandes.	800 gram.
Paraffine.	200 —
Eau distillée.	1 kilog.
Essence de violette absolue.	2 gram.
Ionone.	5 —
Essence d'iris.	2 —

Cold-cream à la rose

Vaseline pure.	1 kilog.
Cire blanche.	700 gram.
Huile d'amandes.	300 —
Eau de roses.	800 —
Borax en poudre.	90 —
Essence artificielle de roses rouges.	8 —
Teinture de musc.	25 —

IV. POUDRES COSMÉTIQUES

Poudre rouge de Cambon

L'on prend :

Alun.	500 gram.
Soufre raffiné.	30 —

Gomme arabique choisie.	30 gram.
Laque carminée.	30 —

L'on mêle le tout et on le réduit en poudre très fine que l'on renferme dans des boîtes à coulisses, en bois d'ébène ou de cocotier. Cette poudre, selon son auteur, s'emploie avec succès contre les dartres farineuses, les taches de rousseur, les petits boutons. On la renferme librement dans un nouet que l'on trempe dans l'eau fraîche, et on l'applique légèrement sur la peau.

SERKIS DU SERAIL DE DISSEY ET PIVER

Poudre favorite des sultanes pour blanchir la peau et ôter les taches de rousseur

Pâte d'amandes douces en poudre très fine.	5 kilog.
Farine de seigle.	3 —
Fécule de pommes de terre.	3 —
Huile de jasmin.	250 gram.
— de fleurs d'oranger.	250 —
— de roses.	250 —
Baume du Pérou noir.	190 —
Essence de roses.	325 centig.
— de cannelle fine.	325 —

Dans une terrine vernie, on fait un mélange séparé de ces essences et de ces corps gras ; l'on verse dessus, par parties, la totalité des poudres; on broie bien le tout et l'on passe au tamis fin.

Pour colorer en rose 1 kilogr. 500 de cette composition, l'on prend 45 grammes de cochenille en poudre très fine, on mélange et l'on passe au tamis.

Poudre orientale

On prend :

Amandes douces mondées	1 kilog.
Farine de riz	125 gram.
Iris de Florence	125 —
Benjoin	125 —
Blanc de baleine	12 —
Tartrate de potasse	12 —
Huile volatile de lavande	30 goutt.
— volatile de bois de Rhodes	30 —
— volatile de girofle	30 —

On mêle et l'on tamise. Cette poudre d'amandes et d'iris est très suave et d'un fort agréable emploi. L'on s'en sert comme de la pâte d'amandes, mais en moins grande quantité.

Pâte de Lassar

Vaseline	20 parties
Oxyde de zinc	10 —
Amidon	10 —
Acide salicylique	0.40

Poudre de beauté Victoria

Produit composé de 60 0/0 de farine de riz et 40 0/0 de poudre de carbonate de soude.

Pommade contre la gerçure des lèvres

On prend :

Oxyde de zinc sublimé	4 gram.
Poudre de lycopode	4 —
Pommade rosat	30 —

On mélange et on fait une pommade parfaitement homogène.

Cette pommade, dont il ne faut pas abuser, sert à guérir les gerçures des lèvres, résultant de l'action de l'air sec et froid sur ces parties. Elle réussit aussi, dans les cas d'ulcération des ongles, des orteils, si on y ajoute l'emploi simultané des bains de pieds.

Poudres pour les ongles

Parmi les compositions employées pour polir et faire briller les ongles, les meilleures sont celles à base de bioxyde d'étain ou acide stannique.

On adjoint aussi souvent de l'oxyde d'antimoine, de l'oxyde de zinc, du talc, de la pierre ponce. Ces deux derniers produits doivent être, avant l'emploi, pulvérisés avec un soin tout particulier, sinon ils rayeraient les ongles en produisant un effet désastreux.

On prendra de préférence ceux que l'on trouve dans le commerce sous le nom de « produits porphyrisés ».

Voici à titre d'exemple deux bonnes formules :

Poudre à la rose

Bioxyde d'étain.	150 gram.
Oxyde de zinc.	25 —
Tripoli pulvérisé.	5 —
Carmin pulvérisé.	2 —
Essence artificielle de roses.	2 gr. 5

Poudre à la violette

Bioxyde d'étain..............	150 gram.
Oxyde d'antimoine..........	40 —
Talc pulvérisé...............	8 —
Ponce pulvérisée............	4 —
Carmin pulvérisé............	2 —
Ionone......................	2 —

Après avoir frotté quelque temps les ongles avec une petite brosse spéciale en peau de chamois pour bien étaler la poudre, il est bon, si l'on veut avoir un effet durable, de passer sur ces ongles une légère couche de vernis. Ce vernis, à base de collodion, est souvent coloré et parfumé, mais il ne nous semble pas que cela soit bien nécessaire. On le fera simplement de la façon suivante :

Vernis pour les ongles

Collodion....................	100 gram.
Teinture de benjoin..........	60 —
Ether sulfurique.............	50 —

Ce vernis sèche instantanément et adhère aux ongles pendant plusieurs jours.

CHAPITRE XII

Des pâtes d'amandes. Gants cosmétiques

SOMMAIRE. — I. Pâtes d'amandes en poudre. II. Pâtes d'amandes liquides. — III. Gants cosmétiques.

On nomme généralement *pâte d'amandes* le marc que laisse l'huile après qu'on l'a exprimée ; et cependant ce produit affecte deux formes, la pâte d'amandes véritablement en pâte, comme les *pâtes d'amandes liquide, grasse, au miel*, etc. ; puis toutes les autres qui se vendent en poudre et se délaient avec de l'eau pour l'usage. Aussi faut-il distinguer la *pâte d'amandes en poudre* et la *pâte d'amandes liquide*.

I. PATES D'AMANDES EN POUDRE

Pâte d'amandes bise

Lorsque, d'après ce qui a été dit pour l'extraction des huiles d'amandes par expression, le parfumeur a formé avec moitié amandes d'abricots et moitié amandes amères, vannées et moulues, des pains de 2 kilogr. 500 à 3 kilogrammes environ, et qu'il a soumis ces pains à la presse, il obtient un marc qu'il presse, de deux heures en deux heures pendant trois jours. Ce temps écoulé, il retire les pains, les fait sécher au soleil ou à l'étuve, les pile exactement, puis les passe au tamis. Il obtient alors la pâte d'amandes bise que l'on ne parfume pas et qu'on vend à bas prix.

Pour pouvoir la donner encore à meilleur marché, on mélange à cette pâte de la fécule de pommes de terre ou plutôt de la semoule, et l'on masque l'odeur de cette dernière par l'addition d'essence de bergamote, 45 grammes pour 4 kilogrammes de pâte. La pomme de terre forme par elle-même une excellente préparation pour nettoyer et blanchir les mains, mais il ne faut point l'introduire par fraude et la vendre sous un nom supposé.

Les pâtes d'amandes de toutes sortes se mettent en sacs de papier blanc, liés avec des ficelles rouges, des rubans de fil de même couleur, ou enfin avec des faveurs roses. La différence de cordon est ordinairement un indice de la qualité. On fait des sacs de 500 grammes, 250 grammes et de 125 grammes.

Pâte d'amandes douces blanche, demi-amère

Ces amandes étant bien exprimées et réduites en pains, on les arrondit un peu sur les bords, et on les range en pile dans un endroit à l'abri de l'humidité. Lorsque ces pains sont bien secs, on les pile et l'on passe au tamis. Cela fait un *corps de pâte d'amandes* prêt à recevoir le parfum choisi, ou bien destiné à être mêlé avec la pâte bise amère pour donner la *pâte demi-amère*.

Pâte d'amandes douces blanche à la bergamote

Cet exemple mettra sur la voie de tous les autres parfums que l'on peut donner à ce genre de pâte d'amandes.

On met dans un mortier de marbre 4 kilogrammes de pâte sur laquelle, si on le juge à propos, il y aura un quart de pâte d'amandes amères. On verse dessus 60 grammes d'essence de bergamote, et on broie exactement afin d'écraser les grumeaux que l'addition de l'essence aura produits. On termine en passant au tamis fin.

On parfume de cette manière à la rose, à la fleur d'oranger, à la cassie, à la tubéreuse, à l'ambre, au musc, et en diminuant la dose à raison de la force de l'odeur. Cette pâte fine se met en boîtes rondes ou longues.

Pâte d'amandes amères

Cette pâte que l'on obtient en traitant les amandes à chaud, ne se parfume point d'ordinaire, afin de ne point masquer son parfum naturel ; mais ce parfum s'adoucit par l'addition de 1 kilogr. 500 de pâte douce sur 5 kilogrammes de pâte amère.

Pour contenter tous les goûts, on peut l'aromatiser avec 15 grammes d'essence de vanille ou d'ambrette.

Fleur d'amandes douces à la violette

On met dans le mortier :

Iris en poudre. . . . . 500 gram.

Sur laquelle on versera :

Essence de Portugal.	8 gram.
— de violette.	60 —

On y joint ensuite peu à peu, en pilant bien :

Pâte d'amandes amères.	250 gram.
Pâte douce.	5 kilog.

On tamise et on met dans des boîtes de fer-blanc.

Pâte d'avelines

On pile parfaitement, comme à l'ordinaire, des pains d'avelines complètement secs, et on parfume à l'essence de roses, à la dose de 60 gr. par 6 kilogrammes de pâte, car le parfum étranger aux avelines doit à peine se sentir. On colore légèrement avec une petite quantité de cinabre ou de vermillon (1).

Fleur d'amandes amères

On mélange ensemble :

Pâte d'amandes amères.	2 kilog.
Pâte douce.	500 gram.
Poudre d'iris.	250 —
Pâte d'avelines.	250 —
Pignons en poudre.	190 —

On tamise le tout, et on le renferme dans de grandes boîtes plates.

---

(1) Il serait plus prudent de colorer avec des matières végétales, l'orcanète, la garancine, la brésiline, etc.

Pâte d'amandes d'Italie

On mélange par égales parties de la pâte d'amandes douces, de la pâte de noisettes, de la pâte de ben et de la farine de riz. On parfume avec 45 grammes d'eau de miel d'Angleterre, ou avec l'essence de Portugal, à la même dose, sur 3 kilogrammes de pâte mélangée.

Pâte d'amandes aux parfums

Pour parfumer un kilogramme de pâte ou farine d'amandes douces et amères mêlées par moitié, on prend à son choix de l'une des essences suivantes :

De cédrat.	16 gram.
De bergamote..	8 —
De citron..	16 —
D'oranges amères.	20 —
— de Portugal.	20 —
De limon..	16 —
De girofle.	8 —
De néroli..	8 —

Et, dans la saison de la fleur d'oranger, on peut prendre 125 grammes de cette fleur bien épluchée que l'on pile et on réduit en poudre, en la mêlant avec un kilogramme de pâte d'amandes.

Si l'on voulait mêler ces différents parfums, il faudrait diminuer la quantité de chacun en proportion du nombre que l'on voudra employer, afin que toute proportion soit gardée.

11. PATES D'AMANDES LIQUIDES

Pâte d'amandes aux jaunes d'œufs

On pile 125 grammes d'amandes douces dans un mortier de marbre bien propre, et, lorsqu'elles seront réduites en pâte, on les incorpore avec trois jaunes d'œufs frais ; on détrempe le tout dans un double-décilitre de lait, et on le fait cuire dans un poêlon jusqu'à consistance de pâte, en remuant continuellement avec une spatule pendant la cuisson. On met ensuite dans un pot bien fermé. On peut parfumer avec 0 gr. 5 de vanilline ou de pipéronal.

Pâte d'amandes à l'alcoolat de lavande

On prend :

Pâte d'amandes douces.	1 kilog.
— d'amandes amères.	250 gram.
Pignons pilés à part.	310 —

On met dans un mortier le tout, et on l'arrose d'alcoolat de lavande, à la dose de 125 gr. On pile pour écraser les grumeaux.

Pâte d'amandes à l'eau de mélisse

On agit comme précédemment, en remplaçant l'alcoolat de lavande par l'eau de mélisse. On peut aussi substituer à celle-ci l'eau de Cologne. Quand on se sert d'eau-de-vie pure, on parfume avec 8 grammes d'essence de bergamote ou de jasmin.

Pâte d'amandes, suave, orientale

On prend :

Amandes amères mondées	375 gram.
Farine de riz	220 —
Farine de fèves	90 —
Poudre fine d'iris de Florence	30 —
Carbonate de potasse en poudre fine	16 —
Essence de jasmin	90 —
Huile essentielle de Rhodes	2 goutt.
— — de néroli	1 —

On monde les amandes de leur pellicule, en les faisant blanchir d'abord ; puis on les lave à l'eau froide et on les pile dans un mortier de marbre ; et, pour que l'huile ne se sépare pas, on met un peu d'eau en pilant. Les amandes réduites en une pâte bien homogène, on ajoute peu après la farine de riz, celle de fèves, la poudre d'iris. On bat bien pour que le mélange soit exact. Cela fait, on dissout le carbonate de potasse dans un peu d'eau de roses, on verse sur la masse, on incorpore par le battage ; on ajoute ensuite successivement, et par petites portions, l'essence de jasmin, dans laquelle on aura préalablement mis les huiles essentielles. On fait ensuite du tout, en pilant longtemps, une pâte que l'on placera dans plusieurs petits pots de porcelaine ou de faïence, fermés par un couvercle ou avec un parchemin.

Si le liquide ne suffit pas pour faire une pâte de bonne consistance, on ajoute de l'eau de roses en quantité suffisante.

Pâte d'amandes au miel

On délaie dans un mortier un peu d'huile d'amandes amères avec 375 grammes de bonne pâte d'amandes douces; en évitant cependant de la rendre trop claire; on y ajoute 625 gr. de bon miel et on tourne ce mélange sans y mettre de l'huile; ensuite on prend une douzaine de jaunes d'œufs frais que l'on délaie avec six cuillerées d'amandes amères.

Après avoir bien tourné et lié la pâte, on ajoute encore 250 grammes d'huile d'amandes amères, et on tourne de nouveau la pâte pour lui faire boire l'huile, en continuant toujours d'y verser de l'huile à la même dose et au même intervalle de temps. La pâte est achevée quand elle se détache du mortier et du pilon.

Pâte d'amandes au miel, parfumée à toutes odeurs

On prend :

Miel.	3 kilog.
Pâte douce blanche.	3 —
Huile aux fleurs, au choix.	6 —
Jaunes d'œufs.	26

Le miel doit être cuit à part et passé; on y met les 3 kilogrammes de pâte d'amandes, on pétrit, et l'on termine l'opération en ajoutant peu à peu, et alternativement, la quantité de jaunes d'œufs et d'huile odorante.

Quand il s'agit d'une huile à odeur douce, la dose indiquée n'est pas trop forte; mais, dans le cas contraire, s'il s'agit, par exemple, d'huile à la tubéreuse, à la fleur d'oranger, à l'ambre, au musc, il faut mettre un tiers d'huile d'amandes douces, pour adoucir la force du parfum.

Tablettes de pâte d'amandes au miel de Narbonne

Après avoir pétri avec les doses indiquées ci-dessus, et employé du miel de Narbonne, on ajoute quantité suffisante de farine de riz ou de fécule bien blanche, pour donner à la pâte la consistance nécessaire. On l'étend avec un rouleau à pâtisserie, et on la coupe en tablettes carrées, sur lesquelles on peut marquer une empreinte analogue au parfum qu'on lui donne.

Pâte d'amandes liquide à l'alcool, parfumée ou non parfumée

On délaie dans l'alcool faible (ou bien avec une teinture alcoolique choisie, comme teinture de cannelle, de vanille, d'ambrette, etc., que l'on adoucira avec de l'eau-de-vie), 5 kilogrammes de pâte blanche douce. On la passe ensuite dans le moulin à amandes. Si on veut que la pâte soit soignée, on la passe deux fois. Après cela, on fait cuire dans la bassine de cuivre étamée, sur un bon feu, mais pas trop vif. On tourne avec une spatule pour l'empêcher de s'attacher au fond du vase.

La pâte à moitié cuite, on y met, après l'avoir ôtée du feu :

Alun de glace concassé.	60 gram.
Blanc de baleine concassé.	60 —
Sel blanc.	125 —
Jaunes d'œufs délayés avec de l'eau-de-vie.	750 —

Ces substances ajoutées, on remet la bassine sur le fourneau, et on continue à faire cuire jusqu'à ce que la pâte se détache bien de la spatule. On ôte alors du feu définitivement, et on tourne deux ou trois fois pendant qu'elle refroidira. On passe ensuite au tamis de crin fort et un peu clair, puis, si on la juge trop épaisse, on la délaie avec quantité suffisante d'eau-de-vie ayant l'odeur de la teinture employée. On pourra même se servir uniquement d'eau-de-vie odorante au lieu d'alcool.

Lorsqu'on met cette pâte dans de grands pots, en attendant qu'on l'empote dans de plus petits, il est nécessaire de la retourner de temps en temps, pour l'humecter d'un peu d'eau-de-vie si elle est sèche, ce qui arrive ordinairement pendant les fortes chaleurs.

Pâte liquide parfumée, à la bergamote et autres odeurs

On prépare la pâte avec de l'eau-de-vie à 40° C., d'après les indications ci-dessus données. On la parfume en la passant au tamis. A cet effet (supposons que le parfum choisi soit la bergamote), on dissout dans un peu d'esprit 8 grammes d'essence de bergamote par demi-kilogramme de pâte. On ajoute à ce mélange quelques gouttes d'eau de fleurs d'oranger, et on délaie la pâte avec ce parfum.

Si on emploie l'essence de Portugal, on en mettra seulement 4 grammes par demi-kilogramme de pâte. Les essences de citron, de roses, de néroli, de cédrat, de limette, s'emploient à la dose de 8 grammes.

Pâte d'amandes des sultanes

On prend :

Pâte blanche douce en poudre. . . .	3 kilog.

On fait dissoudre dans :

Alcool.	1/2 litre
Essence de bergamote.	16 gram.
— de citron.	8 —
— de Portugal.	8 —
Huile essentielle de girofle.	8 —
Baume du Pérou, liquide.	8 —
Essence de fenouil ou d'anis.	2 —
Eau de roses.	1/4 litre
Eau de fleurs d'oranger.	1/4 —

On ajoute encore quelquefois, pour rendre cette pâte plus forte en odeur :

Essence d'ambre.	8 gram.
— de musc.	6 —

On détrempe la pâte avec cette composition.

Pâte liquide de Flore, ou pâte à la rose

On passe au moulin à pâte 1 kilogr. 500 de pâtes d'amandes douces, blanche, et 500 gr. de pâte amère. Après les avoir délayées avec moitié d'eau de roses simples et moitié esprit de roses, on fait cuire selon la règle, et on ajoute, à demi-cuisson, huit jaunes d'œufs délayés avec de l'esprit de roses.

Après le refroidissement, on délaie la pâte avec le mélange suivant, que l'on aura préparé dans une bouteille.

Esprit de roses...............	1/2 litre
Huile essentielle de roses.......	5 goutt.
— — de rhodia.......	5 —
Eau de roses doubles..........	1/2 litre

Pâte liquide au jasmin

On agit exactement comme pour la pâte de Flore, en substituant l'esprit de jasmin à l'esprit de roses, et 60 grammes d'huile antique de jasmin aux gouttes de rhodia et d'essence de roses. On ajoute un peu d'essence d'ambre.

Corps composé pour préparer la pâte d'amandes liquide à la vanille

On prend et on pile :

Vanille et storax en pain, de chaque.	125 gram.
Styrax et girofle, de chaque......	30 —
Cannelle..................	15 —

On ajoute après avoir pilé :

| Baume du Pérou........... | 60 gram. |

On incorpore au tout 250 grammes de pâte d'amandes liquide, douce, blanche, parfumée à l'essence de vanille.

Le tout étant bien amalgamé, on le délaie avec un peu d'esprit de vanille, de baume de tolu, d'eau de roses, puis on tamise.

Ce corps très suave doit être humecté d'un peu d'esprit de vanille lorsqu'il vient à se dessécher. Une petite partie, de la grosseur d'une noisette, suffit pour parfumer 500 grammes de pâte douce liquide. On la broie peu à peu avec cette pâte, en y ajoutant les mêmes essences qui ont servi à délayer le corps avant de passer au tamis. On y met, en outre, quelquefois quelques gouttes d'essences d'ambre et de musc.

Pâte liquide à la fleur d'oranger

On remplace l'esprit et l'huile de jasmin par l'esprit et l'huile à la fleur d'oranger, et le peu d'essence d'ambre par l'essence de musc. Quelques gouttes de bon néroli achèveront de parfumer cette pâte qui, d'ailleurs, se travaille exactement comme les pâtes de Flore et de jasmin.

Pâtes d'amandes liquides à la violette, à l'héliotrope, au bouquet, etc.

Elles se font toutes d'après le même procédé.

Pâte grasse à toutes odeurs qui s'allient à l'amande amère

On prend de la pâte blanche d'amandes amères en poudre, et on la délaie avec quantité suffisante d'huile d'amandes amères pour qu'elle offre la consistance d'une pâte liquide un peu ferme. Quand elle se séchera, on l'humectera avec un peu d'huile d'amandes amères.

Elle porte avec elle son parfum, mais toutefois on peut la parfumer avec l'huile antique de lavande, de thym, de menthe et autres huiles aromatiques et ambrosiaques.

On fait la pâte grasse plus ou moins commune en employant de la pâte bise ou demi-amère, en substituant à la poudre d'amandes une partie de semoule, de fécule, de farine de fèves, etc.

Pâte d'amandes en briques pour les bains

On fait, d'une pâte liquide choisie, une pâte à tablettes extrêmement ferme ; on la dresse de bonne épaisseur, et on la coupe en briques comme le savon. Ce genre de pâte est recherché par beaucoup de baigneurs et de baigneuses.

III. GANTS COSMÉTIQUES

Quoique ces gants soient passés de mode, les dames sujettes aux gerçures, aux engelures, dont ils préservent, les réclament toujours, et seront satisfaites que les parfumeurs n'aient pas oublié cette composition.

Gants cosmétiques au bouquet

Cire vierge	15 gram.
Blanc de baleine	15 —
Savon blanc	15 —
Graisse de rognon de mouton	28 —
Ou bien de saindoux	4 —

On émince séparément chacune de ces substances, on les fait fondre au bain-marie, et lorsqu'elles seront fondues, on ajoute :

Huile d'olives	46 gram.
Pommade rosat	46 —
Benjoin	4 —
Baume du Pérou	4 —
Essence de roses ou autre	qq. goutt.
Eau de miel, de bouquet, etc.	15 gram.

On agite jusqu'à ce que le mélange soit parfait ; puis, lorsque la masse est bien chaude, on retourne des gants blancs à l'envers, on les étend sur une petite planche, et, à l'aide d'un pinceau trempé dans cette pommade, on les enduit bien fortement. On les retourne ensuite, on souffle dedans pour les dilater et tenir leurs parois écartées. On termine en les mettant sécher dans un endroit chaud.

Gants cosmétiques à la rose des champs

La préparation de ces gants ressemble beaucoup à la précédente. Elle consiste à battre deux jaunes d'œufs très frais dans deux cuillerées d'huile d'amandes douces, puis on ajoute à ce mélange 15 grammes d'eau de roses et 8 grammes de teinture de benjoin. On trempe les gants retournés dans ce cosmétique.

Les gants ainsi préparés se portent pendant la nuit.

Chaque paire de gants peut servir quinze jours. Le reste de la pommade s'utilise avec succès pour faire des frictions aux mains.

Pour remplacer les gants gras, le parfumeur peut composer des pommades onctueuses pour les mains. Ces pommades, employées le soir en frictions et recouvertes pendant la nuit par des gants ou du linge, guérissent également les gerçures, crevasses, et adoucissent les mains, etc.

CHAPITRE XIII

Des fards

Sommaire. — I. Fards blancs. — II. Fards rouges. — III. Rouge végétal. — IV. Vinaigres de fards. — V. Crépons. Accessoires des fards.

Puisqu'il est beaucoup de personnes du beau sexe qui ne confient pas à la nature ou aux émotions le soin de les parer de brillantes couleurs, et qui se croient forcées d'avoir recours à l'art, en choisissant le fard avec grand soin, en étudiant ses éléments, en analysant son essence et sa composition, le parfumeur doit chercher à les satisfaire à cet égard, et fonder son bénéfice sur la qualité et non point sur la quantité. Il lui reste d'ailleurs assez de chances de débit et de gain, et les théâtres, les salons, forceront toujours les personnes les plus ennemies du fard à recourir à cette fraîcheur factice et à cet éclat emprunté.

On distingue plusieurs sortes de fards : les fards blancs, les fards rouges, les fards noirs et les fards bleus.

Une multitude de formules ont déjà été proposées, mais nous ne saurions en conseiller l'emploi qu'après un contrôle des plus rigoureux. C'est que le parfumeur peu consciencieux a trop souvent en vue des effets nouveaux à produire, et se sert pour cela de produits dont l'action sur l'organisme est désastreuse. Nous voulons parler des composés à base de plomb ou d'arsenic, et des couleurs d'aniline.

I. FARDS BLANCS

Dans ces fards, qui appartiennent au règne minéral, il y a cinq classes à établir :

1° Les *blancs de talc*, qui ne peuvent nuire, mais qui tiennent mal sur la peau, et d'ailleurs produisent peu d'illusion.

2° Les fards dus aux diverses combinaisons du plomb, très avantageux sous le rapport de la beauté des teintes, mais trop dangereux à employer pour que nous en parlions dans cet ouvrage.

3° Les *blancs de zinc*, qui offrent également des dangers sous le rapport de la salubrité, et qui ont en outre l'inconvénient de durcir la peau.

4° Le *blanc de baryte* ou *blanc fixe*, qui est un sulfate de baryte dont il faut se défier.

5° Enfin le *blanc de bismuth*, qui est peut-être le plus innocent et le plus beau de tous, mais qui, comme celui de plomb, noircit sous l'influence des émanations sulfureuses.

Blanc de talc en trochisques ou blanc de Circassie

On fait, avec une boule de bleu d'azur, une eau à peine azurée, et on y fait dissoudre un peu de gomme adragante en poudre. On démêle dans cette solution du beau talc de Venise bien pulvérisé ; on obtient ainsi une pâte dont on forme des trochisques ou pains, en la faisant passer à travers un entonnoir de verre, sur un papier blanc, à l'aide d'une petite baguette. Quand les pains sont secs, on les enlève légèrement avec la lame d'un couteau, et on les met séparément dans de petits carrés de papier de soie.

On met aussi ce blanc dans des pots semblables aux pots de fard rouge, mais un peu plus grands. Dans ce cas, on le broie et on y ajoute un peu de jus de citron pour lui donner du corps.

Fard blanc de bismuth, nommé blanc de perle

Cette substance que l'on préfère à raison de son éclatante blancheur, n'est autre chose qu'un sous-nitrate ou nitrate basique de bismuth, qu'on prépare en étendant d'eau une dissolution de cristaux de nitrate de ce métal. Il se forme ainsi un précipité qui est le sousnitrate en question. Ce précipité se prépare en trochisques, comme le blanc de talc, ou bien se délaie avec de légère huile de ben, et forme alors l'huile des *sultanes*.

Blanc de perles liquide

Eau de roses.	1 litre
Eau de fleurs d'oranger.	1 —
Nitrate de bismuth basique.	1 kilog.
Glycérine.	500 gram.

Fard blanc sec

Talc en poudre impalpable.	1 kilog.
Carbonate de magnésie.	1 —

Essence de roses............	1 gram.
— de lavande...........	3 —

Blanc de fleurs de zinc ou blanc de Thénard

On emploie de préférence pour les fards, dit ce savant, les blancs de bismuth, de céruse et de plomb, malgré leurs propriétés délétères et le désagrément de brunir au contact du gaz hydrogène sulfuré, parce qu'eux seuls imitent le doux éclat d'une belle peau. Les *fleurs de zinc*, qui fourniraient un fard moins dangereux et peu coûteux, ne donnent qu'un blanc mat tout à fait insuffisant. D'autre part, le *talc* ou *craie de Briançon*, traité par le vinaigre, puis lavé un grand nombre de fois avec l'eau pour en séparer l'acide, et réduit en poudre impalpable, produit un blanc de fard complètement innocent, mais d'un luisant métallique, bien loin d'imiter les reflets mats, moelleux et lactés d'une peau jeune et fraîche. On s'est servi jusqu'à présent de ces substances séparément : mais en les mélangeant par parties égales, on corrigerait aisément leur défaut opposé, et l'on obtiendrait un blanc facile à préparer, économique, incapable de nuire ou de changer.

Ce blanc peut se traiter en poudre, en huile, en pommade, comme nous venons de l'expliquer. On y ajoute un peu de gomme adragante.

Fard blanc gras

Nitrate de bismuth basique......	1 kilog.
Huile de paraffine incolore.....	800 gram.
Essence de lavande...........	2 —
Vanilline.................	3 —

II. — FARDS ROUGES

Les fards rouges se tirent : 1° du règne minéral ; 2° du règne végétal ; 3° du règne animal. Ces rouges reçoivent quatre formes. Il y a : 1° le *rouge en poudre* impalpable qui se met dans des pots non creux, de manière à ce qu'il soit placé seulement sur la partie supérieure. Cette poudre se pose sur les joues, à l'aide d'un petit nouet ou tampon de batiste ou de mousseline fine. Ce mode de préparation a quelques inconvénients : la sueur raie ce rouge qui d'ailleurs s'enlève au moindre contact ; 2° le *rouge en pommade*. C'est, selon nous, la forme la plus favorable et la plus commode. On l'étend sur la figure avec le doigt en frottant un peu plus fort jusqu'à ce qu'on ne sente plus de gras ; il peut résister à l'humidité, à un léger attouchement ; 3° le *rouge en crépons*. Les crépons sont des morceaux de gaze de soie ou de crêpe (d'où vient leur nom), tortillés de manière à former un nouet sur lequel on précipite un rouge quelconque. Ils servent longtemps à rougir le visage et n'ont aucun inconvénient. Les parfumeurs les distinguent par les noms de *crépons de Strasbourg*, *crépons de la Chine*, mais tous ces titres ne signifient rien. On devrait désigner l'espèce de rouge, et dire *crépons de carmin*, *crépons de carthame*, etc. ; 4° le *rouge liquide*. C'est le rouge qui produit le plus d'illusion et offre le plus de solidité, mais aussi c'est celui qui altère davantage la peau, à raison des acides qui entrent presque toujours dans sa composition.

Préparation du talc en poudre

Comme les rouges de toutes sortes se combinent avec le talc pulvérisé, il faut commencer par dire quelques mots sur la préparation de cette matière. Il y a deux sortes de talc en poudre, le talc naturel et le talc calciné ; ce dernier a plus de blancheur, mais il n'est pas aussi onctueux que l'autre, et par conséquent ne tient pas aussi bien. On râpe le talc avec la prêle, puis on le passe au tamis très fin ; on le retamise à plusieurs reprises quelquefois, lorsqu'on veut obtenir du rouge superfin.

Des diverses nuances de rouge

On sait que, pour imiter parfaitement la nature, il faut employer un coloris assorti à son teint, soit rouge de blonde, soit rouge de brune. En vue de satisfaire à cette nécessité de bon goût, les fabricants préparent seulement deux nuances de rouge (1° très foncée ; 2° foncée), quand il s'agit de fard en poudre, en pommade, en crépon, parce qu'une très faible quantité de l'une ou de l'autre donne la troisième nuance ou *rouge pâle*. D'autres parfumeurs établissent ces nuances par numéros, en travaillant le rouge en poudre avec la liqueur rose, soit avec le carmin, soit avec le rose en tasse. Il importe que cette liqueur soit foncée et d'une belle couleur rose.

N° 6 : 125 grammes de talc et 24 grammes de liqueur rose.

N° 8 : 125 grammes de talc et 30 grammes de liqueur.

N° 12 : 110 grammes de talc et 30 grammes de liqueur.

N° 18 : 90 grammes de talc et 30 grammes de liqueur.

On sent que ces numéros varient selon les fabricants : nous avons voulu, en les donnant, indiquer seulement les proportions.

Pour les vinaigres de fards, on établit trois nuances : *rose vif, rose adouci* et *rose pâle*.

Rouge de cinabre ou de vermillon, ou rouge commun pour le théâtre

Ce mauvais rouge est presque abandonné. On le confectionne en broyant du talc pulvérisé, du vermillon ou du cinabre ; l'on ajoute au mélange, sur 190 grammes, six gouttes d'huile de ben ou d'amandes douces, et douze gouttes d'une solution de gomme adragante, afin de lui donner du liant. On manie bien la pâte jusqu'à ce que le tout soit convenablement incorporé. On l'étend sur les pots à rouge en faïence que l'on range sur une planche trouée comme celles qui servent à égoutter les bouteilles, et on met ainsi ces pots dans une petite étuve à feu doux. Une chaleur douce est nécessaire, parce qu'un feu trop vif brunirait le rouge. La température doit être égale jusqu'à parfaite dessiccation. Ce fard est d'un beau rouge vermeil, mais il est très dangereux.

Rouge de bois de Brésil foncé pour le théâtre

On prend des laques rouges de bois de Brésil ; on les lave avec de l'eau, puis avec du jus de citron, pour précipiter la matière colorante. Si l'on veut préparer un rouge en pommade, on en mêle une petite quantité avec un mélange de panne de porc et de cire blanche. Si, au contraire, l'on désire avoir du rouge en poudre, on laissera sécher ce précipité colorant, et on le mêlera avec du talc pulvérisé en porphyrisant avec soin les deux substances. On termine comme il vient d'être dit.

Rouge de carmin ordinaire ou rouge fin de théâtre

On prend du *carmin ordinaire* préparé d'après le premier procédé indiqué dans la section des matières premières (Tome I, p. 89). L'on en fait dissoudre 8 grammes dans un peu d'eau chaude. On met, d'autre part, dans une assiette creuse de porcelaine très propre, 125 grammes de talc de Venise pulvérisé. L'on forme avec le bout du doigt une petite cavité au centre de cette poudre, et on y verse peu à peu la dissolution de carmin, en maintenant la pâte avec une petite cuillère en bois ou d'ivoire. L'on continue ainsi jusqu'à l'emploi total de la solution de carmin ; on y ajoute six gouttes d'huile vierge ou d'huile de noisette, le double de dissolution de gomme adragante, et l'on termine comme précédemment. Telle est la première nuance de ce rouge très foncé.

Deuxième nuance. — Carmin, 8 grammes ;

talc, 104 grammes ; un peu moins d'huile et de gomme.

Troisième nuance. — Carmin, 8 grammes ; talc, 155 grammes ; sept gouttes d'huile ; quinze gouttes de solution gommeuse.

Ainsi de suite pour les autres nuances, en augmentant les proportions de gomme et d'huile de 15 grammes en 15 grammes pour chaque nuance descendante, c'est-à-dire plus claire. On établit de cette façon jusqu'à dix nuances de rouge.

Rouge fin de carmin en pommade

On prend, d'après les proportions ci-dessus indiquées, du carmin fin (*carmin fin,* p. 91).

On incorpore le carmin de belle qualité avec une pommade fine, incolore, d'axonge et de cire, ou bien on le prépare avec du talc en poudre.

Rouge fin de Germanie, ou de carmin d'Allemagne

On l'obtient en employant, selon la règle, le carmin d'Allemagne (procédé p. 93). Quelques parfumeurs le nomment rouge *aux fleurs d'Italie,* parce qu'ils lui donnent un léger parfum.

Rouge superfin de Chine, ou de carmin chinois

Voyez 5e procédé (p. 92) et travaillez ce rouge à l'ordinaire, soit en pommade, soit en poudre.

Rouge extra-fin de Chine en feuilles, ou rouge de cochenille

Ce rouge animal est l'un des plus beaux et des plus coûteux. On l'extrait de la cochenille à l'aide de l'alcool étendu d'eau. La teinture étant filtrée, on y délaie un peu de gomme arabique, et on fait bouillir jusqu'à ce qu'il ne reste plus que peu de liqueur. On étend le résidu épaissi sur du papier découpé en forme de larges feuilles, et l'on fait sécher à l'ombre dans un lieu bien sec. Pour s'en servir et l'appliquer sur les joues, sur les lèvres, il suffit de le détacher avec le doigt humecté d'eau. Il est plus commode de faire sécher ce rouge sur un pot à fard, une petite capsule de peintre en miniature, etc.

Rouge superfin de Hollande, ou rouge de carmin d'Amsterdam

Voyez encore le procédé (p. 92) et préparez le rouge d'après les principes adoptés.

Rouge extra-fin d'Alyon

On l'obtient en travaillant, selon la règle, le carmin indiqué par le 6ᵉ procédé (p. 94).

III. ROUGE VÉGÉTAL

Ce rouge, bien préférable à tout autre, est extrait des fleurs du carthame (*carthamus tinctorius*) que l'on nomme aussi *safranum*, ou safran bâtard, à raison de la couleur jaune safranée qui se mêle à sa teinte rose, dont il faut la séparer par l'opération dont nous allons parler. On donne encore le nom de *rose oriental* à ce fard précieux, parce qu'on a d'abord cultivé le carthame dans l'Orient.

Préparation du carthame

Le carthame, que l'on nomme encore *rouge d'Espagne*, parce que c'est dans ce pays qu'on l'a d'abord préparé, et *rose-en-tasse*, parce qu'à l'état de précipité on le connaît dans le commerce sous cette appellation vulgaire, le carthame est maintenant la base principale des fards. On le dispose en poudre, en pommade, en crépon, en liqueur; mais, auparavant, il faut obtenir le précipité ou matière colorante.

On commence par choisir celui qui a été cultivé dans l'Orient, et spécialement la variété à petites feuilles : on le met dans de petits sacs de toile, que l'on porte sous un filet d'eau continu, en ayant soin de battre fortement ; par ce moyen, on sépare en partie la matière colorante rouge de la matière colorante jaune, car ces deux couleurs résident à la fois dans les fleurs du carthame. L'on continue ainsi jusqu'à ce que l'eau sorte limpide. La matière a complètement changé d'aspect : elle offre un rouge assez beau. On traite à froid par une dissolution de potasse à 4º ; puis, après douze heures, l'on décante. On reprend ensuite le résidu presque épuisé et on le traite de nouveau de la même manière par la dissolution marquant seulement 2º. Toutes ces liqueurs réunies, on verse peu à peu du jus de citron, ou de l'acide citrique pur, jusqu'à parfaite saturation. La matière colorante rouge se précipite peu à peu, contenant encore quelques portions de matière jaune, mais qu'on enlève aisément en y plongeant du coton cardé bien blanc, et en ajoutant un peu de potasse ou de jus de citron. Alors la matière jaune adhère après le coton, et la matière rouge se précipite, dissoute qu'elle est par la liqueur acide ou bien alcaline. C'est ce précipité qu'on nomme *rose-en-tasse* et que l'on trouve à très bon marché chez les épiciers en gros, les droguistes, les marchands de couleurs.

Rouge de carthame, ou rouge végétal en poudre

Tout en pratiquant cette opération, on peut ménager du rouge en poudre. A cet effet, avant de précipiter le rouge pour la seconde fois, on place au fond du vase où l'on doit opérer du talc ou craie de Briançon, réduit, comme à l'ordinaire, en poudre impalpable, destinée à se charger du rouge à mesure que l'acide sépare celui-ci de la soude qui le tenait en dissolution. Le mélange obtenu est broyé soigneusement avec quelques gouttes d'huile d'olives ou de ben, pour lui donner plus de liant ou de moelleux. De la finesse du talc et de la proportion du rose-en-tasse dépendent la beauté et le prix des rouges dans le commerce.

Le précipité peut d'ailleurs être obtenu seul, et broyé ensuite à part avec le talc, d'après les règles indiquées pour le rouge de carmin.

Parfumeur. — T. II.

Rouge-vert d'Athènes

Ce précipité, étendu pur et humide sur du papier, des soucoupes, des pots de rouge, prend, en se desséchant, une teinte vert bronzée, analogue à la couleur des cantharides, mais qui repasse au rose vermeil dès qu'il est mouillé d'un peu d'eau pure ou acidulée par le vinaigre. Ce changement soudain fit imaginer par quelques parisiens cette dénomination ridicule.

Rouge en pot

Carthamine en poudre.	10 gram.
Talc en poudre impalpable.	125 —

On triture avec un peu d'eau pure et l'on ajoute une solution de gomme adragante et de l'huile de ben, suivant la nuance que l'on veut obtenir.

Rouge de carthame liquide, ou rouge des Circassiennes

On prend du rouge de carthame purifié avec soin, on le broie très finement et on le tient en dissolution par un mélange d'esprit-de-vin et d'acide acétique. On peut même employer à cet effet le vinaigre concentré.

Rouge d'alloxane

Cold-cream	500 gram.
Alloxane.	5 —

Bleu végétal pour les veines

Craie vénitienne.	500 gram.
Bleu de Berlin.	50 —
Gomme arabique.	30 —

Bleu pour les veines. — Autre formule

Vaseline.	400 gram.
Ceresine.	200 —
Bleu d'outremer.	400 —

Fard bleu d'azur

L'on pile parfaitement un peu de beau bleu d'azur avec autant de talc ; on les mélange exactement. On tamise deux fois, puis on délaie avec une solution légère de gomme arabique ou de gomme adragante. On en forme des trochisques et on les vend pour les placer délicatement en filets légers sur le blanc, afin d'imiter les veines.

On peut fabriquer beaucoup d'autres fards rouges avec la cochenille, les laques de garance naturelle et artificielle, les laques de bois de Brésil, la garancine, la brésiline, etc.

IV. VINAIGRES DE FARDS

La précédente indication nous conduit naturellement à traiter cette espèce de rouge.

Vinaigre de fard

Ce rouge se prépare de la manière suivante :

Cochenille en poudre.	12 gram.
Belle laque en poudre.	90 —
Alcool.	190 —
Vinaigre de lavande distillée.	500 —

Après dix jours d'infusion, en ayant soin d'agiter souvent la bouteille, on coule et l'on filtre. Quoique ce vinaigre soit l'un des meilleurs de ce genre, on ne doit s'en servir que fort rarement.

Vinaigre de rouge de toutes nuances

Ce rouge liquide est d'un prix assez élevé, à raison des substances dont il se compose : il se nomme *vinaigre*, nous ne savons trop pourquoi. Son parfum est des plus suaves, et l'acide n'y étant qu'en faible quantité, l'usage de ce fard doit être moins nuisible et plus commode. Voici quelle en est la composition :

Carmin 1re qualité.	250 gram.
Cochenille en poudre.	125 —

On fait bouillir le tout dans :

Eau de roses.	12 litres
Esprit de roses.	8 —

L'on ajoute pour développer la couleur :

Crème de tartre.	60 gram.
Alun.	30 —

La liqueur dont nous venons d'indiquer la recette forme la première teinte de rouge ; le résidu, auquel on ajoute la même quantité d'eau de roses et d'esprit, fait la seconde. Enfin, lorsque ce résidu, déjà bouilli deux fois, est dégagé des deux premiers liquides, on remet de nouveau la même quantité d'eau et d'esprit, afin d'obtenir la troisième nuance.

Rouge liquide économique

On fait infuser dans l'alcool le coton ou le crépon que l'on n'a pu vendre ; on ajoute à cette infusion une quantité suffisante d'acide concentré et quelques gouttes d'essence de roses.

Rouge liquide de Sophie Goubet

Ce fard, dit-on, ne se détache même pas lorsqu'on s'essuie pendant la transpiration.

Alcool à 90° C.	125 gram.
Eau distillée.	60 —
Carmin 1re qualité.	1 —
Acide oxalique.	32 —
Sulfate d'alumine.	32 —
Baume de la Mecque.	53 —
Ammoniaque liquide.	53 —

On mêle l'esprit-de-vin et l'eau distillée ; on ajoute l'acide oxalique, l'alumine et le baume de la Mecque ; on agite le mélange et on expose la bouteille qui le contient à une douce chaleur pendant environ six heures, pour faciliter la dissolution du baume par l'alcool. On filtre ensuite la liqueur.

On met le carmin dans un mortier de verre ; on verse par dessus l'ammoniaque et l'on broie en versant peu à peu la couleur.

On met le tout en bouteille et on laisse reposer pendant dix minutes : on décante doucement et l'on conserve dans une bouteille bien bouchée. Pour se servir de ce fard, il faut agiter la bouteille, y tremper un pinceau à plumes, puis l'étendre légèrement sur les joues, qui prendront alors un superbe coloris, imitant la nature.

Vinaigre de Vénus

On prend :

Cochenille en poudre.	8 gram.
Belle laque aussi en poudre.	12 —
Alcool.	24 —
Vinaigre de lavande distillée.	500 —

Après dix jours d'infusion, en ayant soin d'agiter souvent la bouteille, on coule et l'on filtre.

V. CRÉPONS. ACCESSOIRES DES FARDS

Crépons divers

Ce que nous avons dit sur cet article, en commençant à traiter des fards, nous dispenserait, à la rigueur, de revenir sur ce sujet ; mais nous devons ajouter que les crépons sont en pièces doubles, ou simples, préparées. Nous devons avertir aussi qu'ils sont pourvus quelquefois d'un manche en bois des îles : ils se nomment alors *tampons à rouge ;* mais ces tampons ne sont que des instruments à placer le fard, et non point le fard même. Il serait donc inutile de s'en occuper plus longtemps.

CHAPITRE XIV

Des dentifrices

SOMMAIRE. — I. Eaux dentifrices. — II. Poudres dentifrices. — III. Opiats et pâtes dentifrices. — IV. Racines préparées, ou brossés de corail.

Cette intéressante branche de la parfumerie a pris de nos jours une importance précieuse. Des chimistes distingués, de savants médecins ont fait à cet égard cause commune avec les parfumeurs instruits.

Les dentifrices se divisent : 1º en élixirs, eaux odontalgiques ; 2º en poudres ; 3º en opiats ; 4º en brosses préparées. Chaque division sera l'objet d'un paragraphe traité avec le plus grand soin.

1. EAUX DENTIFRICES

Eau dentifrice de Prodhomme. — Composition et préparation

On prend :

Racine d'angélique.	250 gram.
Semence d'anis.	250 —
Écorce de cannelle.	60 —
Noix muscade.	60 —
Girofle.	60 —

On concasse ces substances et on les introduit dans un matras ; l'on verse dessus 8 kilogrammes d'alcool à 70° C. et 90 grammes d'essence de menthe anglaise.

On laisse macérer pendant huit jours et l'on distille alors au bain-marie jusqu'à siccité.

L'alcoolat obtenu, on y ajoute :

Écorce de quinquina rouge.	grossièrement pulvérisés, de chacun 60 gram.
Racine de ratanhia....	
Myrrhe..........	
Baume de tolu......	
Teinture de vanille.........	30 gram.
Cochenille pulvérisée.........	30 —

On laisse le tout macérer l'espace de six jours, puis on filtre et l'on conserve pour l'usage.

La dose est de 15 à 20 gouttes dans un demi-verre d'eau pour se rincer la bouche le matin.

Eau odontalgique du docteur O'Méara.— Composition

Vétiver de l'Inde...........	4 gram.
Racine de pyrèthre.........	15 —
Girofle anglais...........	32 centig.
Racine d'iris de Florence......	64 —
Coriandre et orcanète, de chaque..	64 —
Essence de menthe anglaise.....	12 goutt.
— de bergamote.........	6 —
Alcool ou esprit-de-vin à 90° C...	60 gram.

On concasse dans un mortier les substances solides ; on les met dans un vase parfaitement bouché ; puis on verse dessus l'esprit-de-vin et les essences. On fait macérer le tout pendant huit jours, en agitant le mélange de temps en temps ; on passe ensuite à travers un filtre et l'on met la liqueur dans de petits flacons d'une forme particulière.

Le résidu, brûlé et réduit en cendres, a toujours été employé par le docteur O'Méara comme poudre dentifrice, qu'on aromatise avec une essence quelconque. Cette poudre, d'après les expériences du docteur, a la propriété d'enlever le tartre des dents et de les entretenir dans un état de blancheur remarquable.

Lorsque l'eau odontalgique a été filtrée, après la macération des substances désignées, on ajoute par 30 grammes douze gouttes de créosote ; l'on remplace les essences de menthe anglaise et de bergamote par les essences d'anis et de citron en même quantité.

Quant à la couleur rouge communiquée à l'eau odontalgique par la racine d'orcanète, on la remplace, au goût des médecins ou des malades, par des feuilles d'une plante inerte quelconque, pour donner une teinte verte sans rien changer à ses propriétés.

Eau balsamique de Jackson

On prend :

Zestes de citrons et oranges	60 gram.
Racine d'angélique de Bohême	60 —
Gaïac concassé	190 —
Pyrèthre	190 —
Baume de tolu	60 —
Benjoin	60 —
Cannelle	15 —
Vanille	15 —
Myrrhe	15 —
Ecorce de grenade	15 —
Alcool à 80° C	2 litres

On concasse le tout et l'on fait macérer à une douce chaleur, en vase clos, pendant huit jours, en agitant de temps en temps ; puis l'on distille au bain-marie jusqu'à siccité.

On ajoute ensuite :

Alcool à 80° C.	1/2 litre
— de cochléaria.	1/4 —
— de menthe..	1/4 —

On colore le tout avec la teinture d'orcanète ou de cochenille en quantité suffisante.

Propriétés. — L'eau du docteur Jackson, étant composée de gaïac, de cochléaria, d'écorce de grenade, convient pour le raffermissement des gencives molles, boursoufflées et saignantes: par le pyrèthre, elle est odontalgique ; et, par la vanille, la myrrhe et le benjoin qu'elle tient en dissolution, elle est balsamique, rend l'haleine fraîche, et peut neutraliser l'odeur des dents gâtées et la mauvaise haleine des fumeurs et des personnes qui ont mauvais estomac.

Mode d'emploi. — On met une cuillerée à café, plus ou moins, de cette eau dans un verre d'eau ordinaire, pour se rincer la bouche après déjeuner et dîner.

Pour la toilette du matin, on doit tremper dans le mélange ci-dessus une brosse douce ou une éponge fine pour frictionner la surface des dents et des gencives ; puis on se gargarise et l'on conserve la dernière gorgée. Cette eau balsamique peut aussi s'employer dans un bain, comme on emploie l'eau de Cologne ou l'eau de mélisse.

Elixir de Lafandinière

On prend :

Gaïac râpé.............	15	gram.
Pyrèthre...............	4	—
Noix muscades.........	4	—
Girofle................	15	—
Huile de romarin......	10	goutt.
— de bergamote.......	4	—

Après quinze jours ou un mois de macération, on filtre et l'on conserve dans un flacon bien bouché. Pour raffermir les gencives, on en met une cuillerée à café dans un verre d'eau, et l'on se rince la bouche avec ce liquide.

Eau de Sthal de Manseau

Cette préparation sert à aiguiser l'eau avec laquelle on se nettoie les dents ; on l'emploie aussi pour se laver le visage ainsi que pour les bains, etc.

On prend pour neuf litres d'alcool :

Eau de roses...........	3	litres
Racine de pyrèthre.....	15	décag.
— de souchet.......	90	gram.
Tormentille............	90	—
Baume du Pérou........	90	—
Cannelle fine..........	20	—
Galega.................	30	—
Ratanhia...............	90	—

On réduit en poudre ces substances et on les jette dans l'alcool ; puis l'on agite et on laisse macérer pendant six jours. On fait reposer ensuite vingt-quatre heures et l'on décante.

Quand la liqueur est tirée au clair, l'on ajoute :

Huile essentielle de menthe	6 gram.
Cochenille en poudre	15 —

Elixir blanc de Greenouch

Cet élixir se fait par trois infusions simultanées. Pour la première, on prend trois litres de vin blanc dans lesquels on fait infuser 90 gr. de racine de patience (que l'on épluche et que l'on coupe par tranches) avec 60 grammes de cochléaria et 60 grammes de bois de gaïac râpé.

Pour la seconde infusion, on prend 24 gr. de clous de girofle et 24 grammes de cannelle fine que l'on concasse et que l'on met infuser dans un demi-litre d'esprit-de-vin.

Pour la troisième, on prend 25 grammes de gomme-myrte, 24 grammes de cochenille, 12 grammes d'alun et 12 grammes de crème de tartre. On concasse ces substances et on les infuse dans un demi-litre d'esprit-de-vin. On laisse ces infusions séparément pendant trois ou quatre jours, en les remuant de temps à autre. Après ce temps, on les réunit toutes et on les mêle après les avoir agitées de nouveau. On les passe dans un linge et on les filtre au papier gris ou mieux encore à la chausse.

Cet élixir, si on en faisait abus, pourrait attaquer l'émail des dents.

Extrait rose de Greenouch

Esprit-de-vin	2 litres
Laudanum liquide	125 gram.

Camphre et safran, de chaque....	8 gram.
Cannelle et muscade, de chaque...	16 —
Coriandre............	30 —
Carmin ou sang-dragon.......	16 —

On concasse les quatre dernières substances, on les met infuser dans l'alcool pendant un mois, en remuant de temps à autre. On passe et l'on filtre.

Baume du Commandeur

Cet élixir est renommé, comme le précédent, pour calmer, étant pur, les douleurs des dents cariées, et pour conserver la bouche en bon état lorsqu'il est coupé avec de l'eau.

On prend :

Fleurs sèches d'hypéricum......	30 gram.
Racine d'angélique.........	15 —
Alcool à 85° C...........	1 kil. 125

Après quatre jours de digestion, l'on ajoute :

Baume de Tolu en poudre et benjoin, de chacun...........	90 gram.

Eau-de-vie de gaïac

On fait macérer pendant une vingtaine de jours, dans un litre d'eau-de-vie à 60° C., 75 grammes de gaïac râpé. On passe avec expression et l'on filtre.

Eau-de-vie de ratanhia

On opère, avec les racines de cet arbre du Pérou, absolument comme il vient d'être dit pour le bois de gaïac.

Paraguay roux

On peut aisément faire préparer le paraguay au moyen des formules suivantes :

Cresson de Para (*Spilanthus oleraceus*) fleuri et mondé de sa tige..	125 gram.
Alcool à 85° C.	500 —

On distille au bain-marie pour recueillir près de 500 grammes d'esprit ; on s'en sert à la dose d'une cuillerée à bouche dans un demi-verre d'eau pour raffermir les gencives.

On ajoute, avant la distillation :

Racine de pyrèthre en poudre. . . .	30 gram.
— d'*inula bifrons*.	30 —

Esprit de pyrèthre simple

On prend :

Racine de pyrèthre en poudre. . . .	500 gram.
Alcool à 60° C.	2 kilog.

Esprit de pyrèthre composé

On prend :

Poudre de cannelle fine,.	528 centig.
— de coriandre.	72 gram.
— de vanille.	72 —
— de girofle.	98 centig.
— de cochenille.	98 —
— de macis.	98 —
— de safran.	98 —
— de sel ammoniac.	98 —
Esprit de pyrèthre simple indiqué ci-dessus.	1 litre

Après quinze jours de macération, l'on ajoute :

Eau de fleurs d'oranger triple	15 gram.
Huile d'anis	18 goutt.
— de citron	18 —
— de lavande	9 —
— de thym	9 —
Ambre gris en poudre	16 centig.

On mêle les deux liqueurs après avoir commencé par infuser l'ambre gris dans l'esprit de Pyrèthre. On filtre au bout de deux jours de macération.

On distille au bain-marie après quelques jours de macération.

Esprit odontalgique de Boherhaave

On prend :

Alcool à 85°	30 gram.
Camphre	16 —
Opium en poudre	1 —
Huile essentielle de girofle	80 goutt.

Eau impériale odontalgique

On fait dissoudre dans trois litres d'alcool et un demi-litre d'eau de roses.

Benjoin	45 gram.
Girofle	30 —
Cannelle	15 —
Gomme arabique	15 —
Musc	11 centig.
Graines de fenu-grec	4 gram.
Amandes douces et pignons	60 —

On commence par piler exactement toutes ces substances avant de les mettre dans les liquides, puis on distille au bain-marie pour en obtenir deux litres.

Eau du docteur Mialhe

Extrait de benjoin.	20 gram.
— de tolu.	20 —
— de vanille.	10 —
Gomme kino.	150 —
Alcool.	5 litres
Essence d'anis.	5 gram.
— de menthe.	20 —
— de badiane.	5 —
— de cannelle.	10 —

Eau de salvia

Essence de citron.	20 gram.
— de salvia.	50 —
Alcool.	1 litre
Eau.	4 —

Eau de violette

Extrait de racine de violette.	1 litre
Eau de roses triple.	1 —
Alcool.	1 —
Essence d'amandes amères.	5 gram.
— de néroli.	2 —

Eau de Botot

C'est le type de la plupart des eaux dentifrices employées aujourd'hui ; nous en donnerons ci-dessous quelques formules plus généralement adoptées.

EAUX DENTIFRICES

1ʳᵉ *Formule ancienne*

Alcool à 95°.	5 lit. 250
Résine de gaïac.	0 gr. 20
Racine de pyrèthre pulvérisée.	175 gram.
— de ratanhia.	175 —
Anis vert.	150 —
Clous de girofle	50 —
Iris concassé.	50 —
Bois de réglisse.	100 —

Laisser macérer quinze jours et filtrer ; c'est l'infusion pour eau de Botot.

D'autre part, on prépare l'extrait ci-dessous :

Cochenille pulvérisée.	50 gram.
Orseille.	10 —
Alcool à 95°.	500 —
Eau distillée.	500 —
Acide citrique.	500 —

Laisser macérer quinze jours et filtrer.
Mélanger ensuite :

Infusion pour eau de Botot filtrée.	10 litres
Extrait filtré.	1 lit. 250
Alcool à 95°.	35 litres
Essence de menthe.	500 gram.
— d'anis.	300 —
— de cannelle.	20 —
— de girofle.	50 —
— de bergamote.	20 —
Eau.	8 lit. 750

2ᵉ *Formule*

Anis vert.	64 gram.
Girofle.	1 —
Cannelle.	16 —

Pyrèthre.............	4 gram.
Cochenille............	5 —
Crème de tartre.........	5 —
Benjoin..............	2 —
Essence de menthe........	4 —
Alcool à 80°...........	2 kilog.

Broyer au mortier la crème de tartre, la cochenille et le benjoin, puis faire macérer quinze jours et filtrer.

3ᵉ Formule dite anglaise

Extrait de cèdre..........	4 litres
— de myrrhe.........	1 —
— de ratanhia........	1 —
Essence de lavande........	20 gram.
— de menthe.........	30 —
— de roses..........	10 —

Imitation de l'eau de quinine

Alcool du Nord à 90° C.......	8 litres
Extrait miel d'Angleterre......	1 —
— essence bouquet.......	1 —
Eau de feuilles d'oranger, après 8 jours du restant du mélange......	4 —

On colore avec l'infusion de cachou rouge, ou 24 centilitres caramel dissous, et 3 centilitres environ teinture orcanète.

Pour fabriquer l'eau de quinine première qualité, on se sert de l'extrait n° 12.

Et pour deuxième qualité, on se sert de l'extrait n° 5.

Baume dentifrice de Pradal

Alcool rectifié de Montpellier, à 90° C.	50 centil.
Esprit de roses............	10 —

EAUX DENTIFRICES

Essence néroli, de Paris.	4 gram.
— coriandre.	2 centig.
— fenouil doux.	24 —
— badiane.	1 gr. 40
— anis.	1.40
— menthe anglaise.	6.25
— d'amandes amères.	1 —
Alcali volatil.	2 —
Vanille du Mexique.	5 —
Baume de tolu.	10 —
Cachou.	100 —

Autre formule

Alcool rectifié de Montpellier, à 90° C.	50 centil.
Extrait d'ambre non musqué.	32 centig.
— d'iris.	1 gr. 20
Essence sassafras.	24 centig.
— coriandre.	4 —
— fenouil doux.	24 —
— anis.	80 —
— badiane.	3 gr. 60
— menthe anglaise.	6.50
Esprit de roses.	10 centil.
Essence amandes amères.	1 gram.
Alcali volatil.	2 —
Vanille du Mexique.	5 —
Baume de tolu pulvérisé.	10 —
Cachou.	100 —

Les deux formules ci-dessus se préparent de même.

On fait infuser dans un lieu chaud, les 100 gr. cachou, les 10 grammes tolu et les 5 grammes vanille dans les 50 centilitres d'alcool, pendant huit jours, en agitant de temps en temps ; on tire à clair et l'on réunit le tout. On expose ce mélange encore huit jours à une douce chaleur, en agitant plusieurs fois par jour.

Après ce temps, on pourra s'en servir au besoin.

Ce baume, infiniment supérieur aux dentifrices les mieux réputés, préparé avec des substances toniques de premier choix, à la dose de quelques gouttes dans un verre d'eau, détruit la fétidité de l'haleine et l'odeur du cigare, assainit la bouche, détruit la mauvaise odeur interdentaire, raffermit les gencives, s'oppose au déchaussement des dents, et communique à la bouche une fraîcheur des plus suaves.

Enfin, l'emploi seul de ce baume, sans y ajouter d'eau, est le moyen le plus sûr d'entretenir la fraîcheur de la bouche, la pureté de l'haleine, la blancheur de l'émail, et doit être considéré comme le meilleur préservatif de la carie.

Ce baume est propre à désaltérer ; quelques gouttes également dans un verre d'eau avec du sucre, sont un remède excellent dans les crudités et autres vices de l'estomac, qu'il fortifie.

Eau dentifrice dite du docteur Pierre

Alcool	3 lit. 850
Cochenille	50 gram.
Anis	450 —

Faire macérer quinze jours, puis filtrer et ajouter :

Essence d'anis	120 gram.
— de menthe anglaise	40 —
Héliotropine	2 —

Laisser en contact un mois, puis filtrer.

Eau dentifrice au thymol (Docteur Muller)

Thymol.	2 gr. 500
Teinture d'eucalyptus.	150 gram.
Alcool à 95°.	1 litre
Essence de gaultéria.	10 gram.

Eau dentifrice au thymol (Schleuker)

Thymol.	3 gram.
Infusion de raifort.	300 —
— de mélisse.	300 —
Teinture de ratanhia.	100 —
Essence de menthe poivrée.	15 —
— de clous de girofle.	10 —

Eau dentifrice de Thomson

Phénol.	5 gram.
Thymol.	1 —
Teinture de ratanhia.	50 —
Eau de Cologne.	50 —
Essence de roses.	2 goutt.
— de menthe.	3 —
Teinture de cochenille.	q. suffis.

Dissoudre dans l'alcool à 85°.

II. POUDRES DENTIFRICES

Poudres dentifrices au charbon

Les qualités anti-putrides du charbon en font un agent précieux, qui devient la base des meilleurs dentifrices.

Malheureusement, quel que soit le procédé employé pour piler et tamiser le charbon aussi finement que possible, celui-ci présente toujours un certain inconvénient, résultant de la présence d'une multitude de petits grains de silice. Cette silice attaque rapidement l'émail des dents.

Cette même remarque s'applique à tous les autres produits entrant dans la composition des poudres. C'est ainsi que l'on ne devra jamais faire usage de carbonate de chaux naturel (craie en poudre, lavée), mais bien de carbonate artificiel (craie précipitée) ; cette dernière seule est exempte de silice.

Nous ne donnons ci-dessous qu'un seul exemple de poudre au charbon, et les formules de quelques autres poudres diverses.

On prend :

Charbon en poudre très fine.	30 gram.
Crème de tartre.	8 —
Quinquina jaune.	4 —
Sucre candi.	15 —
Huile de girofle.	8 goutt.

On mêle bien ces poudres, et l'on tamise après avoir incorporé l'huile de girofle.

Poudre de Ceylan, de Mayer

Crème de tartre.	1 kilog.
Alun calciné.	190 gram.
Carbonate de magnésie.	375 —
Sucre candi en poudre.	375 —
Cochenille grise pulvérisée.	75 —
Essence de cannelle de Ceylan.	90 —
— de girofle.	75 —
— de menthe anglaise.	45 —

Toutes ces substances doivent être mêlées

ensemble et passées au tamis de soie pour former la poudre dentifrice. La crème de tartre seule doit être étendue sur un plateau de fer-blanc, qu'on expose pendant une demi-heure à un feu modéré. On laisse refroidir, on pulvérise, on mêle le tout, etc. Les poudres à l'alun et à la crème de tartre attaquent malheureusement l'ivoire des dents. Nous en prévenons les amateurs.

Poudre péruvienne, de Poisson

Sucre blanc.	2 gram.
Crème de tartre.	4 —
Magnésie.	4 —
Amidon.	4 —
Cannelle.	32 centig.
Macis.	11 —
Sulfate de quinine.	16 —
Carmin.	17 —

Toutes ces substances sont réduites en poudre fine, et mélangées avec beaucoup de soin : on y ajoute ensuite quatre gouttes d'huile de roses, et autant d'huile de menthe.

Poudre dentifrice, de Maury

Quinquina rouge.	60 gram.
Magnésie anglaise.	250 —
Cochenille.	45 —
Alun calciné.	30 —
Crème de tartre.	500 —
Huile essentielle de menthe anglaise.	20 —
— — de cannelle.	12 —
Esprit d'ambre musqué rose.	4 —

On réduit séparément, en poudre impalpable,

les cinq premières substances ; on porphyrise ensuite l'alun avec la cochenille, afin d'en avoir la couleur ; on ajoute la crème de tartre et le quinquina. On verse ensuite les essences dans un autre vase avec la magnésie, et, quand elles auront été absorbées, on mélange avec la première poudre, et l'on passe à un tamis de soie très fin.

On frotte avec cette poudre les dents et les gencives avec une brosse, deux ou trois fois par semaine, et au besoin tous les jours, dit-on, sans aucun inconvénient. Pour les jeunes gens de douze à dix-huit ans, il suffit de s'en frotter une fois par semaine. Comme elle est soluble, on prendra garde, en mouillant la quantité qu'on emploiera, de ne pas mouiller le reste, et l'on aura soin de ne pas la placer dans un endroit humide.

Poudre dentifrice hygiénique

Craie précipitée..	120 gram.
Talc en poudre impalpable.	60 —
Bicarbonate de soude.	20 —
Essence de menthe.	3 ..
— de girofle..	2 —

Poudre dentifrice orientale

Sang-dragon.	250 gram.
Crème de tartre.	30 —
Iris de Florence.	30 —
Cannelle.	16 —
Girofle..	8 —

Poudre dentifrice américaine

On prend :

Corail rouge	250 gram.
Os de sèche	250 —
Sang-dragon	250 —
Santal rouge	125 —
Alun calciné	125 —
Racine d'iris	250 —
Girofle	15 —
Cannelle	15 —
Vanille	8 —
Bois de Rhodes	15 —
Laque carminée	250 —
Carmin	8 —

On réduit le tout au mortier, et l'on passe au tamis le plus fin.

Poudre dentifrice à la rose

On prend :

Crème de tartre	750 gram.
Alun calciné	125 —
Cochenille	60 —
Girofle	125 —
Cannelle	125 —
Bois de Rhodes	30 —
Essence de roses	2 à 3 goutt.

On pile le tout ensemble et l'on passe au tamis de soie.

Poudre dentifrice, de Piesse et Lubin

Craie précipitée	500 gram.
Poudre d'iris	500 —
Carmin	1 —

Sucre en poudre très fine. . . . . . 1 gram.
Essence de roses. . . . . 4 —
— de néroli. . . . . 4 —

Poudre d'écorce de quinine

Écorce de quinine. . . . . 500 gram.
Carbonate de calcium. . . . . 1000 —
Myrrhe. . . . . 500 —
Racine de violette. . . . . 1000 —
Cannelle. . . . . 500 —
Carbonate d'ammoniaque. . . . . . 1000 —
Essence de clous de girofle. . . . . 20 —

Poudre de sépia

Carbonate de calcium. . . . . 2000 gram.
Spécia-ossa. . . . . 1000 —
Racine de violette. . . . . 1000 —
Essence de bergamote. . . . . 20 —
— de citron. . . . . 40 —
— de néroli. . . . . 10 —
— de Portugal. . . . . 20 —

Borax dentifrice

Borax. . . . . 500 gram.
Carbonate de calcium. . . . . 1000 —
Myrrhe. . . . . 250 —
Racine de violette. . . . . 220 —
Cannelle. . . . . 250 —

III. OPIATS ET PATES DENTIFRICES

Les opiats et les pâtes dentifrices sont des préparations de consistance molle, dans lesquelles on fait entrer du miel ou des sirops avec la plupart des substances qui servent à composer les poudres dentifrices, et de même que pour ces dernières, il faut mettre de la prudence dans leur emploi quand il y entre de l'alun, du tartre ou des substances acides qui attaquent trop fortement les dents.

Opiat dentifrice de charbon

On prend :

Charbon lavé et porphyrisé.	30 gram.
Miel blanc.	30 —
Sucre vanillé.	30 —
Essence de roses ou de menthe.	4 goutt.

On fait du tout un opiat qui s'emploie comme l'opiat ordinaire.

On peut ajouter à cet opiat 16 grammes de poudre de quinquina pour le rendre plus efficace.

Opiat pour les dents, d'André Lormé

Sirop de sucre blanc à 33° Baumé.	38 gram.
Os de sèche en poudre.	200 —
Laque carminée.	30 —
Essence de menthe anglaise.	5 —

On broie le tout ensemble sur un marbre.

Opiat dentifrice rouge, ou de corail

Il est inférieur au précédent, quoique d'un aspect plus agréable.

Corail rouge en poudre.	250 gram.
Cannelle fine en poudre.	60 —
Cochenille.	30 —
Alun.	12 —
Miel très beau.	625 —
Eau.	30 —

On triture dans un mortier la cochenille et l'alun avec de l'eau ; on laisse macérer pendant vingt-quatre heures ; on ajoute ensuite le miel, la cannelle et le corail ; on fait reposer deux jours pour laisser passer l'effervescence qui se déclare, on remue ensuite, en aromatisant avec quelques gouttes d'huile de girofle, de roses, de menthe, etc., suivant le goût du consommateur.

Opiat dentifrice blanc, liquide

Miel blanc bien écumé.	250 gram.
Sirop de menthe.	250 —
Racine d'iris en poudre.	60 —
Sel ammoniac.	60 —
Crème de tartre.	60. —

On broie le tout dans un mortier de marbre ; on joint en broyant :

Teinture de cannelle.	15 gram.
— de girofle.	15 —
— de vanille.	15 —
Huile essentielle de girofle.	5 —

Opiat dentifrice d'Orient

On prend pour faire cet opiat :

Crème de tartre.	60 gram.
Pierre ponce.	60 —
Alun calciné.	15 —
Cochenille.	15 —
Huile de bergamote.	15 décigr.
— de girofle.	15 —

On y ajoute du sirop de sucre ou du miel, en quantité proportionnée.

Après avoir réduit toutes ces substances en poudre très fine, on y ajoute les essences et le sirop de sucre ou le miel, afin d'obtenir une bouillie un peu épaisse.

Opiat de Piesse et Lubin

Miel..	250 gram.
Craie précipitée............................	250 —
Poudre d'iris.................................	250 —
Teinture d'opium..........................	7 —
— de myrrhe............................	7 —
Essence de roses.........................	2 —
— de girofle.............................	2 —
— de muscade.........................	2 —

Les opiats se mettent en pots de faïence, de porcelaine, ou en boîtes cylindriques d'étain. Ces pots et ces boîtes ont toujours un couvercle.

On peut changer en opiats toutes les poudres précédentes en les triturant avec du sirop ou du miel fin.

Pâte dentifrice au salol

Miel..	500 gram.
Poudre de savon...........................	500 —
Magnésie.....................................	275 —
Eau...	15 —
Essence de menthe........................	20 —
Carmin...	1 —
Ammoniaque................................	2 —

Après avoir bien trituré au mortier le miel, la poudre de savon, la magnésie et l'essence de menthe, on ajoute l'eau et l'ammoniaque, puis le carmin, et on triture encore quelque temps. Enfin on ajoute :

Salol	50 gram.
Essence d'anis	4 —
— de roses	1 —

Cherry Tooth-Paste

Miel	500 gram.
Poudre de savon	500 —
Magnésie	275 —
Eau	15 —
Essence de menthe	15 —
Carmin	1 —
Ammoniaque	2 —
Essence de cannelle	5 —
— d'anis	10 —
— de girofle	4 —
— de bergamote	4 —

Pastilles de cachou aromatisé

Gomme arabique	1 kilog.
Sucre	3 —
Acide tartrique	15 gram.
Cachou	500 —
Jus de réglisse	3 kilog.

Faire une pâte, en triturant avec un peu d'eau, puis ajouter :

Essence de menthe	50 gram.
— de girofle	30 —
— de vétiver	1 —
Musc	10 —
Civette	5 —
Ambre	0.4
Essence de roses	5 —

IV. RACINES PRÉPARÉES OU BROSSES DE CORAIL

Ces racines préparées sont aujourd'hui absolument hors d'usage. Le bon marché de la brosserie fine, la rudesse de ces racines les a fait abandonner ; néanmoins nous présenterons ici quelques exemples de ces préparations.

Brosses de racines de guimauve

On prend des racines de guimauve bien droites, un peu grosses ; on les coupe en morceaux longs de 135 millimètres, on en effile les deux extrémités, puis on les fait bouillir dans de l'eau avec de la racine de pyrèthre, de l'orcanète, de la cannelle coupée en petits morceaux ; quand elles sont bouillies et bien tendres, on les retire avec précaution, de peur de les rompre, et on les met tremper pendant vingt-quatre heures dans de l'eau-de-vie ; on les fait ensuite sécher au four, après que l'on en aura retiré le pain. Quand l'on voudra s'en servir, on les fera tremper dans de l'eau chaude, et l'on s'en frottera les dents.

Brosses de racines de raifort, ou brosses antiscorbutiques

On prépare ces brosses comme les précédentes, mais au lieu de les faire tremper dans de l'eau-de-vie ordinaire, on les plonge dans de l'eau-de-vie de girofle, puis on les enduit de gomme adragante. Quand cette gomme est sèche, on met par dessus quelques gouttes de baume du commandeur.

Brosses de racines de luzerne

Pour faire ces brosses, on emploie des racines de luzerne d'une grosseur convenable, on les dépouille de leur écorce et on les fait sécher lentement ; lorsque ces racines sont bien sèches, on les tranche par petits morceaux de la longueur de 80 millimètres, puis avec un marteau, on frappe légèrement sur chacun des bouts de la racine, les fibres alors se détachent et forment un pinceau qui sert de brosse à dents. On fait alors infuser les brosses pendant un jour ou deux, dans de l'alcool colorié par l'orcanète, on les retire et on les fait sécher de nouveau, et lorsqu'elles sont bien sèches, on en lisse le bois avec un polissoir d'os ou d'ivoire ; on les dispose par paquets pour les livrer au commerce ou à l'usage. L'emploi de cette brosse convient aux personnes qui ont les gencives délicates.

Brosses de racines de réglisse

On les choisit saines et droites, on leur donne une longueur de 110 à 135 millimètres ; on les fait sécher à une douce chaleur, de crainte qu'elles ne se raccornissent, puis, après leur dessiccation, on ôte la première peau avec une râpe, pour les colorer avec le résultat des marcs de vinaigre rouge. Il suffit de faire bouillir ces marcs dans de l'eau avec un peu d'orcanète, et quand la décoction est un peu refroidie et passée, d'y faire tremper les racines pendant quatre heures. On les fait sécher de nouveau, et on leur donne plusieurs couches d'esprit de pyrèthre composé.

Brosses de tilleul blanc

On choisit les pousses les plus tendres du tilleul et on les prépare comme il vient d'être dit. On peut, pour varier, ne pas les colorer, et les imprégner d'opiat blanc, ou leur donner plusieurs couches de teinture de baume de Tolu ou du Pérou.

Petites éponges fines pourvues d'un manche, pour les dents

Ces éponges sont préférables aux brosses qu'on emploie ordinairement pour se frotter les dents : elles valent mieux aussi que les brosses de racines, en ce qu'elles sont plus élastiques, plus tendres, et nettoient parfaitement le contour supérieur de la dent, sans offenser la gencive ; mais elles sont d'un emploi incommode lorsqu'il faut les tenir avec les doigts ; aussi leur donne-t-on un manche élégant de bois des îles, comme l'ébène, le sainte-luce, le santal, etc.

On choisit les plus petites et les plus fines éponges déjà préparées ; on leur donne la grosseur et la forme d'un gros œuf de pigeon, puis on les teint à l'aide de la mixture de gomme-laque et de sang-dragon, après les avoir fait tremper quelques heures, dans de l'eau de greenouch, de l'eau-de-vie de gaïac, de l'esprit de pyrèthre simple, ou toute autre liqueur odontalgique.

CHAPITRE XV

Pastilles fumantes, Clous, Cassolettes, Sachets.

Sommaire. — I. Pastilles fumantes. — II. Pastilles odorantes de toilette pour collier. — III. Cassolettes. — IV. Sachets.

I. PASTILLES FUMANTES

Pastilles simples

On prend 15 grammes de benjoin, 4 grammes d'écorce de cascarille, 60 grammes de charbon de braise brûlée, et 4 grammes de nitre ou salpêtre.

On réduit toutes ces substances en poudre ; on les mêle dans un mortier et l'on y ajoute de la dissolution épaisse de gomme adragante, 30 grammes pour un demi-litre.

Pastilles au benjoin

Pour celles-ci, l'on prend :

Benjoin.	250	gram.
Storax calamite.	21 ou 27	centig.
Cascarille.	21 ou 27	—
Baume sec du Pérou.	8	gram.
Girofle.	2	—
Braise de charbon en poudre.	45	—
Nitre.	4	—
Huile essentielle de fleurs d'oranger.	2	—
Teinture d'ambre gris.	2	—

Toutes les substances solides doivent être en poudre.

Pastilles à la rose

Gomme en poudre impalpable....	185 gram.
Oliban en larmes — ...	185 —
Storax — ...	185 —
Sel de nitre — ...	125 —
Poudre à la rose pâle — ...	250 —
Poussière de charbon — ...	1 kilog.
Essence de roses..........	15 gram.

On mélange toutes les poudres fines, et on les met dans un litre d'eau de roses, dans laquelle on a fait dissoudre 30 grammes de gomme adragante. On forme ensuite des pastilles avec ce mélange ; on les tient bien renfermées dans une boîte élégante ou cassette qui peut servir d'ornement à quelque table. Pour s'en servir, on les fait brûler dans quelque jolie cassolette ou petit réchaud de goût.

Pastilles à la vanille

Gomme galbanum..........	185 gram.
Oliban en larmes..........	185 —
Storax.................	185 —
Sel de nitre............	125 —
Clous de girofle........	125 —
Poudre pure à la vanille.....	250 —
Poussière de charbon........	1 kil. 015
Essence de girofle.........	8 gram.
— de vanille, 1ʳᵉ infusion...	125 —

Pastilles à la fleur d'oranger

Gomme galbanum..........	375 gram.
Oliban en larmes..........	375 —

Storax en larmes..............	375 gram.
Sel de nitre..................	250 —
Poudre à l'orange pure........	500 —
Poussière de charbon..........	1 kil. 500
Néroli surfin.................	30 gram.

Pastilles à l'ambre

Celles-ci sont estimées supérieures par la finesse de leur parfum. Pour les faire, on prend :

Benjoin en larmes de la meilleure qualité................	250 gram.
Storax en pain...............	125 —
Laudanum....................	60 —
Bois d'aloès.................	125 —
Bois de Rhodes...............	125 —
Storax calamite..............	125 —
Ambre gris...................	125 —
Musc.........................	16 —
Civette......................	8 —
Charbon doux.................	250 —
Salpêtre.....................	30 —

On pile tous ces objets ensemble, on les réduit bien, et on les passe au tamis le plus fin ; on fera le mucilage avec :

Essence de musc..............	60 gram.
Gomme adragante..............	16 —

que l'on dissout dans un demi-litre d'eau de roses et de fleurs d'oranger. On fait en sorte que le mucilage ne soit pas trop épais. On ajoute :

Essence de vanille...........	60 gram.

On agite tous ces liquides ensemble, et on fait la pâte pour les pastilles, de la forme que l'on jugera à propos.

Pastilles des Indes, dites pastilles blondes

On a :

Bois de santal-citrin.	250 gram.
Bois d'aloès.	125 —
Cannelle fine.	125 —
Bois de Rhodes.	125 —
Bois de cèdre.	125 —
Bois de girofle.	60 —
Sassafras.	60 —
Myrrhe.	60 —
Benjoin en larmes.	125 —
Storax en pain.	125 —
Vanille.	60 —
Musc.	8 —
Ambre gris.	8 —
Civette.	4 —
Ambre.	60 —

On filtre et on tamise ces objets le plus fin possible, comme ci-dessus, et on emploie ce mucilage, en y ajoutant :

Huile essentielle de girofle.	2 gram.
— — de rhodia.	2 —

Pastilles au bouquet des champs

On prend :

Bois de Rhodes.	250 gram.
Storax calamite.	125 —
Laudanum.	15 —
Santal-citrin.	60 —
Myrrhe.	125 —
Charbon de tilleul.	750 —

On pile, on tamise, on délaie avec une dissolution de gomme adragante, parfumée avec quelques gouttes d'essence de bergamote.

On peut employer dans les pastilles tous les marcs d'infusion, comme ceux du lait virginal, de teinture de girofle, de cannelle, de benjoin, de vanille, de storax, de sassafras et autres bois odorants ; tous ces marcs sont fort bons ; étant bien secs et mis en poudre, ils peuvent être incorporés avec avantage dans les pastilles. On emploie ceux d'ambre, de musc, mais seulement dans les pastilles fines à l'ambre.

Pastilles au benjoin et au musc

Santal en poudre.	500 gram.
Vétiver en poudre.	50 —
Cascarille.	250 —
Benjoin en poudre.	250 —
Musc.	12 —
Salpêtre en poudre.	60 —

Rubans de Bruges

On fait une solution de 50 grammes de nitrate de potasse dans un demi-litre d'eau, et on y plonge du ruban de coton sans apprêt, on fait sécher, puis on plonge dans la teinture suivante qu'on a laissée macérer un mois :

Alcool à 85° C.	25 centil.
Musc.	12 gram.
Essence de roses.	4 —
Benjoin.	100 —
Myrrhe.	12 —
Iris de Florence.	250 —

Quand les rubans sont secs, on les conserve

pour l'usage ; pour cela on les allume, on éteint la flamme, et à mesure qu'ils brûlent, ils répandent dans l'air des vapeurs odoriférantes.

De la forme des pastilles

Quant à la forme, après avoir pétri et roulé la pâte à pastilles sur une tablette de marbre, on l'allonge en forme de longue et mince baguette : ensuite cette baguette se divise en petits morceaux de la hauteur de quelques millimètres. Le parfumeur aplatit ces morceaux avec la lame d'un couteau qu'il pose à plat sur les deux surfaces, ou bien leur donne la figure de petits cônes, comme aux clous fumants; mais ces deux moyens sont vieillis. Il vaut mieux étaler d'abord la pâte à pastilles avec un rouleau, comme un rouleau de pâtisserie, mais beaucoup moins fort ; en faire, comme le pâtissier, une *abaisse* bien mince ; la découper près à près avec des emporte-pièces représentant de petits feuillages, de petits trèfles, cœurs, etc., et graver dessus une gracieuse empreinte, à l'aide d'un cachet.

II. PASTILLES ODORANTES DE TOILETTE, POUR COLLIER

Pâte de violette, de Chypre

On prendra :

Poudre d'iris..............	30 gram.
— de Chypre...........	30 —
— de mousseline........	30 —

Colle de poisson.	24 gram.
Gomme adragante.	8 —
Noir de fumée.	8 —

On peut supprimer la poudre d'iris, et ce sera alors de la *pâte de Chypre*.

On fait dissoudre la gomme adragante et la colle de poisson dans l'eau bouillante ; on en fait une dissolution très épaisse et l'on y ajoute des poudres bien mélangées ensemble, à sec, dans une boîte ou dans une bouteille bien sèche. Quand la pâte est bien homogène, on la met en rouleaux de grosseur convenable ; l'on coupe ces rouleaux en petits morceaux que l'on roule entre les doigts pour en former de petites boules, comme les pharmaciens forment les pilules. On peut se servir, pour cet usage, de l'instrument connu dans les pharmacies sous le nom de *pilulier*. On peut aussi facilement mouler cette pâte, de manière à obtenir une grande variété de formes et de dessins en relief, tels que camées, ornements et bijoux de différents genres.

Pâte de roses

On prend :

Pétales de roses doubles.	60 gram.
Noir de fumée.	6 —
Colle de poisson.	30 —
Gomme adragante.	15 —

On pile les roses dans un mortier, en les mélangeant avec le noir de fumée, et l'on procède pour le reste ainsi qu'il a été dit plus haut.

Pâte de menthe ou de jasmin

On prend :

Fleurs de menthe ou de jasmin...	30 gram.
Gomme adragante...	15 —
Vermillon...	60 —

On aura, par ce moyen, des pastilles colorées en rouge, et il sera facile de varier les teintes en employant, à divers degrés, différentes substances colorantes. User avec prudence quand on se servira du vermillon.

Clous fumants ou odorants

On prend :

Benjoin en poudre...	60 gram.
Baume de tolu...	15 —
Santal-citrin en poudre...	15 —
Laudanum vrai...	4 —
Nitrate de potasse...	8 —
Gomme arabique en poudre...	8 —
— adragante entière...	4 —
Charbon de tilleul...	185 —
Eau de cannelle...	375 —

On commence par triturer le laudanum, le baume de tolu, le santal citrin, le nitrate de potasse et une partie de charbon, puis, successivement, le benjoin. Quand la poudre est bien égale et que l'on a fait, avec ces deux gommes et l'eau de cannelle, un mucilage épais, on forme, dans un mortier, avec cette poudre, une pâte que l'on bat jusqu'à ce qu'elle soit plastique et tenace. On en fait alors de petits cônes d'environ 27 millimètres de hauteur, qu'on met sécher et qu'on brûle ensuite par le petit bout pour répandre une odeur suave dans les appartements. On peut varier les parfums à l'infini.

Autres clous fumants ou odorants

On pile et l'on passe au tamis de crin 500 gr. de marc de l'eau d'ange distillée (1) ; ayant réduit en poudre, l'on remet dans le mortier, en y ajoutant une poignée de feuilles de roses sèches et quantité suffisante de gomme adragante détrempée avec de l'eau de roses. On pile pour en former une pâte que l'on manipule comme il vient d'être dit.

III. CASSOLETTES

Cassolettes odoriférantes à l'ambre

Les cassolettes que nos élégantes portent au bal et au spectacle sont composées, selon M. Laugier fils, de la pâte suivante :

Ambre noir.	2 kilog.
Poudre à la rose.	1 —
Benjoin.	30 gram.
Essence de roses.	15 —
Gomme adragante.	15 —
Huile de santal.	qq. goutt.

On pulvérise les matières propres à être mises en poudre, et l'on forme avec les liquides une pâte qui se lie par la gomme adragante.

---

(1) Page 209, t. I.

Cassolettes de Portugal

La poudre que nous allons décrire s'emploie également pour pastilles et sachets.
On prend :

Oranges sèches....................	250 gram.
Clous de girofle....................	1 kilog.

On y joint :

Storax.............................	30 gram.
Benjoin............................	30 —
Graine d'ambrette.................	8 —
Musc et ambre....................	4 —

On les pulvérise et l'on y ajoute :

Gomme adragante................	15 gram.

On forme la pâte avec quantité suffisante d'essence de bergamote. Il suffit de supprimer cette essence lorsqu'on veut en faire des sachets.

Cassolettes au pot-pourri

On prend 500 grammes de pétales de roses pâles, autant de roses de Provins, d'œillets, de violettes, de rose muscade, de fleurs d'oranger, de muguet, de fleurs de cassie nouvelles, de giroflée, de réséda, d'héliotrope, de jonquille, un peu de celles de myrte, de mélisse, de romarin et de thym, en observant que ces quatre dernières soient en très petite quantité, et surtout n'y mettre que de la fleur ; il faut aussi que ces fleurs soient prises chacune en leur saison. On les étend pendant quelques jours pour leur faire perdre leur humidité, et au fur et à mesure qu'elles sécheront, on les mettra dans un vase, en commençant par placer au fond un lit très léger de sel fin, très sec, mêlé avec de la poudre d'iris, et ensuite un lit de fleurs, en continuant de la même manière un lit de poudre et un lit de fleurs, jusqu'à la dernière couche que l'on finit par un lit de poudre. On ferme hermétiquement le vase et on le laisse dans cet état pendant environ un mois ; on l'ouvre alors et l'on remue bien les fleurs jusqu'au fond. On aura soin aussi de les retourner de temps en temps. On délaie avec une quantité suffisante d'eau de roses simples.

Cassolettes aromatiques

On pile parfaitement après avoir fait sécher à l'étuve :

1º Sommités de menthe, de sauge, d'absinthe, des fleurs de lavande, de romarin, de marjolaine, de thym, de chaque 250 grammes ; 2º de baume, de myrte, de basilic, de camomille, de citronnelle, de laurier, d'hysope, de chaque 125 grammes ; 3º roses de Provins, fleurs d'oranger, de l'une et de l'autre 250 grammes ; 4º baies de genièvre, clous de girofle, coriandre, badiane, fenu grec, de chaque 60 grammes ; 5º racines d'angélique, de roseau aromatique, de galanga, d'iris, de chaque 60 grammes ; 6º cannelle blanche, sassafras, bois de Rhodes, écorce de citron, de chaque 75 grammes.

On tamise et l'on fait une pâte avec un mélange d'essence de gingembre et de teinture de benjoin, ou bien encore avec de l'eau de Cologne.

Papier d'Arménie

On vend sous ce nom des petites bandelettes de papier imprégné d'encens, de baume et de diverses matières volatiles, et qui, lorsqu'on les brûle, dégagent des vapeurs extrêmement aromatiques et désinfectantes.

On opère comme suit :

On trempe des feuilles de papier non collé dans une solution aqueuse saturée de nitrate de potasse ; on laisse sécher ; puis on trempe à nouveau dans le mélange aromatique ci-dessous. Après une deuxième dessiccation, on découpe les feuilles suivant les besoins.

Parfum pour papier d'Arménie

Alcool à 95°............	1 litre
Encens................	200 gram.
Benjoin...............	100 —
Baume du Pérou.........	50 —
— de tolu........	50 —
Musc (Infusion à 10 gr. par litre)..	10 —
Vanilline..............	7 —

IV. SACHETS

Ce genre de parfum avait vieilli, beaucoup de dames se bornant à parfumer leur linge et leurs parures avec des morceaux de racine d'iris de Florence, des bottes de vétiver que le parfumeur vend aussi en nature ; mais la mode y est revenue, et le parfumeur en prépare pour

13.

les personnes qui en reprennent l'usage, et pour les envois en province ou à l'étranger.

Le sachet se compose d'une pièce de coton dans laquelle on renferme des poudres odoriférantes. On le recouvre de taffetas, de satin, d'étoffe de soie à la mode, de toutes couleurs, mais ordinairement blanc, rose, ponceau, bleu céleste, lilas. On y dessine des paysages, des portraits, des devises, etc. On en fait aussi en *peau d'Espagne* (voir plus loin). Il y en a de petits et de grands modèles.

En parlant des poudres, nous avons déjà indiqué celles qui peuvent convenir aux sachets ; d'ailleurs les corps de poudre les plus odorants y sont propres.

Sachets printaniers

On rassemble des pétales de roses, d'œillet musqué, de jacinthe simple, de fleur de lavande, des feuilles de baume et un peu de feuilles de marrube blanc. On les fait bien sécher à l'ombre. Quand elles sont bien sèches, on les sature avec des poudres de girofle, de muscade ; puis l'on enferme le tout dans des sachets de taffetas.

Sachets aux herbes de Montpellier

Les feuilles de thym, de lavande, d'hysope, de verveine odorante, de petite sauge, de romarin, de basilic, mêlées avec quelques clous de girofle et une noix muscade concassée, composent ce sachet.

Sachets au bouquet des Grâces

On prend :

Racine d'iris	185	gram.
Fleurs d'oranger sèches	30	—
— de roses sèches	185	—
Ecorce de bergamote sèche	185	—
— d'orange de Portugal	185	—
— de storax	60	—

On les pile bien, on les passe au tamis et l'on remplit de cette poudre de jolis sachets de taffetas, propres à être mis dans les nécessaires, les paniers à ouvrage, les fichus, les gants et tous les objets délicats.

Sachets au pot-pourri

(Voir *Cassolette*).

Sachets à la violette

On prend :

Iris	500	gram.
Fleurs de cassie	250	—
Ecorce de bergamote	60	—
Graine d'ambrette	8	—
Clous de girofle	8	—

On pulvérise ces objets et on les tamise.

Sachets à la vanille

On prend :

Vanille que l'on coupe par morceaux	125	gram.
Storax en pain	125	—
Girofle	8	—

Benjoin en larmes. . . . . 125 gram.
Musc.   2   —
Bois de Rhodes. . . . . 125 —

On y joint ce bois autant pour faciliter la réduction des drogues, qui sont en partie grasses ou résineuses, que pour son odeur. On pulvérise au tamis un peu clair. S'il y avait difficulté pour passer, on mêlerait un peu d'amidon bien sec avec un peu de bois d'ébène.

Sachets de peau d'Espagne au musc

On dispose des petites masses de coton en laine, selon la forme qu'on veut donner aux sachets. On y répand un peu d'essence d'ambrette, et assez d'essence de musc pour qu'elles en soient bien imprégnées. On recouvre ce coton de peau d'Espagne ou même d'étoffe de soie.

Sachets à l'ambre

On sature de poudre à l'ambre blanche, ou mieux d'ambre en poudre, les petites masses de coton ; on les pique largement et légèrement avec l'enveloppe de toile fine pour maintenir le coton. On couvre le tout de satin broché.

Poudre de Ceylan

Macis. . . . . 650 gram.
Patchouli. . . . . 800 —
Racine de vétiver. . . . . 1000 —
Essence d'écorce d'orange. . . . . .   50 —
  — de menthe. . . . .   100 —

Poudre de vétiver

Racine de vétiver..............	1000 gram.
Musc......................	1 —
Civette....................	2 —

Pot-pourri

Lavande....................	500 gram.
Clous de girofle..............	70 —
Piment....................	70 —
Feuilles de roses.............	500 —
Réséda....................	50 —
Racine de violette............	250 —
Vanille....................	10 —
Cannelle...................	50 —
Sable, sel de cuisine, ou soude...	500 —

Poudre indienne

Bois de santal...............	100 gram.
Racine de violette............	600 —
Cassia-cannelle..............	300 —
Essence de lavande...........	5 —
— de roses.............	10 —
Clous de girofle..............	2 —

Poudre de Chypre

Bois de cèdre................	1 kilog.
— de roses................	1 —
— de santal...............	1 —
Essence de bois de rose........	15 gram.

Peau d'Espagne

Cette peau, autrefois fort en usage, très forte en odeur, se portait comme sachet : elle se place dans les armoires, les corbeilles, etc., pour parfumer le linge, les habits et autres objets dépendant de la toilette.

On prend une peau d'agneau, en blanc de mégie, douce et un peu épaisse, que l'on purge dans de l'eau de roses et de fleurs d'oranger, dans laquelle on délaie quelques jaunes d'œufs. On la pétrit bien et on la laisse tremper pendant cinq ou six heures ; ensuite on la retire, on la presse bien et on l'étend jusqu'au lendemain, en ayant soin de la détirer dans l'intervalle pour qu'elle ne sèche pas trop. Alors on la fait tremper de nouveau dans de l'eau de roses et de fleurs d'oranger, à laquelle on ajoute quelques gouttes d'essence d'ambre et de musc ; on la purge bien encore dans cette eau et on la laisse tremper pendant quelques heures ; on la retire ensuite et on la presse bien. On fait un mucilage léger avec de la gomme adragante dans de l'eau de roses et de fleurs d'oranger, de l'extrait de baume de tolu et de vanille, quelques gouttes d'essence d'ambre et de musc. Cela fait, on chauffe légèrement un petit mortier ainsi que le bout de son pilon ; l'on met dans ce mortier 16 grammes d'ambre, 16 grammes de musc : on broie le tout le mieux qu'il est possible avec un peu de mucilage, jusqu'à ce qu'on n'aperçoive plus aucune parcelle de musc ni d'ambre. L'on continue d'ajouter peu à peu du mucilage, jusqu'à ce qu'il y en ait assez pour y tremper la peau ; on la laisse dans cet état pendant cinq ou six jours, en ayant soin, tous les jours, de la pétrir avec une spatule et de bien la couvrir. Au bout de ce temps, on la retire du mucilage en la pressant ; puis on l'étend en ayant soin de la manier et de l'étirer de temps à autre pour la maintenir plus douce. Lorsqu'elle est sèche, l'on prend 15 grammes d'essence de musc et autant d'essence de vanille que l'on mêle avec un peu de mucilage ; lorsque le mélange est bien fait, on étend la peau et l'on passe dessus ce composé à l'aide d'un petit pinceau ou plumeau, et quand le dessus est à peu près sec, on en fait autant de l'autre côté : on laisse la peau dans cette position entre deux papiers pour qu'elle achève de sécher. Quand elle l'est, on la tient hermétiquement enfermée dans une boîte avec les mêmes papiers, sur lesquels on l'a étendue. Plus cette peau vieillit, meilleure elle est. S'il reste du mucilage, on le met en réserve pour l'employer, au besoin, pour les eaux d'odeurs fines, comme ambre, musc, chypre, maréchale.

CHAPITRE XVI

Des vinaigres de toilette et de propriétés

SOMMAIRE. — I. Vinaigres par infusion. — II. Vinaigres par distillation. — III. Vinaigres par solution. — IV. Vinaigres obtenus par distillation et par solution, nommés aussi extraits de vinaigre. — V. Vinaigres de salubrité. — VI. Vinaigres de propriétés. — VII. Esprits ou sels de vinaigre.

On doit toujours prendre les meilleurs vinaigres pour la composition de ceux que l'on destine à la toilette, et donner la préférence aux vinaigres blancs, et même la plupart du temps se servir d'acide acétique.

On parfume les vinaigres et on les fabrique de deux manières, soit par *infusion*, soit par *distillation*. Toutefois, la distillation est le meilleur moyen, parce qu'elle blanchit le vinaigre, lui donne de la force et plus de fondu.

On prépare aussi des vinaigres par *solution*, c'est-à-dire en faisant dissoudre, par demi-kilogramme de vinaigre, 30 grammes d'essence choisie dans une quantité suffisante d'alcool. C'est la manière la plus prompte et la moins embarrassante de faire toutes sortes de vinaigres. Ces trois différentes formes de vinaigres vont nous fournir trois paragraphes distincts auxquels nous en ajouterons trois autres. L'un sur les vinaigres qui se préparent à la fois par distillation et infusion, et qu'on nomme extraits de vinaigre, et les deux autres concernant les *vinaigres de salubrité et de propriétés*. Enfin un dernier paragraphe sera consacré aux sels ou esprits de vinaigre.

1. VINAIGRES PAR INFUSION

Quelle que soit la forme qu'on adopte pour les vinaigres, on les divise : 1º en *vinaigres de fleurs* ; 2º en *vinaigres aromatiques*. On voit combien toutes ces divisions et l'ordre qu'elles établissent sont essentiels au parfumeur pour se reconnaître au milieu de si nombreux produits.

Vinaigre de toilette, de Sinfar

Alcool à 85º C.	8 litres
Vinaigre blanc d'Orléans	2 —
Eau de Cologne	1/2 —
Extrait de benjoin	60 gram.
— de storax	60 —
Vinaigre pur	125 —
Essence de lavande	45 —
— de cannelle	4 —
— de girofle	4 —
Alcali volatil	4 —

On mélange ensemble l'alcool, la lavande, la cannelle et le girofle ; on laisse macérer pendant huit jours, en remuant de temps à autre. On ajoute alors les vinaigres, l'eau de Cologne, les extraits et l'alcali ; on donne la couleur avec l'orseille et l'on filtre au papier.

Vinaigre rosat

Feuilles de roses rouges mondées de leur onglet et sèches.	250 gram.
Très bon vinaigre blanc ou rouge. .	4 kilog.

On laisse macérer pendant quinze jours dans un vase fermé, en ayant soin d'agiter de temps en temps ; on filtre et l'on conserve dans un vase bien bouché.

Vinaigre infusé à la fleur d'oranger

Fleur d'oranger récente et non mondée	750 gram.
Vinaigre distillé.	4 kilog.
Alcool ou eau-de-vie à la fleur d'oranger	500 gram.

On laisse macérer pendant douze jours, on passe et l'on filtre.

Vinaigre infusé à l'œillet rouge

On prend :

Œillets à ratafia préparés comme les roses précédentes.	500 gram.
Bon vinaigre blanc.	6 kilog.

On fait infuser pendant six jours dans un vase clos, on filtre ensuite et l'on conserve.

Vinaigre infusé à la jonquille

Mêmes doses et opérations que pour le vinaigre précédent.

Vinaigre infusé à la lavande

Mêmes observations ; toujours 500 grammes de fleurs pour 6 kilogrammes de vinaigre ; mais dans ce cas et les suivants, les fleurs doivent être récentes.

Vinaigres infusés de sauge, de thym, de serpolet

On suit les précédentes indications.

Vinaigres infusés de menthe poivrée, de menthe coq, de menthe fine, de mélisse, de baume, etc.

Nous réunissons les noms de tous ces vinaigres, afin de n'avoir pas toujours à répéter : « On opère comme précédemment ».

Vinaigre framboisé

Framboises mondées de leur calice et légèrement écrasées.	3 kilog.
Excellent vinaigre	500 gram.

On laisse macérer pendant quatre jours, on passe sans expression et l'on filtre au bout de quelques jours. Ce vinaigre peut s'employer comme assaisonnement ; il sert aussi pour faire le sirop de vinaigre à la framboise.

On prépare de la même manière les autres vinaigres de fruits qui ne sont point du ressort de cet ouvrage. Le vinaigre framboisé fait seul exception, à raison de son délicieux parfum.

II. VINAIGRES PAR DISTILLATION

Vinaigre à la rose

C'est un de ceux que l'on vend le plus communément.

On prend :

Feuilles de roses pâles et sèches...	1 kilog.
Vinaigre distillé...	4 —
Alcool à la rose...	1 —

On distille les roses avec le vinaigre au bain de sable. Lorsque les trois quarts de la liqueur sont passés, on arrête la distillation afin de ne pas brûler les fleurs. On colore l'alcool avec un peu de cochenille, pour donner à ce cosmétique la couleur de la rose, et l'on ajoute cet alcool au vinaigre que l'on conserve dans un flacon bouché à l'émeri. Ce vinaigre rend aussi la peau ferme et fraîche.

S'il arrive que ce vinaigre prenne un goût d'empyreume, on plonge les flacons qui le contiennent, pendant une demi-journée, dans de l'eau fraîche ou dans un mélange de glace et de sel pilé.

On fait usage, pour la distillation des vinaigres, de cucurbites de grès ou de verre, pour ménager les alambics de cuivre, et aussi à cause du danger qui en résulterait si on employait ce vinaigre intérieurement. Il est indifférent de se servir de cucurbite de métal pour les vinaigres de toilette, dont l'usage n'est que pour l'extérieur. Il faut avoir soin de nettoyer l'alambic dès que la distillation est terminée, et de l'exposer à l'air pour faire évaporer l'odeur d'acide qu'il aura contractée nécessairement.

Vinaigre à la lavande

On prend 12 litres de bon vinaigre d'Orléans, 1 kilogr. 500 de fleurs de lavande fraîchement cueillies ; on épluche et on étale la lavande pour la faire un peu sécher, en ayant soin de la remuer de temps à autre, de crainte qu'elle ne s'échauffe. On fait infuser dans le vinaigre pendant une quinzaine de jours, l'on distille ensuite au bain-marie, à un feu modéré au commencement, pour éviter que la fleur ne monte et ne retombe dans le récipient, ce qui retarderait l'opération. On obtient 8 litres de cette distillation.

Vinaigre de romarin

On prend :

Vinaigre naturel.	30 litres
Fleurs de romarin	1 kilog.

On distille le tout et on retire 15 litres.

Vinaigres distillés de toutes autres plantes aromatiques : marjolaine, absinthe, sarriette, angélique, baume, citronnelle, basilic, menthe ordinaire, menthe poivrée, etc.

On obtient chacun de ces vinaigres en opérant comme il est dit pour le vinaigre de romarin.

Vinaigre à l'orange

On prend :

Zestes d'orange.	1 kilog.
Alcool à l'orange ou bien extrait d'orange.	100 gram.
Vinaigre distillé.	12 litres

On opère comme pour le vinaigre à la rose.

Le vinaigre à l'orange est une solution du néroli, ou huile essentielle de l'orange, dans l'alcool et l'acide acétique ou vinaigre. Il est certain qu'on peut abréger cette opération en mettant ensemble :

Néroli.	20 gram.
Alcool à l'orange à 90° C..	100 —
Bon vinaigre de bois	1 litre

On peut se passer de distiller ce vinaigre.

Vinaigre à la bergamote

On prend deux douzaines de belles bergamotes mûres, on en enlève les zestes bien minces jusqu'au blanc ; l'on met ces zestes dans 8 litres de vinaigre, en digestion, pendant deux ou trois jours. Ensuite on distille au bain-marie, sur un feu modéré, pour en obtenir 5 litres. Ce vinaigre a un bon parfum.

Vinaigre au cédrat

Il se traite comme le précédent.

Vinaigre à l'ambre

On prend :

Ambre gris..	30 gram.
Musc..	2 —

On pile ces matières ensemble dans un petit mortier de fonte, en ayant soin de le faire chauffer avant au moyen de deux ou trois charbons allumés. — Lorsque les matières sont bien pilées, on les humecte avec un peu de vinaigre ; on verse le tout dans 8 litres de vinaigre. Puis on nettoie bien le mortier et le pilon avec un peu de vinaigre pris sur les 8 litres, afin d'enlever toute l'odeur qui peut s'attacher à ces ustensiles. On laisse cette composition infuser au soleil pendant deux mois, ou à un feu doux, en ayant soin que le récipient qui la contient soit bien bouché. Au bout de ce temps on distille et on obtient 6 litres.

Vinaigre au mus

On suit le même procédé que pour celui à l'ambre, en mettant, sur la quantité de 8 litres de vinaigre, 16 grammes de musc et 2 grammes d'ambre. On opère de la même façon, tant pour l'infusion que pour la distillation.

Vinaigre à la civette

L'opération est semblable en tout aux deux précédentes, les doses seules présentent quelque variété. Pour :

Bon vinaigre. . . . . 8 litres

on met :

Musc. . . . . 8 gram.
Ambre. . . . . 4 —
Civette. . . . . 8 —

Vinaigre à l'ambrette

On concasse 250 grammes de graine d'ambrette par 2 kilogrammes de vinaigre blanc ; on fait infuser pendant dix jours, puis l'on distille pour retirer tout le vinaigre.

Vinaigre au girofle

On prend :

Girofle,	185 gram.
Alcool à 90° C.	1 kilog.
Bon vinaigre de bois.	4 —

On concasse le girofle et on le met infuser pendant huit jours dans l'alcool ; on ajoute ensuite le vinaigre et l'on distille dans une cornue de verre, au bain de sable.

Vinaigre à la muscade

Il se prépare absolument comme le précédent.

Vinaigre à la cannelle

On prend :

Cannelle de la Chine.	250 gram.
Alcool à 90° C.	1 kilog.
Bon vinaigre de bois.	4 —

On distille comme pour le vinaigre au girofle.

Il est inutile de dire que l'on peut préparer aussi ces vinaigres en faisant dissoudre les huiles essentielles de ces substances dans l'alcool, et en ajoutant ensuite le vinaigre.

III. VINAIGRES PAR SOLUTION

Vinaigre virginal ou vinaigre au benjoin

Cette liqueur suave et rafraîchissante est fort bonne pour faire passer les boutons de chaleur que l'on a quelquefois au visage. Il est nécessaire de l'étendre avec de l'eau pour s'en servir. On prend :

Benjoin en poudre	60 gram.
Alcool	250 —
Vinaigre blanc	1 kilog.

On fait digérer l'alcool sur le benjoin pendant six jours, l'on coule, puis on ajoute le vinaigre sur le résidu. Après six autres jours d'infusion, on décante le vinaigre, on l'unit à la teinture de benjoin et l'on filtre le lendemain. Ce vinaigre, étendu d'eau, est un excellent cosmétique qui peut servir d'*antifard*, c'est-à-dire remédier à l'altération causée à la peau par les mauvais fards.

Vinaigre balsamique

On obtient ce vinaigre en remplaçant les résines ci-dessus employées par le baume de la Mecque, et si, pour agir plus promptement, on veut mélanger avec le vinaigre radical la teinture de baume de la Mecque, préparée à l'avance, on met 45 grammes par litre.

Vinaigre des sultanes

On mélange : vinaigre radical, 2 litres ; teinture de baume du Pérou, 90 grammes, et l'on obtient le *vinaigre des sultanes*.

Crème de vinaigre

Essence de bergamote	45 gram.
— de citron	30 —
— de néroli	125 —
— de roses	60 —

Huile de muscades............	8 gram.
Storax en larmes.............	8 —
Vanille.......................	2 gousses
Benjoin......................	8 gram.
Huile de girofle..............	4 —
Alcool à 90° C................	1 kilog.
Acide acétique concentré, ou vinaigre radical....................	2 kil. 500

On unit toutes ces substances à l'alcool et, après deux jours, l'on distille au bain-marie. On ajoute à la liqueur qui a passé le vinaigre radical. Si l'on veut la colorer en rose, on emploie la cochenille ; mais il vaut mieux qu'elle n'ait pas cette couleur.

Vinaigre de Cologne

Eau de Cologne...............	1 litre
Acide acétique................	27 litres

Vinaigre à l'orange

On mêle ensemble :

Néroli........................	60 gram.
Alcool à l'orange, à 90° C.....	1 kilog.
Bon vinaigre de bois..........	4 —

On peut se dispenser de distiller ce vinaigre.

Vinaigre de fleurs de cédrat, de bergamote

On répète exactement la même opération.

Vinaigre au girofle

Huile essentielle de girofle.....	8 gram.
Dissoute dans de l'alcool à la mesure de......................	250 —
Et mise dans vinaigre fort, idem...	500 —

Vinaigre à la cannelle de Ceylan

Il se prépare comme le précédent.

Vinaigres de toutes les plantes aromatiques labiées, comme sauge, lavande, marjolaine, thym, etc.

On fait dissoudre 4 grammes d'huile essentielle de la plante choisie dans 125 grammes d'alcool à 36°, et l'on y ajoute ensuite 250 gr. de vinaigre de Mollerat.

Vinaigre de fleurs de tous genres

On prend 6 litres de vinaigre blanc distillé ; on fait dissoudre d'autre part douze gouttes ou 8 grammes d'essence de roses, ou toute autre essence, dans un huitième de litre d'alcool ; on agite ces deux liqueurs et on les laisse reposer pendant trois jours à une douce chaleur, en agitant le mélange plusieurs fois par jour. On le verse ensuite dans le vinaigre, on agite bien le tout et on laisse encore reposer pendant quatre jours en infusion, en agitant toujours de même. On termine en filtrant.

Si l'on prépare ainsi du *vinaigre à la rose*, on le colore avec un peu de carmin ou de teinture rouge ; *à la jonquille*, on y met un peu de couleur jaune ; *à la violette*, c'est la teinture de bois de Brésil qu'il faut employer.

Vinaigre de mille-fleurs, de bouquet, etc.

On ajoute à deux parties de vinaigre radical une partie d'alcool, dans laquelle on fait dissoudre : 1° soit 2 grammes d'essence de mélisse et autant d'essence de vanille ; 2° soit quelques gouttes d'essence de bigarade, quelques gouttes d'essence de myrte et 2 grammes d'essence de roses, etc. On peut varier à volonté cette sorte de pot-pourri, qui donne des vinaigres d'une gracieuse et nouvelle suavité.

Vinaigre de Flore

On mélange par égales parties :

Vinaigre à la rose ;
Vinaigre virginal ;
Vinaigre à la fleur d'oranger.

On mêle bien exactement le tout, on agite et l'on filtre.

Vinaigre de thym à la rose

A 30 litres de vinaigre de thym distillé, on ajoute 30 litres de vinaigre à la rose, obtenu soit par infusion, par distillation ou par solution. On peut relever, d'après ce procédé, l'odeur de tous les vinaigres aromatiques.

Vinaigre à la rose

Alcool à 85° C.	2 litres
Essence de géranium.	18 gram.
— de roses.	4 —
— de teinture de benjoin.	1 —
— de vinaigre de bois à 8°.	100 —
Cochenille en poudre pour donner la couleur rose	5 —

On mêle toutes ces substances et l'on filtre au bout de quarante-huit heures.

Vinaigre au citron

Alcool à 85° C.	2 litres
Essence de citron.	60 gram.
Teinture de benjoin.	2 —
Vinaigre de bois.	100 —
Safran.	1 —

On opère comme pour le vinaigre à la rose.

Vinaigre au Portugal

Alcool à 85° C.	2 litres
Essence de Portugal.	70 gram.
Teinture de benjoin.	2 —
Vinaigre de bois à 8° Baumé.	100 —
Safran.	1 —

On opère comme il a été dit pour le vinaigre à la rose.

Vinaigre au géranium

Alcool à 85° C.	2 litres
Essence de géranium.	30 gram.
Teinture de benjoin.	5 —
Vinaigre de bois.	100 —

On opère comme pour le vinaigre à la rose.

Vinaigre à la violette

Extrait d'iris.	15 gram.
— de cassie.	30 —
Alcool de roses à 20 gram. par litre.	40 —
Vinaigre de bois.	12 litres
Ionone.	10 gram.

14.

Vinaigre de toilette hygiénique superfin, d'André Lormé

Alcool à 85° C.	18 litres
Infusion d'iris de Florence à 250 gr. par litre.	1/2 —
Infusion de fèves Tonka à 250 gram. par litre.	1/2 —
Extrait de mélisse ambrée.	1/2 —
Teinture de benjoin.	1/2 —
Essence de citron exprimé	50 gram.
— de bergamote.	50 —
— de Portugal.	25 —
— de lavande extra-fine.	20 —
— de girofle.	10 —
— de menthe anglaise.	5 —
— de cannelle de Chine.	2 —
Acide acétique de bois à 8° Baumé.	1000 —

On mélange toutes ces substances en agitant fortement ; on laisse reposer pendant quelques jours, puis on filtre à travers un papier double sans colle.

Ce vinaigre est d'une belle couleur paille ; son parfum est aussi délicat que pénétrant et il blanchit instantanément dans l'eau. Quelques gouttes versées dans un verre d'eau suffisent pour former une lotion hygiénique éminemment propre aux divers usages de la toilette.

Les infusions, extraits et teintures alcooliques qui entrent dans la préparation de ce vinaigre, se préparent d'après les formules suivantes :

Teinture de benjoin

Alcool à 90° C.	2 litres
Benjoin en poudre	500 gram.

On laisse en contact pendant huit jours, en ayant soin de remuer plusieurs fois par jour ; on filtre et l'on conserve dans des flacons bien bouchés.

Teinture de fèves de Tonka

Alcool à 90° C.	2 litres
Fèves de Tonka en poudre.	500 gram.

On opère comme pour la teinture de benjoin.

Infusion d'iris de Florence

Alcool à 90° C.	2 litres
Iris de Florence en poudre.	500 gram.

On opère comme pour la teinture de benjoin.

Infusion de mélisse

Alcool à 90° C.	5 litres
Mélisse citronnée, sèche et mondée.	1 kilog.

Après huit jours d'infusion, on distille au bain-marie pour retirer quatre litres et demi de produit ; on ajoute 5 grammes d'ambre gris dissous préalablement dans 100 grammes d'alcool à 85° C.

Vinaigre aromatique hygiénique

Essence de cannelle.	2 gram.
— de girofle.	2 —
— de muscade.	1 —
— de néroli.	4 —
— de roses.	2 —
Teinture de tolu.	1 litre
— de benjoin.	1 —
— de storax.	2 —
Infusion d'iris.	1 —

Alcool à 85° C.	3 litres
Vinaigre de vin très fort.	1.50
Acide acétique.	50 centil.

On produit ainsi 10 litres. On dissout d'abord les essences dans l'alcool, on agite, et lorsque la dissolution est parfaite, on ajoute les teintures, l'infusion, on agite encore, et enfin l'on verse le vinaigre et l'acide acétique.

Vinaigre de toilette d'André Lormé

Alcool à 85° C.	5 litres
Vinaigre de bois à 8° Baumé.	500 gram.
Eau de fleurs d'oranger.	300 —
— de roses.	200 —

A l'exception de l'alcool, on mêle tous les liquides ensemble et l'on y fait infuser les substances suivantes, savoir :

Absinthe.	200 gram.
Racine impératoire.	200 —
Ambroisie en feuilles ou en tiges.	200 —
Fleurs de cannelle.	200 —

Après quinze jours ou un mois d'infusion, on passe le liquide à travers un linge serré et on le mélange avec les 5 litres d'alcool, dans lesquels on a fait préalablement dissoudre les essences, esprits et teintures ci-après :

Essence de lavande.	30 gram.
— de citron.	60 —
Teinture de cannelle.	200 —
— de girofle.	200 —
— de benjoin.	60 —
Esprit de mélisse.	1 kilog.
Teinture de baume de tolu.	60 gram.

Pour colorer la liqueur, on ajoute quelques grammes de curcuma ou d'orcanète en poudre. On mêle tous les liquides ensemble, et, après huit ou dix jours, on filtre à travers un papier sans colle.

Le vinaigre ainsi préparé a une odeur des plus suaves. Pour l'usage de la toilette, on l'emploie en solution dans l'eau.

Vinaigre de toilette dit anglais

Acide acétique épuré à 8° Baumé. .	100 gram.
Camphre en poudre.	120 —
Essence de lavande fine.	2 —
— de girofle.	4 —
— de cannelle.	2 —
Cochenille en poudre	5 —

On mélange toutes ces substances ensemble et on filtre au bout de quelques jours, puis on remplit des flacons de poche préalablement garnis de sulfate de potasse en grains.

Vinaigre hygiénique pour la barbe et les bains, d'André Lormé

Alcool à 85° C.	4 litres
Benjoin en poudre	60 gram.
Baume de tolu.	30 —
Iris de Florence en poudre.	60 —
Fèves de Tonka pilées.	40 —
Essence de citron.	20 —
— de cannelle.	10 —
— de girofle.	10 —
— de lavande.	10 —
Vinaigre de bois à 8° Baumé.	400 —

On mélange toutes ces matières ensemble et

on les laisse infuser pendant quinze jours au moins. Au bout de ce temps, on passe le liquide à travers une toile serrée ; pour l'avoir parfaitement limpide, on le filtre à travers un papier sans colle.

Ce vinaigre est un excellent cosmétique pour la barbe et les bains, et peut remplacer, avec avantage, la plupart des vinaigres de toilette qu'on trouve dans le commerce. Son odeur est très suave et il blanchit l'eau comme le vinaigre de Bully, dont il possède toutes les propriétés hygiéniques.

En faisant infuser les substances non dissoutes pendant huit jours avec deux litres d'alcool et 200 grammes d'acide acétique, on obtient un vinaigre n° 2 de très bonne qualité et d'un prix de revient peu élevé.

Vinaigre dentifrice

Racine de pyrèthre.	600 gram.
Cannelle.	80 —
Clous de girofle.	80 —
Essence de cochléaria artificielle.	7 —
Vinaigre bien blanc.	22 litres
Benjoin.	60 gram.

Concasser ensemble, puis laisser macérer quinze jours dans le vinaigre, et filtrer.

Vinaigre camphré

Vinaigre.	12 litres
Camphre.	250 gram.
Essence de lavande.	150 —

Vinaigre oriental

Lavande ambrée blanche.	20 litres
Essence de citron.	8 kilog.
— de verveine.	2.500
Infusion de benjoin.	1 litre

On laisse infuser pendant trente jours.

On prend ensuite :

Du liquide ci-dessus.	15 litres
Acide acétique pur.	2 —

On colore en vert, on agite et l'on filtre.

IV. VINAIGRES OBTENUS A LA FOIS PAR DISTILLATION ET PAR SOLUTION, NOMMÉS AUSSI EXTRAITS DE VINAIGRE.

Extrait de vinaigre de jasmin

On prend :

Vinaigre naturel.	60 litres
Fleurs d'oranger non mondées. . . .	2 kilog.

On distille le tout et on retire 30 litres, auxquels on ajoute de l'extrait de pommade ou esprit de jasmin, à la dose de 30 grammes par litre.

Extrait de vinaigre à l'œillet

On fait dissoudre, dans une petite quantité d'eau, 15 grammes d'extrait d'œillet ou d'esprit d'œillet, et l'on ajoute ce mélange à chaque litre de vinaigre au girofle.

Extrait de vinaigre à la vanille

On prend :

Vanille en poudre..............	185 gram.
Alcool à 90° C................	1 kilog.
Vinaigre blanc................	4 —

On fait infuser la vanille pendant huit jours dans l'esprit-de-vin ; on ajoute ensuite le vinaigre et l'on distille au bain de sable.

Le vinaigre de vanille ainsi préparé, on y ajoute, par litre, 15 grammes d'extrait ou d'essence de vanille fortement odorée.

Extrait de vinaigre à la tubéreuse

Dans 30 litres de bon vinaigre naturel de première qualité, on met un kilogramme de tubéreuse ; on distille le tout pour réduire à 15 litres. Cela fait, on ajoute à ce produit 375 grammes d'*extrait de pommade* à la tubéreuse, ou *esprit* fortement parfumé. Si l'on trouve que l'odeur n'est pas assez forte, on peut l'accroître avec quelques gouttes de bon néroli.

Extrait de vinaigre citronné à la verveine

Ce vinaigre, très simple, très odorant, d'un goût aromatique, peut se préparer à bon marché.

Pour l'obtenir, on met dans une carafe de verre du vinaigre blanc de moyenne force ; on la remplit seulement aux trois quarts, afin de pouvoir combler le vide avec des feuilles de citronnelle et de verveine (*verbena triphylla*), qu'on aura soin de faire sécher préalablement au soleil pour leur ôter toute humidité. On bouche bien la carafe et on la place, pendant trois jours, dans un lieu tempéré, sans cependant l'exposer au soleil. On soulève de temps à autre le bouchon et l'on secoue la carafe : on décante trois fois et, à chaque reprise, on ajoute moitié autant de feuilles fraîches, en ne laissant aussi macérer que la moitié du temps des premières. On met ensuite en flacons que l'on bouche fortement ; on filtre après avoir laissé reposer pendant huit jours.

Tel est le simple vinaigre citronné à la verveine.

En voici maintenant l'extrait :

A quatre litres de ce vinaigre, on ajoute un litre d'eau spiritueuse de lavande, dans laquelle on aura fait dissoudre 8 grammes d'essence de bergamote et 8 grammes d'essence de mélisse.

V. VINAIGRES DE SALUBRITÉ

Vinaigre anti-méphitique de Bully (1814)

Pour 7 litres environ :

Alcool fin	4 litr. 1/2
Essence de bergamote.	30 gram.
— de citron au zeste.	30 —
— de Portugal	12 —
— de romarin.	24 —
— de lavande.	8 —
— de néroli fin.	4 —
Esprit de mélisse.	3 décil.

Parfumeur. — *T. II.*

On agite le tout dans une bouteille et on laisse reposer vingt-quatre heures.

On ajoute après cela :

Infusion dite extrait de baume de tolu.	1/2 décil.
— de storax calamite.	1/2 —
— de benjoin.	1/2 —
— de girofle.	1/2 —

On remue le tout ensemble, on ajoute ensuite deux litres de bon vinaigre blanc, ou de préférence la même quantité de vinaigre distillé.

On filtre le tout et on ajoute 60 grammes de vinaigre radical.

Vinaigre aromatique de Bully (1818)

Eau.	7 litres
Alcool.	4 —
Essence de bergamote.	30 gram.
— de zestes de citron.	30 —
— de Portugal.	12 —
— de romarin.	23 —
— de lavande.	4 —
— de néroli.	4 —
Esprit de mélisse citronnée.	50 centil.

On agite de temps en temps et, après vingt-quatre heures, on ajoute :

Teinture de benjoin.	60 gram.
— de tolu.	60 —
— de storax.	60 —
Esprit de girofle.	10 centil.

On agite de nouveau, puis on ajoute :

Vinaigre distillé.	2 litres

On filtre au bout de douze heures et on ajoute encore :

Acide acétique (vinaigre radical). . . 90 gram.

Telle est la formule que Bully a donnée dans la spécification de son brevet ; mais on voit très bien qu'il est possible de la modifier de bien des manières et obtenir encore des vinaigres très suaves, où l'on peut faire dominer telle ou telle odeur, telle ou telle saveur.

Vinaigre aromatique et salubre

On prend une forte poignée de feuilles de sauge, autant de thym, de lavande et de romarin, que l'on met infuser dans un litre de vinaigre d'Orléans pendant vingt-quatre heures. Au bout de ce temps, on pile trois ou quatre gousses d'ail, que l'on jette dans ce vinaigre, avec une forte poignée de sel gris, et on le met au bain-marie pendant vingt-quatre heures. On passe ensuite et l'on met en bouteilles.

Vinaigre des quatre voleurs (1re formule)

Nous réunissons ici les différents procédés reçus pour bien préparer ce vinaigre si utile et si populaire.

Sommités sèches de cresson de Para.	60	gram.
— d'absinthe grande et petite.	60	—
— de romarin.	60	—
— de citronnelle.	60	—
— de sauge.	60	—
— de menthe.	60	—
— de rue.	60	—

Sommités de fleurs de lavande sèches.	60 gram.
— de thym	60 —
Ail	8 —
Racine d'*acorus calamus*	8 —
Cannelle fine	8 —
Girofle	8 —
Noix muscade	8 —
Vinaigre	8 lit. 1/2
Camphre dissous par l'alcool et l'acide acétique à 10° Baumé	15 gram.

Toutes ces substances sèches sont concassées et macérées, pendant quinze jours, dans une dame-jeanne que l'on place dans un lieu chaud. On les retire, on les passe et l'on filtre au papier joseph ; on ajoute ensuite le camphre dissous, et l'on mêle bien le tout ensemble.

Vinaigre des quatre voleurs, composé de Vergnes (2ᵉ formule)

Cannelle	90 gram.
Girofle	90 —
Macis	90 —
Noix muscade	90 —
Camphre	90 —
Ail	60 —
Huile volatile d'absinthe	260 centig.
— de romarin	260 —
— de rue	260 —
— de sauge	260 —
— de menthe	260 —
— de lavande	260 —
Vinaigre radical	1 kilog.
Vinaigre des quatre voleurs d'après le Codex	1 —

On concasse toutes ces substances et on les laisse macérer pendant huit jours ; on passe avec expression, on filtre et l'on conserve dans un flacon bien bouché.

Vinaigre des quatre voleurs, de Bertrand
(3ᵉ formule)

Dans 6 litres du plus fort vinaigre, on met deux poignées de sel.

Clous de girofle concassés......	60 gram.
Ail coupé par morceaux........	4 têtes
Racine de gentiane...........	125 gram.
Rue..................	2 poign.
Feuilles et côtes d'angélique.....	2 —
Baies de genièvre...........	60 gram.
Petite absinthe.............	2 poign.
Romarin................	2 —
Lavande................	2 —
Sauge.................	2 —
Menthe................	2 —
Mithridate..............	30 gram.
Assa fœtida.............	30 —
Deux oignons coupés par tranches.	

On fait infuser le tout, pendant six semaines, dans une cruche placée au soleil ; ensuite on passe le vinaigre à travers un linge fort, en exprimant bien le marc. Lorsqu'il est passé, on y ajoute 60 grammes de camphre que l'on fait dissoudre auparavant dans un décilitre d'esprit-de-vin et un demi-litre de vinaigre radical. On agite bien le tout et l'on filtre.

Vinaigre des quatre voleurs, de Laugier
(4ᵉ formule)

Vinaigre 1ʳᵉ qualité..	200 litres
Romarin sec.	750 gram.
Sauge fraîche.	750 —
Menthe.	750 —
Rue.	750 —
Fleurs de lavande.	750 —
Calamus.	750 —
Cannelle.	750 —
Ail.	750 —
Absinthe majeure.	6 kilog.
— mineure.	6 —

On distille les 200 litres de vinaigre sur les matières concassées ; on verse le tout sur une nouvelle quantité égale de matières, qu'on a le soin, cette fois, de pulvériser complètement. Avant de laisser infuser pendant le temps nécessaire à la confection de ce vinaigre, on en retire 25 litres, dans lesquels on fait dissoudre à chaud 500 grammes de camphre, et l'on ajoute à la dissolution vingt-cinq clous de girofle. Cette dernière matière est destinée à lui communiquer la couleur qu'il doit avoir. Le tout, ainsi disposé, reste constamment en contact, jusqu'à ce que la pièce soit achevée. Les résidus de cette opération peuvent servir à fabriquer une nouvelle quantité de vinaigre égale à la première.

VI. VINAIGRES DE PROPRIÉTÉS

Nous comprenons dans ce paragraphe les vinaigres de tous genres : infusés, distillés, préparés par solution et même par décoction. Sans nul doute, les *vinaigres de salubrité* sont aussi des vinaigres de propriétés, et de propriétés bienfaisantes ; mais les vinaigres contenus dans cette sixième série présentent des propriétés particulières.

Vinaigre de fard de Vénus

(Voyez *Fards*).

Vinaigre romain, ou vinaigre dentifrice

On mêle :

Vinaigre distillé.	1 litre
Crème de tartre en poudre impalpable.	8 gram.
Esprit simple de pyrèthre.	30 —

Vinaigre styptique pour effacer les rides

On fait bouillir, dans un litre de vinaigre, une poignée de feuilles de myrte, autant de feuilles de chêne ; on passe, on filtre et l'on mélange avec moitié de vinaigre rosat, fortement coloré de sang-dragon. Dans l'imprimé qui accompagnera les flacons de ce vinaigre, on recommandera d'en laver le soir la partie ridée et d'y appliquer une compresse qui en sera mouillée. Cela doit se faire en se couchant.

Vinaigre astringent au girofle

Dans deux litres de fort vinaigre on fait bouillir trois noix de galle vertes, une pincée de feuilles de sumac, quelques jeunes pousses d'arbousier et quatre clous de girofle. On passe et l'on parfume avec très peu d'essence de girofle. On se sert de ce vinaigre en étuvant et en mettant des compresses comme pour le précédent.

Vinaigre double, astringent, à la grenade

On prend encore, par égales parties, alun, sang-dragon, gomme arabique, suc d'acacia, feuilles de plantin, de renouée, de tormentille, fleurs et fruits de grenadier, capsules de glands, sorbes non mûres, roses de Provins ; on fait bouillir dans du vinaigre, on passe et l'on donne une belle couleur de grenade avec une quantité suffisante de teinture alcoolique de sang-dragon. L'on place une grenade coloriée sur les flacons, bien bouchés, qui renfermeront ce vinaigre. On l'applique au moyen de compresses.

Vinaigre scillitique pour éclaircir la voix

Lorsqu'on a besoin de parler ou de chanter, il est avantageux d'avoir la voix claire, le gosier dégagé de toute espèce d'enrouement pituitaire ; le vinaigre scillitique remplira cet objet. Il donne du ton à la glotte et à tous les organes qui servent au développement et au perfectionnement de la voix. Il suffit d'en mettre cinq à six gouttes dans un verre d'eau tiède et de s'en gargariser soir et matin, les jours où l'on a besoin de parler ou de chanter en public.

Squames de scilles sèches.	1 partie
Bon vinaigre rouge.	12 —
Alcool.	1/2 —

Après quinze jours de macération dans un vase fermé, on coule en exprimant et l'on filtre.

Vinaigre colchique pour le même objet

Racine de colchique.	30 gram.
Vinaigre rouge.	30 —

On monde ces racines fraîches, on les lave, puis on les coupe en tranches minces et on les fait digérer avec le vinaigre, pendant deux jours, à une douce chaleur. On passe ensuite en exprimant les racines ; on filtre la liqueur et on la conserve dans un vase bien bouché.

Vinaigre colchique à la rose

Vinaigre à 3° Baumé.	375 gram.
Racine de colchique fraîche et récoltée en automne.	90 —
Alcool.	24 —

On coupe par tranches très minces la racine de colchique et on la laisse infuser dans le vinaigre pendant quinze jours ; ensuite on exprime en ajoutant l'alcool.

Nous croyons qu'il vaut mieux employer 30 grammes d'alcool à 36° Cartier. On parfume avec quelques gouttes d'essence de roses et l'on colore avec l'orcanette.

Vinaigre résolutif et fondant, pour guérir les cors et les verrues

On mêle, par égales parties, du nitrate acide de mercure et du vinaigre rouge coloré par l'orcanette. Cette addition a pour but de déguiser aux acheteurs le mercure de nitrate acide, dont le nom pourrait les effrayer ; cependant, seul, ce nitrate guérit *parfaitement et radicalement* les cors et les verrues.

Ce vinaigre donc sera mis dans de petits flacons à bouchon de cristal : on devra s'en servir avec une légère barbe de plume ou un très petit pinceau, ou bien avec le bout allongé d'une paille, pour en humecter un peu les cors. Il faut se garder de l'employer à l'aide d'un objet métallique.

Vinaigre alcoolique contre les évanouissements

On mêle, par parties égales, de fort vinaigre concentré et de l'alcool à 36° Cartier. Pour en accroître la force, on peut ajouter, par litre, 2 gouttes d'éther. Cette composition est parfaite contre les faiblesses et les évanouissements.

Vinaigre de mille-pertuis pour ôter le rouge et le vinaigre de fard

On fait infuser, dans un litre de vinaigre blanc, 30 grammes de fleurs récentes de mille-pertuis, mondées de leur calice. Au bout de six jours d'infusion, on passe, on filtre et l'on ajoute 30 grammes de teinture alcoolique de Baume de tolu. Pour se servir de ce vinaigre, il faut le mêler avec autant d'eau de rivière.

VII. ESPRITS OU SELS DE VINAIGRE

Ce paragraphe ne comporte pas de longs développements. Nous allons donner d'abord les recettes de quelques *esprits aromatiques de vinaigre*, ou *sel essentiel de vinaigre*, car on donne ces deux noms à la même matière. Quoi qu'il en soit, ce sel n'est autre chose que du sulfate de potasse concassé, qu'on arrose avec cinquante ou soixante gouttes d'une essence quelconque dont on remplit un flacon en cristal.

Esprit aromatique de vinaigre, ou vinaigre anglais

Les esprits de vinaigre anglais jouissant d'une faveur particulière, le parfumeur sera satisfait sans doute de trouver ici quelques recettes de ces préparations.

On prend :

Acide acétique très concentré. . . .	250 gram.
Essence d'ambre.	528 centig.
— de lavande.	8 gram.
— de romarin.	4 —
Baume noir du Japon.	24 goutt.
Camphre.	4 gram.

On fait dissoudre le camphre dans l'acide acétique ; on y ajoute les essences et le baume du Japon. On laisse macérer pendant huit jours, en remuant de temps à autre ; on filtre ensuite et l'on conserve en bouchant bien.

Vinaigre anglais

Vinaigre de bois rectifié à 8°. . . .	1	kilog.
Camphre en poudre.	120	gram.
Essence de lavande extra-fine. . . .	2	—
— de girofle.	4	—
— de cannelle.	2	—
— cochenille en poudre. . . .	5	—

Cette préparation sert à garnir les flacons de poche, préalablement garnis de sulfate de potasse granulé.

Vinaigre radical aromatique, de Vergnes

Ail.	60 gram.
Camphre	4 —
Huile volatile d'absinthe.	8 —
— de romarin	8 —
— de menthe.	8 —
— de rue.	8 —
— de lavande.	8 —
— de sauge.	8 —
— de girofle.	8 —
Vinaigre radical.	375 —

On le prépare de la même manière que le vinaigre des quatre voleurs, du même chimiste.

Sel volatil aromatique anglais

On prend du carbonate d'ammoniaque en petits morceaux, les plus gros que l'on peut faire entrer dans un flacon que l'on remplit. On ajoute, pour 15 grammes de cette substance :

Essence de citron.	30 à 40 goutt.
— de girofle.	10 —
— de cannelle.	10 —

Cette préparation, qui se conserve longtemps, sert comme les sels volatils ordinaires.

CHAPITRE XVII

Des savons de toilette

Sommaire. — I. Savons durs. — II. Savons à froid. — III. Savons légers. — IV. Savons en poudre. — V. Essences de savon. — VI. Savons transparents. — VII. Savons mous ou crèmes. — VIII. Boules de savon. — IX. Savons mousseux. — X. Savons à barbe.

La plupart des savons de toilette sont des savons ordinaires, dans la fabrication desquels on fait entrer des matières premières de qualités choisies, et qui, pour la plupart, sont aromatisés avec une ou plusieurs substances aromatiques, et auxquels, enfin, on applique parfois certains modes particuliers de préparation.

Les matières qui entrent généralement dans la fabrication des savons de toilette sont :

1º Comme matières grasses : l'axonge ou graisse de porc, le suif de bœuf ou de mouton, l'huile de palme et l'huile de coco. Ces matières sont purifiées avec soin et blanchies au besoin. On se sert aussi pour quelques produits, de blanc de baleine, d'huile d'olive ou autre, de beurre de cacao et de pommades odorantes préparées à l'avance ;

2º Pour les lessives, des sels de soude ou de potasse, très blancs, marquant un haut degré alcalimétrique, et parfaitement exempts de sulfures ;

3° Pour donner la couleur, des matières colorantes empruntées aux règnes minéral, végétal ou animal ;

4° Pour les parfumer, on se sert de matières aromatiques en nature, d'essences, de teintures, d'infusions, d'huiles parfumées ;

5° Et pour donner du corps ou certaines propriétés, on y fait entrer des gommes, de la paraffine, de la cire, du miel.

Les savons de toilette à base de soude sont des savons durs ; ceux à base de potasse sont des savons mous ou crème de savon. Nous nous occuperons d'abord des premiers, dont l'emploi est le plus général et le plus étendu.

On conçoit que, dans ce Manuel, nous ne pouvons entrer dans les détails de la fabrication des savons de toilette, fabrication qui est en quelque sorte un art à part, et qui exige de la pratique et de l'habileté. Nous renverrons donc ceux qui désirent obtenir une connaissance plus approfondie dans cette branche d'industrie au *Traité complet de la Fabrication des Savons*, par M. G. Eugène Lormé, qui fait partie de l'ENCYCLOPÉDIE-RORET, et dans lequel cette fabrication est décrite avec toute l'autorité que peuvent donner de profondes connaissances dans les sciences chimiques, et une pratique longue et raisonnée. C'est là que l'on trouvera les détails les plus précis que nous n'aurions pu faire entrer dans cet ouvrage sans dépasser les limites prescrites. Nous empruntons à ce savant ouvrage les notions sommaires que nous présenterons sur cette fabrication, et la division même que l'auteur établit entre les savons de toilette.

Les diverses espèces de savons de toilette durs sont le savon blanc d'axonge, le savon de suif, le savon d'huile de palme, le savon de demi-palme et le savon d'huile de coco. Viennent ensuite les savons dits à froid et les savons de Windsor, puis les savons légers, dans lesquels on fait entrer de l'air, les savons en poudre, les essences de savon, les savons transparents et enfin les crèmes de savons mous.

I. SAVONS DURS

1º Le savon blanc de toilette de première qualité a pour base l'axonge ou graisse blanche de porc, dont nous avons fait connaître la préparation au paragraphe des pommades, page 32. On mélange à cette axonge de 5 à 10 0/0 d'huile de coco, pour rendre le savon plus doux et plus mousseux, et on empâte avec de la lessive de soude neuve à 8 ou 10 degrés ; on fait bouillir en brassant continuellement ; on sature avec de la lessive à 15 degrés, et, enfin, après trois à quatre heures d'ébullition, on termine l'empâtage par une lessive neuve à 20 degrés.

Pour opérer la séparation du savon des lessives aqueuses, on se sert d'une lessive de recuit bien limpide, marquant 20 à 25 degrés, qu'on y verse peu à peu, en agitant continuellement, ou bien d'une lessive de soude à 15 degrés, saturée de sel marin.

Le savon étant bien séparé de l'excès des lessives d'empâtage, on procède à sa cuite, qui a pour but de saturer complètement les acides gras par l'alcali caustique. Cette opération se pratique ordinairement en deux services de lessives neuves, incolores et pures, marquant 15 à 18 degrés pour le premier service, et 25 à 28 degrés pour le second.

Cette opération terminée, on évacue la lessive et on procède à l'épuration des grumeaux de savon ou liquidation, en ajoutant une lessive de sel de soude à 10 degrés, portant vivement le mélange à l'ébullition, agitant de temps à autre, puis lorsqu'au bout de quelques heures le savon est devenu liquide, on soutire la lessive et on la remplace par une autre à 5 degrés, et lorsque la liquidation est complète, on retire du feu, on brasse vivement, on laisse reposer douze à quinze heures, on enlève une couche d'écume qui recouvre le savon, on puise celui-ci et on le verse dans des mises, où, au bout de huit à dix jours, il a pris la consistance convenable.

2° Les savons de suif les plus blancs et les plus durs se font avec la graisse de mouton, à laquelle on ajoute 20 à 25 0/0 d'axonge. Ceux moins blancs, et auxquels on donne cependant la préférence, se font avec du suif de bœuf fondu bien pur et bien blanc. On y ajoute également de 5 à 10 0/0 d'huile de coco. L'empâtage se fait à peu près de même que précédemment ; mais l'opération est plus délicate et exige qu'on y apporte plus de précaution. La cuite ne diffère guère de celle des autres savons, seulement elle se fait en trois services. La liquidation s'exécute comme pour le savon d'axonge. Le savon de suif, épuré et mélangé au savon d'huile de palme, forme la base de tous les savons jaunes, que l'on trouve dans le commerce sous le nom de savons de guimauve.

3º Le savon d'huile de palme se mélange, comme on vient de le dire, en proportions variables, avec le savon de suif ou de graisses ; mais pour quelques savons de toilette, on saponifie quelquefois cette huile avec 5 à 10 0/0 d'huile de coco, afin de rendre le savon plus mousseux. On fait choix d'une huile de palme récente d'un beau jaune doré, d'une odeur aromatique ; on y mélange l'huile de coco, on empâte en trois opérations, on sépare comme pour tous les savons, on cuit de même et l'on procède à une liquidation bien ménagée. Ce savon est d'une belle couleur jaune, d'une odeur agréable, aromatique ; il produit une écume abondante et tenace.

4º Le savon demi-palme est le produit de la saponification d'un mélange d'huile de palme et de suif, et d'une petite quantité d'huile de coco ; on y ajoute aussi parfois 5 0/0 de résine jaune épurée. Ce savon est jaune pur quand il est fabriqué avec des matières de premier choix, d'une odeur aromatique, et est employé pour la préparation des savons de guimauve fins et demi-fins.

On prépare aussi des savons demi-palme en mélangeant à l'huile de palme des suifs communs, des graisses d'os, des huiles de poisson ; mais on n'obtient ainsi que des savons communs, propres aux arts et non à la toilette.

5° Les savons d'huile de coco sont souvent très caustiques, parce que la saturation des alcalis n'y est pas complète ; mais fabriqués avec soin, ces savons sont très beaux et très purs. On prend, pour les fabriquer, de l'huile de coco bien pure, des sels de soude marquant 80 à 85° alcalimétriques, un peu de potasse perlasse de première qualité, des alcalis que l'on a rendus caustiques en les traitant par la chaux. La saponification, pour éviter les avaries, doit se faire à la vapeur, et elle s'opère par une simple coction. On aromatise avec des essences et l'on colore, si on veut, avec l'orcanète, la cochenille ou de l'huile de palme.

Dans la fabrication de ces divers savons, il faut faire attention, lorsqu'on veut avoir des produits de bonne qualité, que, dans la chaudière à liquidation, il se forme, après le repos, trois couches distinctes. La première consiste en un savon d'écume ; la seconde, en bon savon épuré et marchand ; la troisième, en un savon plus liquide et plus coloré, dit savon impur ou savon noir. Pour avoir le bon savon, il faut donc enlever le savon d'écume et puiser le bon savon jusqu'au savon noir. Le savon d'écume et le savon impur sont utilisés dans une nouvelle cuite de bon savon. La quantité de ces derniers, comparativement au savon pur, varie suivant la nature des matières premières.

Dans les savons blancs d'axonge, 54 parties

en poids d'axonge et 6 d'huile de coco donnent 100 en poids de savon, qui se compose de 5 à 5,5 de savon d'écume, 82 à 83 de savon blanc et de 12 à 13 de savon impur.

Dans les savons de suif, 54 parties en poids de suif et 6 d'huile de coco donnent aussi 100 de produit. Celui-ci, après la liquidation, fournit 3 à 3,5 de savon d'écume, 82 à 83 de savon blanc et pur, et 13 à 16 de savon noir.

Avec le savon d'huile de palme, que l'on fabrique avec 56 d'huile de palme et 6 d'huile de coco, on obtient, sur 100 parties, 4 de savon d'écume, 85 de savon jaune et pur, et 11 de savon noir ou gras.

On introduit souvent aujourd'hui dans les savons de la cire d'abeilles, de la cire du Japon, ou autres cires végétales, de la stéarine, du blanc de baleine, diverses résines, ou des mélanges de ces substances.

Nous donnerons ici la description d'un appareil à fabriquer les savons de toilette, inventé par MM. Hodgson et E. Holden, dont nous trouvons la description dans le *Technologiste*, 23e année, page 305.

Cet appareil (fig. 20), représenté suivant une section verticale passant par le centre, se compose de deux montants parallèles en fonte A, A, boulonnés sur des blocs de bois ou des dés en pierre B, B, engagés dans le sol de l'atelier, et dont la face supérieure est au niveau C de celui-ci. La partie supérieure de chacun de ces montants reçoit un coussinet E, F, destiné à servir de point d'appui aux deux tourillons G et H du cylindre I. Le tourillon G de ce cylindre est de forme tubulaire pour livrer passage à de la vapeur, et est attaché au fond correspondant du cylindre par une grande embase J. Ce tube se continue à l'intérieur du cylindre, ainsi qu'on le voit en K, et la portion qui est ainsi à l'inté-

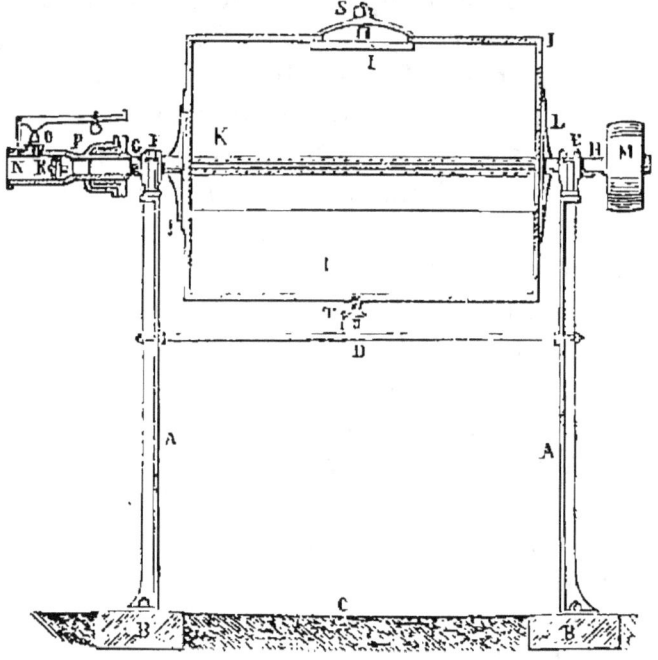

Fig. 20.

rieur est percée, dans sa longueur, d'un très grand nombre de trous fins. Le tourillon opposé H est solide et de même attaché par une large embase L, et, sur l'autre fond du cylindre I, il porte à son extrémité extérieure une poulie à courroie M, qui lui transmet le mouvement d'un moteur.

La vapeur est fournie au tube N qui est en communication directe avec un générateur, et porte une soupape de sûreté O avec un levier à poids pour pouvoir évacuer, au besoin, un excès de vapeur. Ce tuyau N est pourvu d'une boîte P munie d'un presse-étoupe, afin qu'il ne puisse s'échapper de vapeur entre le tube fixe N et le tube mobile G. Il existe en R, sur ce tuyau N, une soupape d'arrêt automatique pour le fermer dans cette direction, afin que les matières contenues dans le cylindre I ne puissent pas refluer dans le tuyau de la vapeur, quand la pression s'élève trop haut dans ce cylindre.

Les matières pour fabriquer le savon sont introduites par le trou d'homme S, tandis qu'un robinet de vidange T sert à les évacuer quand la chose est nécessaire. Lorsque ce cylindre a été chargé comme il convient, on le ferme hermétiquement, et on y fait arriver par les tuyaux N et G, dans le tuyau percé de trous K, la vapeur qui pénètre ces matières, pendant qu'on fait tourner le cylindre avec la vitesse que l'on juge à propos.

Avant l'admission de la vapeur dans le cylindre, on ouvre la soupape d'arrêt R, afin que cette vapeur chasse tout l'air contenu dans le cylindre, puis on la referme.

C'est ainsi que l'action de la vapeur, combinée avec le mouvement de rotation, provoque le travail de la saponification des matières contenues, de la manière la plus économique, la plus rapide et la plus efficace.

Lorsqu'on est arrivé au degré convenable de saponification, on arrête la vapeur, on extrait les matières du cylindre, que l'on recharge de matières qui sont soumises de nouveau à l'action de la vapeur et du mouvement rotatoire comme ci-dessus. Pour décharger ces matières, on ouvre le robinet T, et la vapeur a encore une force de tension suffisante pour les faire écouler rapidement.

On peut aussi rendre le cylindre I fixe et se contenter de faire tourner le tuyau perforé K, auquel on attache, dans ce cas, des bras creux et aussi percés de trous. Enfin on peut entourer le cylindre d'une enveloppe dans laquelle on fait circuler la vapeur, si on veut que celle-ci ne soit pas mise en contact direct avec les matières.

Nous donnons maintenant quelques formules pour la fabrication des savons parfumés, en rappelant que l'on peut varier à l'infini les essences que l'on combine au savon ; seulement il faut éviter d'y faire entrer celles qui se nuisent les unes les autres.

Savon blanc parfumé à l'huile de coco

Savon blanc à l'huile de coco	100	kilog.
Essence de citron par expression	125	gram.
— de carvi	150	—
— de romarin	75	—
— de thym	50	—
— de lavande fine	300	—
— de menthe ordinaire	100	—

Ces essences s'incorporent au savon aussitôt

qu'il a été versé dans la mise, et, au bout de quelques jours, il est assez ferme pour en être retiré et divisé en briques qu'on recoupe en tablettes.

Savon jaune parfumé de coco et de palme

Savon jaune de coco et de palme. .	100	kilog.
Essence de cannelle..	50	gram.
— de mirbane décolorée. . . .	75	—
— de thym.	200	—
— de girofle.	25	—
— de citron..	100	—
— de lavande.	200	—
— de romarin..	150	—

On opère comme ci-dessus.

Savon au miel

Savon brun.	100	kilog.
Essence d'aspic..	4	—
— de thym blanc.	3	—
— de fenouil.	1	—
— de lavande.	1	—
— de girofle..	1	—
— de romarin..	500	gram.
— de marjolaine.	500	—

Savon au miel anglais

Savon brun mousseux.	100	kilog.
Essence de girofle.	500	gram.
— de géranium.	250	—
— de citronnelle..	125	—
— de sassafras.	125	—

Savon Wilson, de Londres

Savon de suif de bœuf.	50	kilog.
— brun mousseux.	50	—

Essence de citronnelle. . . . . 300 gram.
— de girofle. . . . . 250 —

On découpe les pains à la mécanique, on mouille le savon avec de l'eau de roses ou de l'eau de fleurs d'oranger, s'il est trop sec ; on parfume et l'on mélange bien avec les essences. On lui fait faire deux ou trois passes, même cinq si on le juge nécessaire, et l'on passe au mortier pour faire les pains. Ensuite on pelote immédiatement, et aussitôt peloté on clayonne. On frappe les pelotes lorsqu'elles sont très sèches.

Savon hygiénique

Savon blanc de graisse de bœuf.. . 100 kilog.
Essence de girofle. . . . . 500 gram.
— de géranium des Indes. . . 250 —
— de sassafras. . . . . 250 —
— de carvi. . . . . 250 —

Savon au suc de laitue

Savon de suif de bœuf. . . . . 75 kilog.
— blanc mousseux. . . . . 25 —
Essence de géranium des Indes. . . 250 gram.
— — fine de Nice. . 125 —
— de girofle.. . . . . 350 —
— de bergamote composée. . . 250 —
— de mirbane.. . . . . 30 —
— de cannelle.. . . . . 45 —

Savon au suc de laitue (pour 100 kilog.)

Savon de suif de bœuf (brut), n° 1. 75 kilog.
— d'huile de coco (brut). . . . 25 —

On réduit en briques les pains de savon, on

les place sur la découpeuse d'une machine à broyer, qui les taille en copeaux ; on mélange la couleur avec :

Bichromate de potasse.	100 gram.
Bleu acide.	100 —
Vert..	100 —

Le mélange fait du savon avec la couleur, on lui fait subir deux passes entre deux cylindres de porphyre qui les réduisent en feuilles minces. Après cette opération, on transporte ce savon en feuilles au séchoir, on l'expose sur des châssis, en ayant soin de le tourner de temps en temps pour qu'il sèche plus vite ; quand il est sec, on le broie avec les mains et on l'humecte avec :

Eau double de fleurs d'oranger.	6 litres
— — de roses.	6 —
— — de mélisse.	6 —

Après y avoir incorporé cette eau, on le parfume avec :

Alcoolat de mélisse.	1 litre
Essence de cédrat.	252 gram.
— de bergamote.	175 —
— de citron.	188 —
— de néroli.	70 —
— de Portugal.	112 —
— de verveine.	56 —
— de menthe anglaise.	70 —
— de romarin.	56 —
— de thym.	56 —
— de roses.	50 —
Infusion d'ambre.	60 —

On ajoute par petites quantités les essences en remuant en tous sens ; on repasse la masse encore deux ou trois fois aux cylindres, que l'on a préalablement resserrés. Ces dernières opérations méritent d'être conduites avec le plus d'énergie possible, afin de ne laisser évaporer du parfum que le moins possible.

Enfin, on prend 3 kilogrammes de masse environ, que l'on pile fortement dans un mortier de bois jusqu'à ce qu'elle forme une calotte qui se détache d'elle-même et d'une seule pièce ; on en fait des pesées équivalentes au poids du pain de savon à débiter, c'est-à-dire 60 grammes pour le petit modèle, 90 grammes modèle moyen, et 125 grammes grand modèle. On les pelote sur un marbre de forme carrée ou ronde, et on les porte au séchoir.

On les frappe et on les enveloppe de même que les savons à froid, ainsi qu'il sera indiqué.

Savon lis et miel (pour 100 kilog.)

Savon de suif de bœuf n° 1......	75 kilog.
— d'huile de coco..........	25 —

Même couleur et même opération que pour le savon au suc de laitue.

On l'humecte avec 18 litres d'eau double de fleurs de lis, et l'on parfume avec :

Essence de roses vraie........	100 gram.
— de girofle..........	500 —
— de géranium de Nico....	250 —
— de citronnelle.........	125 —
— de sassafras.........	115 —

Enfin on opère comme pour la formule précédente.

II. SAVONS A FROID

Les savons à froid se préparent avec une lessive de cristaux de soude rendue parfaitement caustique par la chaux, c'est-à-dire exactement décarbonatée. On dissout ces cristaux dans l'eau bouillante pour en faire une lessive marquant 18 à 20° Baumé ; on y ajoute de la chaux récemment cuite et délayée dans l'eau, puis on soumet à une douce ébullition, et, lorsque la décomposition est complète, l'on retire du feu et on abandonne au repos. La chaux se dépose et l'on décante la lessive caustique, qui sert à préparer les savons de toilette à froid.

On emploie à cette fabrication le suif, la graisse, l'huile de coco et l'huile de palme, seuls ou combinés. La saponification s'opère dans de petits chaudrons en fonte, où l'on met la matière grasse en fusion, et sur laquelle on verse très lentement la lessive marquant 36°, en agitant continuellement pendant deux heures et jusqu'à ce que cette saponification soit complète. Lorsque la combinaison est bien assurée, on coule dans une mise en bois garnie intérieurement de toile, et, pendant que le savon est encore mou, on le parfume dès qu'il est versé dans la mise avec des essences. Au bout de quelques jours on retire de la mise, on coupe en morceaux du poids de 100 à 200 gr., on les fait sécher et on les frappe.

Une addition d'huile de coco rend ces savons

plus doux et plus détersifs, et on les colore en pâte avec du vermillon quand on veut un savon rose, avec de l'ocre brun pour la couleur cannelle.

Le savon jaune, dit guimauve, préparé à froid, est un mélange d'huile de palme, de suif et d'huile de coco ; on le parfume avec une combinaison de diverses essences.

Le savon Windsor est encore un savon à froid que l'on prépare avec le suif blanc très pur, de l'huile de coco de première qualité, une lessive de cristaux de soude à 30° et une lessive de potasse aussi à 30° du pèse-sel.

Nous reproduirons encore ici une instruction sur la composition et la fabrication des savons supérieurs de toilette qui nous a été communiquée par un savonnier-parfumeur. Afin de donner au lecteur une idée plus nette de ce mode de saponification, nous décrirons l'opération à la petite chaudière en fonte de la contenance de 250 litres environ.

On opère la fusion des matières grasses dans des bassines au bain-marie.

Ces matières étant entièrement fondues, on les réunit dans une seconde chaudière, chauffée au moyen d'un petit fourneau en tôle, dans lequel on brûle du charbon de bois. On incorpore aussitôt dans ces matières grasses fondues la quantité de couleur qui doit entrer dans la composition du savon ; ensuite on y plonge un thermomètre à mercure, et, lorsque la température du mélange a atteint 45 à 50°, on y verse très lentement, par filet le plus léger possible, la lessive caustique. On remue continuellement le mélange avec une spatule en bois jusqu'à l'entière saponification des matières. (Il est surtout important de ne pas élever la température au delà de 50° C., car, dans ce dernier cas, une partie de la lessive se séparerait des matières grasses, inconvénient qui n'a jamais lieu en opérant entre 40 et 50°). Lorsque la saponification est terminée, et on le reconnaît quand les matières grasses sont exactement combinées avec la lessive, on y incorpore, pour les savons fins, quelques pincées de gomme adragante en poudre impalpable ; on retire le petit fourneau de dessous la chaudière, et dès lors cette masse de mélange est agitée de plus en plus vivement jusqu'à ce que l'on s'aperçoive qu'elle devient d'une consistance plus ferme. On s'empresse alors d'y incorporer le parfum en agitant encore un moment pour bien opérer le mélange des essences, et l'on coule le savon dans la mise en bois garnie intérieurement de toile pour empêcher l'adhérence du savon contre les parois.

Pour 100 kilogrammes de matières, l'opération dure environ de deux à trois heures.

Dès que le savon est coulé, on enveloppe soigneusement la mise avec des linges communs et ordinaires destinés à cet usage, et on la place dans un lieu renfermé.

Au bout de quarante-huit heures, on peut retirer la mise ; on la divise en petits morceaux carrés du poids de 60 à 63 grammes pour le petit modèle, de 90 à 94 grammes pour le modèle moyen, et 125 à 130 grammes pour le grand modèle. Pour certaines qualités de savon, on dresse les bords par le moyen d'un rabot à angle fait exprès, et on les enveloppe immédiatement. Certaines autres qualités, après avoir été divisées en morceaux, sont introduites dans un séchoir, et, lorsqu'elles ont acquis une consistance suffisante, on en détache légèrement la superficie. On les frappe au maillet dans un moule à savon, et on soumet à la pression d'un balancier le savon enfermé dans un moule en cuivre divisé en deux pièces.

La manière d'envelopper les savons de toilette n'est pas indifférente ; mal enveloppés, leur parfum s'évapore : lorsqu'ils sont mis sous trois enveloppes, la première en papier de soie, la seconde en feuilles d'étain, la troisième en papier glacé, leur odeur se conserve fort longtemps.

Les savons de toilette à froid se parfument, pendant qu'ils sont encore mous, avec l'essence d'amandes amères ou l'essence de mirbane, dans la proportion de 200 grammes de la première et 400 grammes de la seconde, et avec l'essence de citron dans celle de 200 grammes. M. E. Lormé conseille de parfumer ces savons en y incorporant par 100 kilogrammes :

Essence de verveine.	150	gram.
— de lavande.	100	—
— de bergamote.	100	—
— de citron.	100	—
— de thym.	200	—

Les essences s'incorporent au savon avant de

verser dans la mise, et quelquefois, mais avec moins d'avantage, après cette opération.

Savon fleur d'Italie extra-fin (pour 120 kilog.)

Corps d'axonge à la vanille.	35 kilog.
Pommade de Grasse à la fleur d'oranger.	15 —
Huile à la rose.	10 —
— de coco.	10 —
Beurre de cacao.	5 —
Huile d'olive de 2ᵉ pression.	2 —
Cire vierge.	1 —
Lessive caustique.	39 —
Gomme adragante.	200 gram.

On fait fondre, dans une bassine au bain-marie, la cire vierge ; on y joint l'huile d'olive, ensuite le cacao et le coco ; toutes ces matières étant entièrement fondues, on les réunit avec la pommade et les corps parfumés, on agite avec énergie afin que le tout soit devenu en huile. On verse dans la chaudière, en y ajoutant la lessive, et enfin on opère comme il a été dit dans l'instruction précédente. On parfume encore avec :

Essence de néroli.	50 gram.
— de girofle.	100 —
— de bouquet anglais.	200 —
— de roses.	50 —
Teinture d'ambre.	25 —
— de musc.	25 —

Savon jonquille extra-fin (pour 120 kilog.)

Pommade de Grasse à la fleur d'oranger.	25 kilog.

Pommade de Grasse à la tubéreuse.	25 kilog.
— — au jasmin.	20 —
Huile de Grasse au jasmin.	8 —
Cire vierge.	2 —
Lessive caustique.	40 —
Gomme adragante.	100 gram.

On opère de même que pour la précédente formule. Pour donner à ce savon une couleur un peu jaune, on fait bouillir, pendant cinq minutes, 40 grammes de rocou dans 120 centilitres de lessive de sel de soude à 10°. On passe la liqueur à travers un linge et on verse dans la pâte de savon, puis on parfume avec :

Teinture concentrée de styrax.	600 gram.
Baume du Pérou, liquide.	250 —
Teinture de musc.	200 —
— d'ambre.	200 —

On fait fondre la cire vierge et on y verse le baume du Pérou pour le faire dissoudre, et on continue l'opération comme précédemment.

Savon benjoin extra-fin (pour 120 kilog.)

Corps d'axonge au benjoin.	40 kilog.
— — aux fleurs de benjoin.	14 —
Huile d'olive de 2ᵉ pression.	10 —
— de coco.	15 —
Lessive caustique.	40 —
Gomme adragante.	180 gram.
Cire vierge.	1 kilog.

On agit comme précédemment et l'on parfume avec :

Essence de bergamote.	400 gram.
— de citron.	300 —

SAVONS A FROID

Poudre impalpable de fleurs de benjoin.	200 gram.
Essence de roses.	30 —
— de lavande.	30 —
Teinture de benjoin.	800 —

Savon ambre extra-fin (pour 120 kilog.)

Corps d'axonge à l'ambre musqué.	40 kilog.
Pommade de Grasse au jasmin.	20 —
Corps d'axonge à l'ambrette.	10 —
Huile à la rose.	10 —
Cire vierge.	500 gram.
Lessive caustique.	38 —
Gomme adragante.	150 —

On opère comme précédemment et l'on ajoute comme parfum :

Teinture d'ambre composée.	1 kilog.
Extrait de lavande Mitcham.	1 —

Savon mille-fleurs extra-fin (pour 120 kilog.)

Corps d'axonge à la vanille.	30 kilog.
— — à l'ambrette.	25 —
Pommade de Grasse à la rose.	15 —
Huile à la rose.	10 —
Cire vierge.	1 —
Beurre de cacao.	3 —
Lessive caustique.	38 gram.
Gomme adragante.	200 —

On opère comme pour les formules précédentes. On parfume avec :

Essence de lavande.	80 gram.
— de citron.	100 —
— de bergamote.	50 —

Essence de girofle..	25 gram.
— de géranium.	25 —
Teinture d'ambre..	20 —
— de musc..	10 —
— de civette.	4 —

Savon au miel d'Angleterre extra-fin
(pour 60 kilog.)

Pommade de Grasse à la tubéreuse.	15 kilog.
— — au jasmin.	10 —
Huile au jasmin.	5 —
Corps de vanille à l'axonge.	5 —
— d'iris de Florence à l'axonge..	5 —
— de benjoin.	1 —
Cire vierge..	1 —
Lessive caustique..	20 —
Gomme adragante.	150 —

On opère de même que précédemment et l'on parfume avec :

Extrait de miel d'Angleterre.	60 centil.
Teinture de musc.	60 gram.
— d'ambre..	60 —
— de civette.	20 —
Essence de roses.	40 —
— de girofle..	30 —
— de bergamote.	60 —

Savon à la maréchale extra-fin, cosmétique
et hygiénique (pour 61 kilog.)

Corps à la maréchale (d'axonge)..	24 kilog.
Pommade de Grasse au jasmin.	3 —
— — à la fleur d'oranger.	3 —
Pommade de Grasse à la tubéreuse.	3 —
— — à la cassie.	3 —

Corps d'axonge à l'ambre.	1 kilog.
— — au musc.	500 gram.
Huile d'olive, 2ᵉ pression.	2 kilog.
Cire vierge.	500 gram.
Huile de coco.	2 kilog.
Lessive caustique.	19 —
Gomme adragante.	160 gram.

On opère avec beaucoup de précaution pour la fabrication de ce savon ; on ne doit pas laisser trop longtemps sur le feu les bassines qui contiennent les pommades, et l'on doit opérer le plus promptement possible. On parfume avec :

Teinture à la maréchale composée..	500 gram.

Savon au bouquet extra-fin (pour 60 kilog.)

Corps d'axonge purifié.	25 kilog.
Huile de coco.	10 —
— d'olive, 2ᵉ pression.	5 —
Cire vierge.	1 —
Lessive caustique.	19 —
Gomme adragante.	125 gram.

On opère comme pour la précédente formule et l'on parfume avec :

Essence de bergamote.	480 gram.
— de girofle.	90 —
— de néroli.	90 —
— de sassafras.	60 —
— de thym.	60 —

Savon au suc de concombre extra-fin

On prépare la lessive pour la fabrication de ce savon, en faisant dissoudre 1 kilogramme de potasse perlasse dans 50 litres de lessive de sel de soude neuve et caustique de 27 à 28 degrés.

Après la dissolution de la potasse, la lessive marque 30° environ. On laisse reposer pendant douze heures au plus, et l'on décante la lessive claire qui surnage au-dessus d'un léger dépôt, occasionné par les matières hétérogènes renfermées dans la potasse.

La saponification s'opère dans des chaudières en fer battu ou en fonte, chauffées à nu ou à la vapeur. Il serait cependant infiniment préférable de pouvoir les chauffer à la vapeur ; car, dans cette fabrication, le savon est intimement lié avec la lessive, et il faut beaucoup d'attention de la part de l'opérateur pour qu'il ne s'attache pas sur le fond de la chaudière, quand celle-ci est chauffée à feu nu.

Pour la capacité de la chaudière, elle varie suivant l'importance de l'opération. En admettant que l'on veuille préparer 100 kilogrammes de savon, on dépose dans une chaudière de fer ou de fonte, de la contenance de 4 à 5 hectolitres, 40 kilogrammes d'huile de coco bien épurée avec 10 kilogrammes de lessive à 30°, incolore et parfaitement limpide, préparée par le procédé indiqué ci-dessus.

Tout étant ainsi disposé, on chauffe la chaudière, et, pour accélérer la combinaison des matières, il convient d'agiter de temps en temps le mélange avec un râble. Sous l'influence de la chaleur, la matière, qui s'était d'abord grumelée, se ramollit et se liquéfie. On continue à chauffer lentement et graduellement jusqu'au moment où la combinaison entre l'huile et la lessive est opérée, ce qui a ordinairement lieu quand l'ébullition commence à se manifester.

Arrivé au point de cuisson convenable, le savon a l'aspect d'une pâte fluide, homogène et d'apparence sirupeuse. Sa couleur est alors d'un blanc légèrement ambré : il file et forme le ruban comme de l'empois bien cuit.

Il est inutile de faire bouillir : on retire alors le feu ; et si, au contraire, il arrive que le mélange commence à bouillir, qu'une certaine quantité d'huile vienne nager à la surface de la pâte, on parvient à la combiner à la masse saponifiée par une addition de 4 à 5 litres d'eau pure. Après une agitation de quelques minutes, l'homogénéité du savon est rétablie, et la combinaison des matières est parfaite. Le feu ayant été enlevé, on continue d'agiter le mélange, pour arriver le plus vite possible à amener la masse à une température peu élevée, afin de pouvoir y incorporer le parfum que voici :

Essence de concombre..........	100	gram.
— de bergamote.........	300	—
— de girofle..........	38	—
— de géranium de Nice.....	185	—

Aussitôt après avoir incorporé les essences, on verse dans la mise.

Au bout de cinq à six jours, le savon est assez ferme pour être retiré de la mise ; on le divise en plaques, puis en briques, et enfin en petites tablettes, comme pour les savons à froid.

Fabrication du savon à l'huile de coco, savon très blanc (pour 100 kilog.)

Huile de coco bien épurée et bien blanche.	50 kilog.
Lessive à 30°, incolore et parfaitement limpide.	50 —

Même lessive que celle employée pour le savon de concombre, et l'on opère de la même manière. On parfume avec 8 grammes d'essence par kilogramme de savon (dans la combinaison du parfum). En voici un qui s'accorde très bien :

Essence de menthe anglaise.	165 gram.
— de sauge.	165 —
— de thym.	165 —
— de lavande.	100 —
— de romarin.	100 —
— de serpolet.	105 —

Savon rose d'huile de coco

La composition est la même que pour le savon blanc ci-dessus ; celui-ci diffère seulement par la couleur. Pour le rendre rose, on incorpore dans la pâte, avant que d'y verser la lessive, de 5 à 8 grammes de vermillon par kilogramme de savon, suivant la nuance de rose qu'on veut obtenir, et l'on parfume (avant de verser dans la mise) avec :

Essence de roses.	240 gram.
— de néroli de Paris.	160 —
— de cannelle de Chine.	80 —
— de géranium de Nice.	150 —
— de bergamote.	150 —

Ou bien :

Essence de roses.	300 gram.
— de géranium de Nice.	500 —
— de cannelle.	100 —
— de girofle.	120 —
— de bergamote.	300 —

Savon cannelle à l'huile de coco

On prépare le savon à l'huile de coco comme à l'ordinaire, et on lui donne une couleur brune avec l'ocre brune, ou mieux du brun de Prusse ou de la terre de Sienne dans des proportions qui varient depuis 500 jusqu'à 1,500 grammes par 100 kilogrammes de savon, suivant la nuance qu'on veut obtenir, puis on parfume avec :

Essence de cannelle.	800 gram.
— de girofle.	100 —
— de sassafras.	150 —
— de bergamote	100 —
— de citron.	500 —

Savon jaune dit de guimauve

On prend, suivant M. E. Lormé, pour fabriquer ce savon d'une belle qualité :

Suif très blanc.	25 kilog.
Huile de coco épurée.	15 —
— de palme épurée.	10 —
Lessive de sel de soude à 36°.	26 —

On opère comme à l'ordinaire et l'on donne un parfum très suave pour 100 de savon avec :

Essence de lavande fine.	660 gram.
— de citron exprimé.	130 —

Essence de verveine..............	65 gram.
— de menthe anglaise......	12 —
— de néroli petit grain.....	40 —

Savon de mucilage de pépins de coings

On prépare ce mucilage en faisant légèrement bouillir 500 grammes de pépins de coings dans 15 à 16 litres d'eau, et, après réduction suffisante, l'on passe au tamis. Puis on mélange ce mucilage avec les autres matières qui servent à la fabrication, par exemple, de 8 à 10 kilogrammes de savon.

On prépare un bon savon de toilette en combinant 30 grammes de mucilage avec 500 gr. de savon blanc. On fait fondre celui-ci, on y mélange complètement le mucilage, on aromatise et l'on met en moule. Pour les sortes plus fines, on double, on triple ou l'on quadruple la dose du mucilage, suivant qu'on veut rendre le savon plus doux et plus émollient. Si le savon devient trop mou ou ne se moule plus, on le débite en pots pour la barbe.

Savon mousseux de guimauve

Huile de coco.................	40 kilog.
— de palme naturelle.......	4 —
— de caméline..............	3 —
Résine colophane..............	3 —
Lessive à 30°.................	50 —

On opère comme dans la formule précédente. Après avoir versé la lessive, on incorpore :

Gomme adragante.............	300 gram.

Et si, vers la fin de l'opération, une certaine quantité d'huile nage à la surface de la pâte, on parvient à la combiner à la masse saponifiée par une addition de 4 à 5 litres d'eau pure. Le feu préalablement enlevé, on incorpore, avant de verser dans la mise, le parfum ci-dessous :

Essence de girofle.	1	kilog.
— de cannelle..	500	gram.
— de Portugal.	1	kil. 500
— de thym.	1 —	500

Et l'on opère en tout comme pour les savons précédents.

Savon hygiénique dulcifié au lactarium

Le savon au lactarium, étant essentiellement médical, mérite une distinction particulière entre tous les savons fabriqués jusqu'à ce jour. Les dames et les enfants, dont la peau, d'une excessive délicatesse, subit plus facilement l'influence irritante des saisons, obtiendront d'excellents résultats de l'usage habituel de ce savon.

Crème lactarine.	7	kilog.
Blanc de baleine.	1	—
Cire blanche.	2	—
Huile d'amandes douces.	3	—
— de coco.	14	—
Corps d'axonge.	15	—
Lessive caustique..	19	—
Gomme adragante.	110	gram.

On opère comme pour les formules précédentes et l'on parfume avec :

Essence d'amandes amères.	80 gram.
— de bergamote.	350 —
— de girofle.	40 —
— de géranium.	150 —

On ajoute à la pâte de savon avant de parfumer :

Amandes mondées.	250 gram.
Farine de riz.	60 —
Poudre d'iris de Florence.	25 —
— de savon blanc.	25 —

On mêle et l'on pulvérise toutes ces substances qu'on incorpore comme il est indiqué ci-dessus.

Savon amygdalin idéaliné ou suc laiteux de framboise

Ce nouveau produit, dont la mousse forme une lotion douce et abondante, est un des savons de toilette le plus convenable pour les personnes qui se savonnent la figure et le corps, ou pour celles qui se servent du savon solide pour la barbe. Il est parfumé et préparé avec le suc rosé des framboises. Son parfum naturel et frais lui a valu la préférence de la part des personnes nerveuses qui ne supportent pas les odeurs irritantes.

Savon de suif de bœuf, 1re qualité.	70 kilog.
— d'huile de coco.	30 —

On colore en rose clair, et l'on opère comme pour le savon au suc de laitue.

On l'humecte avec 17 litres eau double de framboises, et l'on parfume avec :

Poudre impalpable rosée à la framboise..................	500 gram.
Infusion très concentrée de framboises...................	2 litres
Baume Peter's-balm.............	200 gram.
Essence de roses................	100 —
Teinture d'ambre...............	60 —

Savon cold-cream solidifié ou lait virginal

Ce savon se distingue des autres par la douceur de sa pâte et la mousse abondante qu'il produit quand on s'en sert. Son titre indique assez ses qualités émollientes.

Corps d'axonge.................	15 kilog.
Huile de coco...................	14 —
— d'amandes douces........	3 —
Blanc de baleine................	1 —
Cire blanche....................	2 —
Cold-cream.....................	7 —
Lessive caustique...............	19 —
Gomme adragante..............	110 gram.

On opère comme précédemment, et l'on parfume avec :

Essence d'amandes amères......	80 gram.
— de bergamote............	350 —
— de girofle...............	40 —
— de géranium.............	150 —

Savon à la rose (pour 120 kilog.)

Corps d'axonge purifié..........	40 kilog.
Huile de coco...................	20 —
Beurre de cacao.................	12 —
Huile d'olive de 2ᵉ pression......	8 —

Lessive caustique..............	40 kilog.
Gomme adragante.............	150 gram.
Vermillon pour la couleur.....	600 —

On opère comme il a été indiqué précédemment, et l'on incorpore les essences dans la pâte de savon, avant de la couler dans la mise :

Essence de roses...............	300 gram.
— de néroli de Paris......	200 —
— de cannelle de Chine....	100 —
— de géranium de Nice....	400 —
— de bergamote...........	400 —

Savon à la rose, n° 1

Pâte de savon rose.............	20 kilog.
Infusion de styrax.............	15 gram.
Essence de civette............	5 —
— de musc..............	10 —
— de bergamote........	5 —
— de thym.............	1 —
— de roses.............	90 —
Bois de Rhodes en poudre impalpable.	100 —

Savon à la rose, n° 2

Pâte de savon rose.............	20 kilog.
Essence de bois de Rhodes......	100 gram.
— de roses.............	32 —
— fine de girofle........	20 —
— de civette...........	8 —
— de thym.............	2 —
— de bergamote.........	10 —
Infusion de styrax.............	10 —

Savon à la rose, n° 3

Pâte de savon rose.............	12 kilog.
Bois de Rhodes................	60 gram.

Essence de roses.	15 gram.
— de girofle..	30 —
— de civette.	2 —
— de thym.	1 —
— de bergamote.	5 —

Observation. — La douzaine de savons pèse 1,200 grammes.

Savon à la rose, n° 4

Pâte de savon rose.	17 kil. 500
Bois de Rhodes..	90 gram.
Essence de roses.	28 —
— de girofle..	17 —
— de civette.	7 —
— de thym.	2 —
— de bergamote.	8 —
Infusion de styrax.	8 —

Savon à la rose, n° 5

Essence artificielle de roses moussues.	40 gram.
Géraniol.	12 —
Citronellol.	8 —
Alcool phényléthylique.	4 —
Pâte de savon rose.	18 kilog.

Savon aux violettes des bois, extra-fin (pour 60 kilog.)

Pommade de Grasse à la cassie. . .	21 kilog.
— — au jasmin. . .	2 —
Huile de Grasse au jasmin.	5 —
Corps d'iris à l'axonge.	7 —
— d'ambrette à l'axonge. . . .	7 —
Cire vierge.	1 —
Lessive caustique..	18 —
Gomme adragante.	135 gram.

17.

On opère comme précédemment, et l'on parfume avec :

Teinture d'iris de Florence.	20 centil.
— d'ambrette.	20 —
Essence de géranium de Nice.	300 gram.
— de bergamote.	300 —

Savon à la violette

Pâte de savon violette.	60 kilog.
Ionone.	140 gram.
Essence artificielle de roses.	20 —
Benjoin.	25 —

Savon aux violettes de Parme, extra-fin (pour 60 kilog.)

Pommade de Grasse à la violette.	24 kilog.
Huile de jasmin.	2 —
— à la rose.	2 —
— à la cassie.	2 —
— de palme purifiée.	10 —
Cire vierge.	1 —
Lessive caustique.	19 —
Gomme adragante.	150 gram.

On opère comme précédemment, et l'on parfume avec :

Essence de bouquet anglais.	400 gram.
— d'iris.	200 —
Extrait de violette.	500 —

Savon hygiénique extra-fin (pour 60 kilog.)

Pommade de Grasse, à la fleur d'oranger.	10 kilog.
Pommade de Grasse, à la rose.	9 —
Huile de coco.	10 —

Huile de palme purifiée..........	5 kilog.
— d'olive, 2ᵉ pression........	5 —
Cire vierge................	1 —
Lessive caustique............	19 —
Gomme adragante............	150 gram.

On agit comme précédemment, et l'on parfume avec :

Teinture de benjoin...........	1 litre
Essence de bergamote........	400 gram.
— de citron.............	62 —
— de santal.............	50 —
— de girofle............	50 —
— de géranium de Nice....	100 —
— de lavande anglaise......	35 —
— de cannelle...........	12 —
— de citronnelle.........	7 —

Savon impérial français, extra-fin (pour 60 kilog.)

Pommade de Grasse, à la rose...	10 kilog.
Pommade de Grasse, à la fleur d'oranger.............	8 —
Corps d'ambre, à l'axonge......	6 —
Extrait de pommade au musc....	3 —
— — à la vanille..	3 —
Huile de palme purifiée........	4 —
— de coco.............	4 —
— d'olive, 2ᵉ pression......	4 —
Cire vierge................	1 kil. 500
Lessive caustique............	19 kilog.
Gomme adragante............	130 gram.
Corps de poudre de mousseline...	50 —

On incorpore le corps de poudre de mousseline avec la gomme adragante après avoir versé la lessive caustique, on opère en tout comme dans la précédente indication, et l'on parfume avec :

Extrait de lavande Mitcham....	1 litre
Essence de girofle............	30 gram.
— de bergamote........	250 —
— de santal...........	60 —
— de géranium de Nice....	60 —
— de roses...........	22 —
— de citronnelle.......	5 —
Teinture de styrax...........	125 —
— de baume du Pérou....	60 —

Savon à la mousseline, extra-fin (pour 60 kilog.)

Corps d'axonge............	8 kilog.
Huile de coco..............	8 —
Beurre de cacao...........	6 —
Huile d'amandes douces....	3 —
— d'olive de 2ᵉ pression.....	3 —
Infusion de millepertuis (dans l'huile d'olive de 2ᵉ pression)........	4 —
Huile de palme purifiée........	6 —
Blanc de baleine...........	1 —
Cire vierge................	1 —
Lessive caustique..........	19 —
Gomme adragante.........	200 gram.

On met fondre dans une bassine au bain-marie la cire vierge et le blanc de baleine, et l'on agit comme pour la formule précédente, on parfume avec :

Extrait de mousseline........	1 litre
Corps de poudre de mousseline...	100 gram.

On incorpore le corps de mousseline en même temps que l'extrait de mousseline avant de verser le savon dans la mise ainsi que :

Corps de poudre d'ambre.	10 gram.
— — de musc.	5 —
Teinture de civette.	5 —

Savon au musc, extra-fin (pour 120 kilog.)

Huile de baleine.	20 kilog.
Corps d'axonge.	40 —
Huile de coco.	12 —
— d'olive de 2ᵉ pression.	8 —
Lessive caustique.	40 —
Gomme adragante.	115 gram.

On opère comme précédemment, et l'on ajoute :

Essence de bergamote.	500 gram.
— de roses.	50 —
— de girofle.	50 —
Teinture de musc.	100 —

On emploie 500 grammes de brun de Prusse ou de la terre de Sienne pour ces 100 kilogrammes de savon pour donner la couleur.

Savon médicinal, extra-fin (pour 120 kilog.)

Corps d'axonge purifié.	40 kilog.
Huile de fleurs de lis (infusion). . .	16 —
— de coco.	12 —
— d'amandes douces.	8 —
Cire vierge.	4 —
Lessive caustique.	40 —
Gomme adragante.	150 gram.

On opère comme aux précédentes indications, et l'on incorpore dans la pâte le parfum ci-joint :

Essence de citronnelle.	300 gram.
— de verveine..	200 —
— de menthe anglaise..	150 —
Teinture d'ambre..	80 —
— de musc..	60 —
— de civette.	10 —

Savons à la glycérine

La glycérine ou principe doux des corps gras et des huiles, qu'on obtient aujourd'hui en quantité considérable dans la fabrication des acides gras, a donné lieu, par suite des propriétés réelles ou imaginaires qu'on a attribuées à ce corps, aux applications nombreuses qu'on en a fait à divers produits industriels ; parmi ces applications, il faut surtout compter la fabrication des savons à la glycérine, mais ces savons auxquels on attribue des propriétés hygiéniques et cosmétiques étant assez souvent des savons mous ou crèmes, nous renvoyons plus loin les détails que nous nous proposons de présenter sur leur fabrication.

Savon de Windsor, pour la barbe

Ce savon est composé de la manière suivante : on prend pour 100 kilogrammes de savon :

Suif blanc très pur..	33 kilog.
Huile de coco, 1ʳᵉ qualité..	16 —
Lessive de cristaux de soude à 30°.	28 —
— de potasse à 30°.	5 —

On manipule comme pour ces sortes de savon, et l'on parfume avec :

Essence de carvi............	160	gram.
— de bergamote..........	240	—
— de Portugal..........	40	—
— de girofle............	8	—
— de lavande..........	80	—
— de thym............	80	—

On ajoute les essences quelques minutes avant de couler dans la mise, et quand le savon est devenu solide, on le divise en morceaux qu'on fait sécher, puis, quand ils sont secs, qu'on frotte pour leur enlever une poussière adhérente, avec un linge bien sec, et enfin qu'on frappe dans un moule.

III. SAVONS LÉGERS

Les savons légers doivent cette propriété à l'introduction, dans leur pâte, d'une certaine quantité d'air qui en augmente la porosité et le volume.

Pour opérer, on prend du beau savon de suif qu'on réduit en copeaux minces, et que l'on fond avec environ moitié de son poids d'eau bien pure. Puis, quand ce savon est en fusion, on fait descendre dans la chaudière, posée sur un bain-marie, un battoir auquel on communique un mouvement de rotation alternatif au moyen d'un moteur quelconque ; lorsque la température de la dissolution est descendue à 70 à 80° C., le savon devient mousseux et forme une mousse abondante qui s'y incorpore par le mouvement. Arrivé à cet état, on retire du bain-marie, et après une demi-heure de repos, on coule dans des mises sur une épaisseur de 15 à 20 centimètres. Au bout de huit jours on retire des mises, on coupe en briques ou on divise en tablettes. On colore assez généralement ce savon en rose avec du vermillon, et on l'aromatise avec des essences.

IV. SAVONS EN POUDRE

Les savons en poudre ont une réaction légèrement alcaline et sont complètement solubles dans l'eau pure et l'alcool bouillant.

On fabrique souvent le savon de toilette en poudre, en pilant dans un mortier de marbre des râclures provenant du grattage des pains de savon qui doivent être moulés, et on sépare au tamis la partie la plus fine.

Mais pour préparer directement la poudre de savon, on prend des briques de savon blanc épuré de graisse ou de suif, on réduit en copeaux très minces avec une découpeuse ; on étend sur des feuilles de papier blanc, on fait sécher à l'air ou dans une étuve, et lorsque la pâte est sèche, on pile dans le mortier fermé, et enfin on tamise.

On aromatise avec l'essence d'amandes amères ou toute autre, avant de réduire en poudre, et on colore en rose avec le vermillon, en jaune avec la gomme-gutte, etc.

La poudre de savon est excellente pour la barbe, les mains et les bains, mais elle est hygrométrique et doit être renfermée dans des flacons ou des vases bien bouchés.

Poudre de savon de Windsor

On prend du savon de Windsor, le plus blanc possible et le plus sec ; on le pile et on le passe au tamis fin ; on le fait fondre au bain-marie ; lorsqu'il est fondu, on le coule dans une caisse, et lorsqu'il est refroidi et pris, on le coupe par petites tranches, et on le fait sécher pour le piler et le tamiser ; on choisit toujours pour cette opération la belle saison.

Poudre de savon au beurre de Galam

On prend une partie de beurre de Galam et une partie de bon savon blanc, on coupe par morceaux bien minces. Après avoir eu soin de le nettoyer, on le met dans un chaudron au bain-marie, au feu le plus doux possible, pour que le savon ne se fonde pas, mais afin qu'il se sèche ; on le tourne de cette manière jusqu'à ce qu'il soit bien sec, et ensuite on le met en poudre et l'on tamise.

Poudre de savon onctueuse

Après avoir fait monter le savon comme nous l'avons indiqué ci-dessus pour le savon demi-lourd, et, après qu'il est pris, on le coupe par tranches minces pour le faire sécher ; lorsqu'il est sec, on pile et on tamise ; celui-ci est plus léger que l'autre, et mousse plus promptement. Quand on fait les pains de savon blanc, les râclures de ces pains peuvent servir à faire de la poudre.

Poudre de savon, parfumée à toutes odeurs

Cette poudre se parfume en mettant, lorsque le savon est fondu et presque monté, la même quantité d'essence que pour les pains de savon, c'est-à-dire, pour 3 kilogrammes de savon, on emploie :

Essence de bergamote.	125 gram.
— de citron.	30 —
— de Portugal.	15 —
Huile essentielle d'anis ou de fenouil.	15 —

On parfume à toutes autres odeurs que l'on désire. La poudre faite avec le savon lourd peut se parfumer de même.

V. ESSENCES DE SAVON

On donne le nom d'essences de savon à des dissolutions de savon dans l'alcool.

Pour préparer ces essences, on dissout le savon à chaud dans l'alcool à 80° ou 85° C., et on fait choix, pour cet objet, des savons d'huiles végétales et surtout d'huile d'olive, qui conservent toute leur limpidité ; on le coupe en rubans très minces qu'on introduit dans un flacon contenant de l'alcool et quelques grammes de potasse, on fait dissoudre doucement au bain-marie en agitant avec une baguette en verre, et lorsque la dissolution est complète, on enlève du bain-marie, on ajoute les essences pour aromatiser, on colore s'il est nécessaire, et après deux heures de repos, lorsque la dissolution est devenue parfaitement limpide, on la décante avec soin, ou mieux on filtre et on la conserve en flacon. Pour l'employer, on en verse quelques gouttes dans un demi-verre d'eau et on agite vivement le mélange qui produit une écume abondante.

On fait aussi une essence sirupeuse épaisse en dissolvant dans l'alcool, du savon de suif et de résine.

Présentons maintenant, d'après M. Eugène Lormé, quelques formules générales pour préparer les essences de savon.

Savon blanc de Marseille.	200 gram.
Alcool à 85°.	1 kilog.
Potasse.	25 gram.

On aromatise avec divers parfums. Ainsi, pour 10 kilogrammes de savon, on prend :

Essence d'amandes amères.	80 gram.
— de bergamote.	8 —

ou bien :

Essence de mirbane décolorée. . . .	40 gram.
— d'amandes amères.	40 —
— de cannelle.	8 —

On fait aussi une essence, avec parfum de Windsor, avec :

Essence de bergamote.	40 gram.
— de girofle.	8 —
— de thym.	40 —
— de menthe anglaise.	16 —

On se sert encore, pour cet objet, de l'essence de citron, ou de celle de Portugal, dans la proportion de 100 grammes de chacune de ces essences.

Enfin on prépare une essence de savon très fine en opérant comme il suit :

Savon blanc à la potasse.	100 gram.
Potasse.	10 —
Esprit de roses.	200 —
— de vanille.	100 —
— d'iris de Florence.	200 —
— de fleurs d'oranger.	500 —

On fait fondre le savon et la potasse dans les 1,000 grammes d'esprit parfumé, et lorsque le savon est fondu, on retire du bain-marie, on le filtre pour l'avoir bien pur.

VI. SAVONS TRANSPARENTS

Les savons transparents, colorés ou incolores, sont des savons bien desséchés qui ont été dissous dans l'alcool très concentré. On préfère, pour cet objet, le beau savon de suif, ou des savons résineux à base de suif, qui acquièrent une transparence remarquable. On réduit le savon en rubans très minces, on l'étend sur des feuilles de papier, et on le fait sécher à l'air ou dans une étuve jusqu'à dessiccation parfaite. On pile dans un mortier de marbre, on tamise, et c'est la poudre ainsi obtenue qu'on fait dissoudre au bain-marie dans son poids d'alcool concentré et bouillant. Quand la dissolution est opérée, on verse la liqueur limpide et transparente dans des moules où elle prend, par le refroidissement, la forme solide. C'est pendant que le savon est encore limpide qu'on y incorpore les parfums et les couleurs. Enfin, pour rendre la surface des pains nette et claire, on les frotte avec un linge blanc imbibé d'alcool.

VII. SAVONS MOUS OU CRÈMES

Les savons mous sont, comme on l'a dit, fabriqués avec la potasse, au lieu de soude. On les prépare avec la graisse blanche, à laquelle on mélange 5 0/0 d'huile de coco pour les rendre mousseux, ou seulement à l'huile de coco. On les aromatise généralement par une addition d'essence d'amandes amères qu'on y incorpore pendant qu'on pile. Pour les préparer, on fait fondre à la vapeur les matières grasses, puis on y ajoute la lessive de potasse, marquant 20° à 21° Baumé. On favorise l'empâtage en agitant continuellement à une température de 60° à 70° C., et au bout de quatre heures, on ajoute une nouvelle portion de lessive à 36° Baumé, en brassant continuellement et à la température indiquée. La saponification est complète lorsque la pâte a acquis une consistance très épaisse ; on retire du feu en continuant à brasser, on laisse refroidir, et on verse dans des vases en grès ou en porcelaine, où on conserve pour l'usage ce savon qui reste mou.

Pour l'obtenir brillant et nacré, on le triture dans un mortier avec un pilon de bois jusqu'à ce qu'il forme une pâte douce homogène et nacrée, qu'on parfume à l'essence d'amandes amères. En cet état, c'est une pâte onctueuse se dissolvant parfaitement dans l'eau. Si on veut qu'il soit encore plus mousseux et plus doux, on fait entrer dans sa composition une certaine quantité d'huile de coco.

Crème d'amandes amères, ou savon mou marbré

Il y a une trentaine d'années seulement que l'on connaît le procédé par lequel on obtient un savon d'une aussi belle apparence. Il diffère peu de celui que nous venons de décrire, et ne doit sa beauté qu'à des soins minutieux que nous allons tâcher de bien faire comprendre.

On pèse, d'une part :

Graisse de porc.. . . . . 10 kilog.

De l'autre :

Lessive de potasse à 36°. . . . . . 5 kilog.

On fait fondre la graisse dans un vase en porcelaine, chauffé sur un bain de sable, dont la température doit être ménagée ; on agite continuellement au moyen d'une spatule en bois, et lorsque la graisse est à demi-fondue, qu'elle présente l'aspect du lait, on verse la moitié seulement de la lessive, toujours en agitant et maintenant la température constante, en faisant en sorte qu'il n'y ait pas la moindre variation ; l'empâtage se produit graduellement. Cependant, une heure après, la graisse tend à venir à la surface, sous forme d'huile, et les grains de savon à tomber au fond du vase. C'est alors que l'on ajoute la deuxième portion de lessive ; l'empâtage se rétablit aussitôt et les grains disparaissent. Après avoir conduit ainsi cette opération pendant quatre heures, la pâte est devenue si ferme et si compacte, qu'on ne peut plus la remuer et qu'on est dans l'obligation de la battre légèrement. A cette époque, on cesse le feu sous le bain de sable, en laissant cependant la capsule de porcelaine refroidir lentement au milieu de l'eau.

Le savon, quoique terminé, n'est point encore nacré ; cette propriété physique ne se développe qu'en le pilant fortement dans un mortier de marbre : toutes ses parties qui semblent auparavant séparées, se réunissent pour ne plus former qu'une pâte parfaitement homogène.

Le parfum qu'on lui donne est toujours dû à de l'essence d'amandes amères ; aussi porte-t-il à juste titre le nom de *crème d'amandes*.

Crème de cacao savonneuse

On remplace, dans cette même crème, les amandes par du cacao.

Crème d'ambroisie

On parfume au styrax liquide et au benjoin.

Saponaire orientale, ou crème de savon

Pour cette préparation, on fait fondre 1 kilogramme de belle huile de coco que l'on saponifie avec 1 kilogramme de lessive de potasse à 22° Baumé. On chauffe jusqu'à l'ébullition, et pour épaissir le mélange, on ajoute 100 gr.

de lessive de sel de soude à 30°. On pourrait supprimer la lessive de soude en employant 750 grammes de lessive de potasse à 30°.

Le savon étant terminé, on le parfume à froid avec 8 grammes d'essence de verveine, et 8 grammes d'essence de géranium.

Cette composition est d'une extrême blancheur ; son odeur est des plus agréables et des plus suaves. Elle est détersive, et produit une mousse abondante avec l'eau. On la vend dans des flacons à large tubulure.

Savon de jaunes d'œuf

Suivant M. Gobley, le jaune d'œuf contient plus de la moitié de son poids d'eau, une substance albuminoïde, appelée par lui *vitelline*, qui a beaucoup d'analogie avec le blanc d'œuf, une matière grasse fine et un savon à base d'ammoniaque, renfermant des acides oléique et margarique, puis de la glycérine.

L'oléine et la margarine s'y trouvent dans la proportion d'un peu plus de 21 0/0, et les acides oléique et margarique dans celle de plus de 7. D'où il résulte que le jaune d'œuf ou vitellus est une matière première propre à la fabrication des savons.

Le jaune d'œuf fournit un poids égal au sien de savon mou d'une valeur de 80 francs les 100 kilogrammes, soixante-dix jaunes donnent un volume d'un litre, et pèsent 1,200 grammes.

Rien de plus facile à comprendre que la production du savon par l'action des alcalis sur l'oléine et la margarine, aussi bien que sur les acides oléique et margarique, et les qualités de ce savon par suite de la prédominance de l'oléine et de l'acide oléique. Les alcalis portent aussi leur action sur les 16 0/0 de vitelline que contient le jaune, et cette substance albuminoïde n'étant pas saponifiable, se transforme à froid en une gelée transparente liquéfiable par la chaleur. Il se forme un sulfure alcalin, et la vitelline est transformée en protéine, qui reste dans le savon, mais n'empêche nullement que ce savon puisse servir à de nombreux usages.

M. Sau de Wesserling prépare un savon mou avec les jaunes d'œufs, résidus de la fabrication de l'albumine sèche, soixante-dix jaunes donnent un litre et pèsent 1,200 grammes, et 264 œufs donnent 4 kilogr. 525 de jaunes, qui fournissent un poids égal de savon du prix de 80 francs les 100 kilogrammes.

M. Menier prépare aussi avec les jaunes d'œufs un savon dur qui, dit-on, est excellent pour le lavage des tissus de laine.

M. Gaultier de Claubry, dans un rapport fait à la Société d'encouragement, dit que vingt-quatre douzaines d'œufs fournissent un kilogramme d'albumine sèche, et les 288 jaunes fourniront par conséquent 5 kilogrammes de jaune, et à peu près le même poids de savon. Ce savon est très onctueux et très adoucissant ; il conserve la peau moelleuse.

Les fabricants d'albumine ont cherché un débouché important sur les quantités innombrables de jaunes d'œufs délaissés et livrés à la putréfaction.

Parfumeur. — T. II.

Des essais ont été faits dans plusieurs laboratoires, et on a cherché à saponifier cette matière, mais avec insuccès.

Les alcalis, la chaleur, ont toujours amené la coagulation. Une matière grasse non saponifiée, ou une matière coagulée, ont été le résultat de leurs recherches.

M. Sichel eut l'idée de chercher un dissolvant du jaune d'œuf.

Après bien des recherches, il a broyé du jaune d'œuf dans de la glycérine, et obtenu un liquide d'un jaune limpide. Le jaune d'œuf sur lequel il opère est privé de la plus grande partie de son eau, et la glycérine pesait 28 degrés environ.

Cette dissolution, qu'il nomme *glyconine*, constitue un nouveau corps, ce qui a démontré la solubilité d'un jaune d'œuf.

M. Sichel a appliqué industriellement sa découverte, et ce qu'on avait vainement cherché à obtenir directement du jaune d'œuf, il l'a obtenu avec ce corps qu'il joint au savon.

La glyconine, ce composé de jaune d'œuf et de glycérine peut rendre certains services à la médecine et à la parfumerie, en entrant dans la composition des savons.

Savon d'huile d'œufs

On sépare les jaunes d'œufs des blancs ou de l'albumine, et on les place dans un plat ou une bassine, qu'on chauffe au bain de sable ou autrement, mais de façon que la matière animale ne brûle pas et que la température soit bien régulière. Pendant cette élévation de température, on agite continuellement jusqu'à ce qu'il se forme une huile qui vient nager à la surface, et qu'on fait écouler par un ou plusieurs becs disposés sur le bord du plat ou de la bassine.

C'est cette huile qui sert à remplacer les matières grasses pour faire des savons, des huiles, des pommades ou autres produits cosmétiques, en y ajoutant un peu de matières odoriférantes, savons, huiles ou pommades, qui servent à nettoyer la chevelure et à l'aromatiser.

Savon à la glycérine

Pour préparer le savon à la glycérine, il faut faire attention de mélanger la glycérine avec le savon, en évitant qu'il y ait saponification de cette glycérine, ce qui lui ferait perdre les propriétés adoucissantes qu'elle exerce sur la peau. A cet effet, on prend un mélange de savon finement divisé et approchant, parties égales d'eau et d'alcool qu'on chauffe au bain-marie, et quand, dans le savon qui coule comme l'huile, la majeure partie de l'alcool a été évaporée, on y ajoute une quantité correspondante de glycérine, on brasse bien la masse, et on laisse refroidir lentement.

La quantité de glycérine qu'on ajoute dépend naturellement de l'emploi du savon, suivant qu'il sert au blanchissage, à la toilette, ou contre les crevasses de la peau.

Il est bon aussi de prévenir que ces espèces de savon peuvent également être préparées sans alcool ou dissolvants éthérés, mais cela aux dépens de leur aspect et de leurs bonnes propriétés.

VIII. BOULES DE SAVON

Les boules de savon, auxquelles leur forme commode et jolie donne une grande vogue, peuvent se faire avec n'importe quel savon ; cependant on emploie généralement des savons marbrés. On fabrique aussi des boules transparentes depuis que la fabrication de savons transparents est devenue courante.

Le moulage du savon en boules peut s'opérer au moyen d'une estampeuse et, dans ce cas, les moules doivent avoir la forme de deux hémisphères s'adaptant exactement l'une sur l'autre. Les boules estampées présentent toujours une couture qu'il faut enlever ; ce bourrelet de savon se forme toujours malgré tout le soin qu'on a pu mettre à la confection des moules, à l'intersection des deux hémisphères.

Cette opération étant assez longue, on opère généralement à la main le moulage de la boule, en se servant du couteau à peloter.

Ce couteau fixé à un manche est formé d'un anneau tranchant à sa partie antérieure. On pétrit à la main un morceau de savon, en lui donnant la forme arrondie, s'approchant de celle que l'on veut donner à la boule ; on pose ce morceau sur le couteau et, en le tournant sur le tranchant, on lui enlève le savon en excès, de façon à former une boule d'un diamètre égal à celui de l'anneau coupeur.

Avec un peu d'exercice, on arrive à acquérir une grande dextérité dans le maniement du couteau et à fabriquer en peu de temps, un grand nombre de boules de savon. Le savon destiné à être moulé en boules, doit être assez sec pour que l'on puisse en détacher des copeaux bien nets, sans qu'il reste du savon attaché au couteau.

Les fabricants ne se sont pas contentés de donner aux savons la forme d'une boule, ils ont encore pris l'habitude de ne donner que cette forme seulement, à certaines sortes de savons parfumés d'une certaine manière. Nous indiquons, pour cette raison, ci-après, les meilleurs d'entre ces mélanges de savon, de couleurs et de parfums, que l'on trouve dans le commerce sous forme de boules.

Recettes de boules de savon parfumées

On additionne ordinairement les savons destinés à être transformés en boules, de 1 1/2 à 2 0/0 d'amidon ; l'on fait bien d'ajouter l'amidon pendant la cuisson et avant le parfumage, pendant laquelle l'amidon passe à l'empois en se combinant avec une forte proportion d'eau, et donne au savon une certaine transparence. On fait généralement usage d'un savon qui reste ferme malgré la présence de beaucoup d'eau et surtout de savon de coco ; ce savon s'emploie soit seul, soit en mélange avec d'autres sortes de savon. Le savon normal, dont nous avons parlé précédemment, convient aussi bien à la préparation de boules de savon.

Lors de la préparation de boules marbrées, on doit choisir autant que possible un marbrage distinct et qui ressorte bien ; en ce qui concerne les boules d'une même couleur, on doit chercher à leur donner un beau brillant par un choix de couleurs bien pures.

Quant aux boules de savon transparentes, il va de soi que le choix des couleurs doit porter sur des substances solubles seulement. On donne un brillant aux boules de savon en les plongeant dans de l'alcool, en les laissant sécher à moitié, puis en les frottant avec de la flanelle jusqu'à ce qu'elles soient sèches et brillantes. On les conserve dans des bocaux bien fermés afin qu'à la suite d'un séchage trop fort, elles ne perdent pas leur brillant et leur surface unie.

Boules de savon à l'ambre

Savon.	60 kilog.
Amidon.	10 —
Extrait d'ambre.	80 gram.
— de musc.	20 —

Coloration à volonté, ordinairement en rose.

Dans les recettes suivantes, le savon employé est toujours le même que ci-dessus en ce qui concerne sa qualité et sa quantité (savon 60 kilogrammes, amidon 10 kilogrammes). Nous le désignerons sous le nom de *base*.

Boules de savon à l'huile de bergamote

Base.	70 kilog.
Essence de bergamote.	400 gram.

Essence de citron.........	50 gram.
— de géranium........	20 —
— de Portugal.........	50 —

Coloration en jaune pâle.

Boules de savon au citron

Base...............	70 kilog.
Essence de bergamote.........	100 gram.
— de citron...........	300 —
— de graminées.........	50 —
— de Portugal.........	50 —

Coloration en jaune citron.

Boules de savon à la frangipane

Base...............	70 kilog.
Essence d'anis...........	50 gram.
— de bergamote........	40 —
— de citron..........	70 —
— de géranium........	30 —
— de lavande.........	80 —
— de girofle..........	20 —
— de néroli..........	30 —
— de cannelle.........	20 —

Coloration en rouge.

Boules de savon au jasmin

Base...............	70 kilog.
Essence de géranium.........	50 gram.
— de jasmin..........	100 —
— de néroli..........	50 —

Ne se colore pas.

Boules de savon à la lavande

Base...............	70 kilog.
Essence de géranium.........	40 gram.

Essence de lavande............ 150 gram.
— de macis............ 20 —
— de romarin............ 50 —
— de cannelle............ 20 —

Coloration en bleu.

Boules de savon napolitaines

Base.................... 70 kilog.
Essence d'anis............ 40 gram.
— de bergamote............ 60 —
— de fenouil............ 40 —
— de géranium............ 20 —
— de lavande............ 50 —
— de myrrhe............ 50 —
— de néroli............ 50 —
— de menthe............ 50 —
— de Portugal............ 50 —
— de romarin............ 50 —

Coloration en vert.

Boules de savon au girofle

Base.................... 70 kilog.
Essence d'amandes amères............ 40 gram.
— de citron............ 50 —
— de muscade............ 20 —
— de racine de girofle............ 80 —

Coloration en brun.

Boules de savon au musc

Base.................... 70 kilog.
Essence d'anis............ 80 gram.
Extrait d'ambre............ 50 —
— de musc............ 150 —
Essence de romarin............ 50 —

Coloration en brun,

Boules de savon à l'orange

Base..	70 kilog.
Essence d'amandes amères.	50 gram.
— de cassia.	50 —
— de citron.	150 —
— de jasmin.	20 —
— de néroli.	40 —

Coloration en rouge orange (rouge et jaune).

Boules de savon à la rose

Base..	70 kilog.
Extrait d'ambre.	80 gram.
Essence d'amandes amères.	60 —
— de géranium.	150 —
— de graminées.	50 —
— de musc.	80 —
— de romarin.	40 —
— de cannelle.	40 —

Coloration en rose.

Boules de savon de Chiras

Base..	70 kilog.
Extrait d'ambre.	50 gram.
Essence d'anis.	20 —
— de bergamote.	20 —
— de citron.	40 —
— de marjolaine.	20 —
— de musc.	50 —
— de girofle.	20 —
— de néroli.	30 —
— de Portugal.	80 —
— de bois de rose.	50 —
— de genièvre.	20 —
— de cannelle.	20 —

Coloration à la vanille.

Boules de savon à la vanille

Base.	70 kilog.
Extrait d'ambre.	40 gram.
Essence de graminées.	20 —
Extrait de musc.	20 —
— de vanille.	250 —

Coloration en brun.

Boules de savon à la cannelle

Base.	70 kilog.
Extrait d'ambre.	40 gram.
Essence de cassia.	150 —
Extrait de musc.	40 —

Coloration en brun cannelle.

IX. SAVONS MOUSSEUX

Ce genre de savon se distingue par son très faible poids et par son grand nombre de bulles d'air. On le prépare en mélangeant au savon une grande quantité d'air, ce qui se fait de la manière suivante :

On fond dans une chaudière très vaste, un savon granulé au suif bonne qualité, que l'on peut à volonté colorer et parfumer, en ajoutant assez d'eau pour former une masse qui se solidifie encore bien par le refroidissement. On laisse refroidir cette masse dans la chaudière, jusqu'à ce qu'elle devienne filante, puis on la bat jusqu'à ce qu'elle se transforme en une mousse épaisse. On se sert pour ce battage ou mélange avec l'air, d'un appareil semblable à celui qui sert à battre le blanc d'œuf en neige et qui se compose principalement, d'un arbre muni d'allonges recourbées et que l'on peut faire tourner rapidement au moyen d'un pignon.

En faisant tourner cet appareil dans la masse de savon, cette dernière se met bientôt à mousser ; on continue l'opération jusqu'à ce que tout le savon soit transformé en écume, que l'on verse dans des moules pour l'y laisser complètement solidifier.

Par suite de sa nature poreuse, le savon mousseux possède une grande surface, se dissout facilement dans l'eau et s'emploie surtout dans la préparation des savons à raser.

Conservés un temps un peu long, ces savons se dessèchent beaucoup et se raccornissent fortement.

On obvie à cet inconvénient en les entourant d'une enveloppe destinée à empêcher l'évaporation de l'eau, d'une feuille d'étain mince, par exemple. L'étain convient du reste parfaitement à l'emballage des savons de toilette, car il empêche l'évaporation de l'eau et la volatilisation des parfums, il se plaque facilement sur le morceau de savon et conserve en un mot, pendant plusieurs années au savon son parfum, sa couleur et son éclat.

Savon mousseux au bouquet

Savon de suif.	100 kilog.
Eau.	50 —
Essence de bergamote.	300 gram.
— de cassia.	30 —
— de citron.	50 —

Essence de lavande............	200 gram.
Teinture de musc............	100 —
Essence de girofle............	100 —

Coloration à volonté.

Savon mousseux aux fleurs

Savon de suif............	50 kilog.
Savon d'huile............	50 —
Eau............	50 —
Essence d'anis............	40 gram.
— de bergamote............	100 —
— de citron............	50 —
— de graminées............	30 —
— de macis............	40 —
— de Portugal............	50 —
— de thym............	100 —
— de vétiver............	50 —
— de cannelle............	30 —

Coloration en rouge vif.

Savon mousseux à la rose

Savon de suif............	50 kilog.
Savon de coco............	50 —
Eau............	50 —
Essence de bergamote............	30 gram.
— de géranium............	100 —
— de graminées............	50 —
Teinture de musc............	40 —
Essence de santal............	50 —
Teinture de civette............	20 —

Coloration en rose.

X. SAVONS A BARBE

Les savons à raser doivent tout particulièrement donner en peu de temps, une mousse qui tienne longtemps et adoucir le poil. D'après l'expérience acquise, les savons de potasse valent pour cela beaucoup mieux que les savons à la soude, ces derniers formant, même s'ils sont très aqueux, une solution plutôt pâteuse que fortement mousseuse. Un excès de lessive ne gêne en rien dans ces savons à raser mous et à la potasse ; elle rend au contraire le savon plus apte à remplir le but qu'on se propose, car l'alcali attaque et amollit fortement la substance cornée du poil, de sorte que si on laisse pendant quelques minutes le savon en contact avec la peau, le rasoir risque moins de faire sauter le poil de la barbe. Les savons à barbe s'emploient soit à l'état de savons solides, soit à l'état de « pâte à raser », soit encore à l'état liquide, c'est-à-dire en solution. On obtient une masse, très bonne pour la préparation des savons à barbe, que la plupart du temps on parfume et l'on colore faiblement en rouge en saponifiant quatre-vingt-dix parties de suif épuré, dix parties d'huile de coco première qualité pour une lessive composée de quatre-vingt parties de lessive de soude et vingt parties de lessive de potasse.

L'addition d'huile de coco provoque tout particulièrement la formation d'une grande quantité de mousse.

Pâte à raser

Savon.	10 kilog.
Alcool.	50 gram.

Essence d'amandes amères.	60 gram.
— de bergamote.	40 —
— de macis.	20 —
— de girofle.	20 —

On fond le savon avec assez d'eau pour qu'il forme encore après le refroidissement une pâte tendre, puis on le passe à plusieurs reprises à la machine à pétrir, ou bien on le triture un certain temps dans un mortier en marbre. Il est nécessaire de faire subir cette trituration au savon pour lui donner cette belle apparence nacrée qu'on aime à trouver dans toute marchandise de bonne qualité.

Savon à raser liquide

Savon blanc.	10 kilog.
Alcool.	20 —
Eau de fleurs d'oranger.	30 —

On fond le savon à température aussi basse que possible, avec une partie de l'eau de fleurs d'oranger, puis on ajoute le reste de celle-ci avec l'alcool, dès que la solution est complète ; on laisse reposer le tout en un vase clos pendant plusieurs heures, puis on met en bouteilles. Quelques fabricants recommandent de filtrer le savon ; mais on peut éviter cette manipulation très longue en n'employant que des matières premières très pures et en laissant quelque temps au repos le produit terminé.

Savon à raser liquide

Savon blanc.	10 kilog.
Essence d'amandes (grasse).	1 —

Alcool.	5 kilog.
Eau de roses.	5 —
Teinture d'ambre.	100 gram.
— de benjoin.	100 —

On procède pour ce savon comme pour le précédent ; on peut aussi le colorer en rouge pâle par de la teinture d'Alkana ou de cochenille.

CHAPITRE XVIII

Des produits pharmaceutiques du Parfumeur

Sommaire. — I. Eaux vulnéraires odontalgiques, stomachiques. — II. Pastilles propres à désinfecter l'haleine. — Cachou. — III. Lotions diverses. — IV. Composition des principales teintures pour les cheveux.

Cette petite pharmacie du parfumeur comprend : 1° les eaux vulnéraires et autres de propriétés ; 2° le cachou et les pastilles propres à désinfecter l'haleine.

I. EAUX VULNÉRAIRES ODONTALGIQUES, STOMACHIQUES

Eau de mélisse des carmes (1re formule)

On prend : sommités de mélisse fraîches, fleuries et incisées, un kilogramme ; on remplit une cruche de grès, dans laquelle on verse de bonne eau-de-vie à 60° C. ; on bouche la cruche, et, après trois ou quatre jours de macération, on distille au bain-marie, jusqu'à ce que la liqueur, cessant de couler en filet, coule goutte à goutte.

On prépare ensuite de la même manière :

Les alcoolats de sauge fraîche, fleurie et mondée.
— d'angélique fraîche amère, avec sa racine.

Les alcoolats d'hysope fraîche amère, avec sa racine.
— de marjolaine, idem.
— de romarin, —
— de thym, —

D'autre part, on distille :

Cannelle fine concassée.
Eau-de-vie à 60° centésimaux.

Après deux jours de macération, on distille au bain-marie comme ci-dessus, on prépare ensuite, et dans les mêmes proportions, les alcoolats de coriandre, de girofle, de muscade, d'anis et d'écorces de citron sèches.

On les distille ensemble, on mêle et met à part.

1° On prend :

Alcoolats de sauge.	7 litres
— d'angélique.	5 —
— d'hysope.	4 —
— de marjolaine.	3 3/4
— de romarin.	2 1/4
— de thym.	3 —
	25 litres

On mêle.

2° On prend :

Alcoolats de cannelle.	7 litres
— de coriandre.	7 —
— de girofle.	4 à 6 —
— de muscade.	4 à 6 —
— d'anis.	4 —
— de citron.	1/2 —

On conserve à part ce mélange.

3º On conserve à part l'alcoolat de mélisse ; ensuite on prend :

Du mélange de l'alcoolat n° 1....	5 litres
— — n° 2....	5 —
— — n° 3....	5 —

On mélange et l'on ajoute à ce mélange général :

Eau pure....................	1 litre
Sucre en poudre.............	qq. gram.

On distille au bain-marie pour obtenir environ treize litres et demi.

Eau de mélisse des carmes, réformée (2ᵉ formule)

On prend :

Mélisse récente et fleurie......	398 gram.
Angélique....................	68 —
Hysope.......................	45 —
Marjolaine...................	45 —
Thym.........................	50 —
Romarin......................	38 —
Cannelle fine................	45 —
Coriandre....................	45 —
Girofle......................	38 —
Muscade......................	38 —
Anis.........................	15 —
Écorce de citron.............	30 —
Alcool à 22° Cartier.........	4 kil. 500

Eau de mélisse des carmes (3ᵉ formule)

On prend :

Feuilles et fleurs de mélisse, bien tendres, bien odorantes et fraîchement cueillies.................	3 kilog.

Citronnelle................	250 gram.
Angélique de Bohême, côtes et feuilles..	125 —
Fleurs de lavande..........	15 —
Chardon bénit.............	250 —
Cannelle fine.............	60 —
Girofle.................	60 —
Macis..................	125 —
Badiane................	15 —
Coriandre...............	15 —

On concasse bien ces épices, on y joint la mélisse et autres aromates que l'on pile un peu, puis on met infuser cette composition dans 25 litres d'esprit fin et 6 litres d'eau de rivière, l'espace de six à sept jours. Ensuite on la distille pour en tirer à peu près la quantité d'essence que l'on y a mise.

Cette eau, généralement estimée, doit être fabriquée en quantité, et s'établir en deux qualités. La recette que nous venons de donner est la deuxième qualité, et se vend par séries de six bouteilles. Cette même eau rectifiée s'intitule *eau de mélisse perfectionnée*, ou bien *eau double de mélisse*, et se vend une fois plus cher, par boîtes de six bouteilles, ornées d'étiquettes luxueuses.

Eau de mélisse d'hiver (4º formule)

On met infuser dans 24 litres d'esprit fin et 6 litres d'eau :

Zestes de citron...........	2 kilog.
Cannelle fine.............	125 gram.
Coriandre...............	250 —

Muscade.	125 gram.
Girofle.	125 —
Graines d'angélique (ou racines). . .	60 —
Graines de carvi.	60 —

On concasse les substances qui peuvent l'être, on les enveloppe dans un nouet et l'on termine comme pour l'eau de mélisse ordinaire.

Eau de mélisse

Mélisse fraîche en fleurs.	3 kil. 500
Sommités d'hysope fleurie.	135 gram.
— de marjolaine.	125 —
— de romarin.	125 —
— de sauge.	125 —
— de thym.	125 —
Racine d'angélique.	125 —
Coriandre.	125 —
Cannelle de Ceylan.	60 —
Girofle.	60 —
Macis.	15 —
Muscades.	45 —
Alcool à 85° centésimaux.	11 litres
Dix zestes de citrons frais.	

On fait infuser trois jours, on distille au bain-marie, en ajoutant dix litres d'eau, on rectifie et l'on retire dix litres de bon produit.

On obtient l'eau de mélisse jaune en colorant avec un peu de safran.

La formule de cette eau de mélisse n'est pas celle des carmes, mais une simplification.

L'eau de mélisse s'emploie à l'intérieur et à l'extérieur ; elle est stomachique et vulnéraire.

Eau de mélisse, supérieure à celle des carmes

Mélisse fraîche en fleurs.	750 gram.
Zestes frais de citron	125 —
Cannelle fine	60 —
Girofle	60 —
Muscade	60 —
Coriandre	60 —
Racine d'angélique	30 —
Eau de menthe	30 —

L'on divise ces substances et on les fait macérer pendant quatre ou cinq jours dans quatre litres d'alcool, puis on distille toute la partie spiritueuse.

Eau vulnéraire simple et double

On prend une poignée de feuilles de petite sauge, d'angélique, d'absinthe, de sarriette, de fenouil, d'hysope, de mélisse, de basilic, de rue, de thym, de verveine, de marjolaine, de romarin, de serpolet, de fleurs de lavande.

On coupe sans précaution toutes ces plantes et on laisse infuser, pendant huit jours au moins, dans 6 litres d'esprit-de-vin à 70° centésimaux.

On ne passe la liqueur qu'après avoir découvert le vase qui la renferme et que les émanations n'ont pas permis de la flairer l'espace d'une demi-minute ; ensuite on filtre à travers un linge blanc, puis on met en bouteilles, ou, si on la désire plus blanche et plus belle, on la soumet à la distillation. Ainsi distillée et même rectifiée, c'est *l'eau vulnéraire double.*

Eau d'arquebusade de Lausanne

Cette eau vulnéraire est renommée pour la guérison des contusions et coupures.

Pour l'obtenir, on cueille, par un temps sec et chaud, vers la fin de juin et en juillet, les plantes suivantes, ou plantes vulnéraires.

Voici les doses pour vingt-quatre litres de cette eau :

Absinthe	2 kil. 500
Grande consoude (feuilles, fleurs et racines)	500 gram.
Armoise	500 —
Buglose, sauge, bétoine, de chaque	500 —
OEil-de-bœuf, sanicle, de chaque	500 —
Grande scrophulaire, pâquerette, de chaque	500 —
Plantain, verveine, de chaque	500 —
Fenouil, véronique, millepertuis, de chaque	250 —
Aristoloche longue, petite centaurée, de chaque	250 —
Mille-feuilles, menthe, nicotiane, de chaque	250 —
Pilosclle, hysope, romarin, de chaque	250 —
Marjolaine, thym, camomille, de chaque	250 —
Basilic, angélique (côtes et racines), de chaque	250 —
Baume, queue de chat, de chaque	125 —

On hache et l'on pile ces plantes, on les fait infuser pendant trois jours dans 24 litres d'alcool et 6 litres d'eau de rivière. L'on distille ensuite pour obtenir la quantité d'alcool mise primitivement en infusion.

Eau de la reine de Hongrie

Cette eau, qui a beaucoup de rapport avec l'eau spiritueuse de lavande, se compose ainsi : Dans :

Esprit à 85° centésimaux.	6 litres

On met infuser pendant trois jours :

Fleurs et sommités de romarin. . .	750 gram.
Pétales de roses.	250 —
Fleurs d'oranger.	125 —
Baies.	60 —
Epine-vinette..	125 —

On filtre et l'on ajoute un litre d'eau de roses ou d'eau simple. Pour la rendre plus agréable, on peut y mettre un litre d'eau de fleur d'oranger simple et distiller le tout au bain-marie.

Eau fine de la reine de Hongrie

Dans 6 litres d'alcool à 85° centésimaux, on fait dissoudre 45 grammes d'essence de romarin de la meilleure qualité, trois ou quatre gouttes d'essence de néroli, puis on met au degré de 28 ou 30 avec de l'eau de fleur d'oranger simple.

Eau de Luce

On commence d'abord par préparer la teinture suivante :

Savon noir..	5 gram.
Baume de la Mecque.	8 —

Huile de succin rectifié sur la chaux. 30 gram.
Alcool à 90° centésimaux. . . . . . 375 —

Après quinze jours de macération, l'on filtre.
Pour préparer ensuite l'eau de Luce, on prend :

Ammoniaque (alcali volatil) à 22°.. 30 gram.
Eau distillée. . . . . 30 —

On agite dans un flacon et l'on ajoute ensuite quelques gouttes de la teinture ci-dessus.

Très bonne contre l'apoplexie, la syncope, la piqûre des animaux venimeux, soit en la faisant respirer, soit en en donnant quelques gouttes dans un verre d'eau sucrée.

Eau des jacobins de Rouen

Cannelle de Chine. . . . . 60 gram.
Santal-citrin. . . . . 60 —
Santal rouge. . . . . 40 —
Anis vert. . . . . 40 —
Baies de genièvre. . . . . 40 —
Semences d'angélique. . . . . 25 —
Galanga. . . . . 15 —
Bois d'aloès. . . . . 15 —
Girofle. . . . . 15 —
Macis. . . . . 15 —
Cochenille. . . . . 25 —
Alcool à 85° centésimaux. . . . . . 10 litres

On pile les substances, on les fait infuser pendant un mois ; on filtre et l'on met en flacons. Cette eau passe pour un bon stomachique.

Esprit de menthe, n° 1, par André Lormé

Alcool très pur à 90° centésimaux.. 1 litre
Essence de menthe anglaise. . . . . 125 gram.

On fait dissoudre l'essence dans l'alcool et l'on filtre au bout de vingt-quatre heures.

Esprit de menthe, n° 2

Alcool à 85° centésimaux.	1 litre
Cristaux de soude.	5 gram.
Essence de menthe anglaise poivrée.	30 —

Pour s'en servir, on en verse une cuillerée à café dans un verre d'eau. Cette lotion purifie la bouche et communique une odeur agréable à l'haleine. L'esprit de menthe se met dans de petits flacons de la capacité d'environ 60 gr.

Alcool camphré

Camphre.	1 kil. 250
Alcool à 85° centésimaux.	10 litres

On fait dissoudre et l'on filtre.

Eau-de-vie camphrée

Camphre.	300 gram.
Alcool à 85° centésimaux.	6 litres
Eau.	4 —

On fait dissoudre le camphre dans l'alcool, on ajoute l'eau et l'on filtre. On emploie l'eau-de-vie camphrée dans les contusions, les coups, les entorses, les douleurs, etc.

II. PASTILLES PROPRES A DÉSINFECTER L'HALEINE. — CACHOU

Pâte de cachoudé

Cette pâte est, pour les Chinois et les habitants du Japon, ce qu'est le *betel* pour les

Indiens. Elle est fort agréable au goût et donne bonne haleine.

On l'obtient en triturant, par égales parties de cachou, des graines de bugle, de calamus et une sorte de talc.

Cachou à la violette

On prend :

Cachou en poudre.	125 gram.
Iris de Florence en poudre.	12 —
Sucre en poudre.	750 —

On fait du tout un mucilage en mettant fondre 16 grammes de gomme adragante dans de l'eau ; on verse dedans quelques gouttes d'extrait de cassie ou de violette ; mais, auparavant, on aura soin de faire chauffer légèrement un mortier de marbre et de battre de l'extrait de réglisse au moyen d'un pilon de bois. On le délaiera avec un peu de mucilage ; on ajoutera alors le sucre et le cachou, et l'on pilera cette pâte jusqu'à ce que le mélange soit bien fait. On divisera alors la masse en petits morceaux gros comme des grains d'avoine ou des crottes de souris, de telle forme que l'on voudra : on les fera sécher et on les mettra dans un bocal bien bouché pour les conserver.

Cachou à la fleur d'oranger

On prend :

Cachou en poudre.	125 gram.
Sucre en poudre.	750 —

On mêle ces deux sortes de poudre et on les

met dans une boîte avec de la fleur d'oranger, en faisant un lit de fleurs, un lit de poudre, jusqu'à ce que le tout soit employé. On laissera ainsi cette composition pendant vingt-quatre heures, en ayant soin de la remuer deux fois dans cet espace de temps ; ensuite on la passe dans un tamis clair pour remettre de nouvelles fleurs, et on opérera de même jusqu'à trois ou quatre fois. Le cachou ayant acquis par ce moyen assez de parfum, on en fait une pâte avec le mucilage de gomme adragante détrempée à l'eau de fleur d'oranger double, une goutte ou deux d'essence d'ambre et autant d'essence de musc ; on en forme de petits grains comme il est dit ci-dessus et on les conserve de même. Si l'on n'est pas dans la saison de la fleur d'oranger, on y supplée par quelques gouttes d'huile essentielle de néroli ou de fleurs d'oranger sèches en poudre, à la quantité de 30 grammes que l'on mêle avec la pâte de cachou.

Cachou à la rose

On prend la même quantité de cachou et de sucre que pour celui à la fleur d'oranger, et l'on opère de la même façon avec la fleur de rose pâle ou muscade. On fait le mucilage avec de l'eau de rose double et une ou deux gouttes d'ambre et de musc, dont on forme la pâte et les petits grains, comme il est dit ci-dessus.

On suppléera à la rose, à défaut de fleurs, par quelques gouttes d'huile essentielle de rose ou de rhodia que l'on mêle en formant la pâte.

Avec le mucilage d'eau de roses on emploie toujours de préférence l'huile essentielle de rose, dont on use avec économie, à cause de l'âcreté qu'elle peut donner au cachou.

On n'emploie le rhodia qu'à défaut d'essence de roses, et encore avec plus d'économie, à cause de son goût aromatique et piquant.

Cachou à la vanille

On emploie la même quantité de cachou et de sucre en poudre ; on prend alors 45 grammes de bonne vanille que l'on coupe le plus mince possible. On pile dans un mortier de marbre avec une petite portion de sucre en poudre et de cachou, de manière que l'on n'aperçoive aucun vestige de vanille ; on continue de mettre le reste de la poudre de cachou en pilant toujours : on forme la pâte avec le mucilage en pilant jusqu'à ce que la réduction soit parfaite et qu'on ne sente plus rien de rude sous les doigts. On fait le cachou comme il est indiqué ci-dessus, on compose le mucilage de gomme et d'eau de roses, dans laquelle on verse quelques gouttes d'essence de vanille et d'ambre. On peut varier ces cachous suivant le goût des personnes et l'intelligence du fabricant, en se réglant, pour la manipulation, d'après les recettes précédentes.

Cachou inodore

On prend :

Cachou en poudre très fine. . . . . 125 gram.
Beau sucre. . . . . 750 —

Gomme adragante. . . . . 16 gram.
Eau. . . . . q. suffis.

On fait un mucilage avec la gomme et l'eau, et l'on bat dans un mortier avec le cachou et le sucre qu'on a auparavant bien mêlés, jusqu'à ce que la pâte soit ferme et bien unie. On réduit cette pâte en trochisques.

Cachou à la cannelle

On prend :

Cachou en poudre. . . . . 125 gram.
Sucre. . . . . 750 —
Huile essentielle de cannelle.. . . . qq. gouttes

Cachou à l'ambre gris

On prend :

Cachou.. . . . . 125 gram.
Sucre. . . . . 750 —
Ambre gris.. . . . . qq. goutt. d'essence

Les pastilles de cachou ont, à la vérité, la propriété de parfumer l'haleine, mais elles n'en détruisent point malheureusement l'odeur fétide quand elle existe. Nous recommandons donc au parfumeur de préparer les excellentes pastilles qui suivent.

Pastilles pour la désinfection de l'haleine

Chocolat ou café en poudre. . . . . 90 gram.
Charbon végétal phorphyrisé. . . . 30 —
Sucre. . . . . 30 —
Vanille.. . . . . 30 —
Mucilage de gomme.. . . . . q. suffis.

On fait, avec ce mélange, des pastilles de un gramme ; on les prend à la dose de six à huit par jour.

Préparation contre la mauvaise odeur de l'haleine et des gencives

Chlorure de chaux sec.	12 gram.
Eau distillée.	60 —

On divise le chlorure de chaux dans un mortier de verre avec un pilon semblable. Quand le chlorure est bien divisé, l'on ajoute une partie de l'eau distillée, on laisse reposer et l'on décante la liqueur qui s'est éclaircie. On ajoute une nouvelle quantité d'eau au résidu, l'on triture ; on laisse déposer une seconde fois et l'on répète une troisième fois le lavage, en se servant des dernières portions de l'eau distillée. On décante, on réunit les liqueurs décantées et on les filtre, en y ajoutant 60 grammes d'alcool à 36°, dans lequel on fait dissoudre 4 gr. d'huile volatile de rose et autant d'une huile essentielle parfumée, que l'on choisit à volonté.

La solution ainsi préparée sert à enlever l'odeur fétide des gencives, odeur souvent due à l'état maladif de ces organes. Pour s'en servir, on verse une demi-cuillerée à café du liquide dans un vase d'eau ordinaire et on lave les gencives au moyen d'une brosse à éponge que l'on humecte bien du mélange.

Pour qu'il se conserve longtemps inaltérable, il suffit de préparer à part l'eau et le chlorure dans une bouteille, et les huiles parfumées dans un vase avec l'alcool. Lorsqu'on veut employer ces liquides, on verse dans un verre d'eau une demi-cuillerée de solution *chloruré* et autant de *l'alcool aromatique*. On se sert ensuite du mélange comme il a été dit plus haut.

Pastilles grises de chlorure de chaux pour désinfecter l'haleine

Chlorure de chaux............	28 gram.
Sucre vanillé...............	12 —
Gomme arabique.............	20 —

On en fait des pastilles du poids de 80 à 100 centigrammes. Deux ou trois de ces pastilles suffisent pour enlever l'odeur du tabac lorsqu'on a fumé.

Pastilles blanches pour le même objet

Chlorure de chaux sec, ou chlorure de sodium................	128 centig.
Sucre en poudre.............	30 gram.
Gomme adragante............	106 centig.
Huile essentielle parfumée.....	2 goutt.

On commence par diviser le chlorure dans un mortier de verre : on verse dessus une très petite quantité d'eau ; on laisse reposer, l'on décante, on épuise de nouveau et l'on filtre les deux liqueurs, en mêlant la gomme au sucre et l'huile essentielle à tous les deux. Puis, comme on n'a mis que la quantité d'eau nécessaire pour dissoudre le chlorure (parce que, si l'on employait trop d'eau, on ne pourrait pas obtenir une masse de consistance convenable), on se sert de la solution de chlorure pour amener ce mélange à l'état de pâte. On le divise ensuite en pastilles de 100 à 106 centigrammes. Une ou deux suffisent pour détruire toute infection de l'haleine.

Autres pastilles propres à empêcher l'odeur fétide de la bouche

Chlorure de chaux sec.	8 gram.
Sucre.	250 —
Amidon.	30 —
Gomme adragante.	4 —
Carmin.	11 centig.

On réduit toutes ces substances en poudre et on forme des pastilles de 16 centigrammes. On peut en prendre cinq ou six dans l'espace de deux heures.

III. LOTIONS DIVERSES

Lotion astringente

Eau de plantain.	100 gram.
Tanin.	5 —
Teinture aromatique.	25 —

On broie le tanin en l'humectant peu à peu avec la teinture aromatique ; on verse ensuite l'eau peu à peu, et, quand tout est dissous, on passe à travers un linge serré.

Lotion pour les cheveux, au romarin

Fleurs de romarin.	500 gram.
Eau.	50 litres
— distillée.	40 —

Auxquels on ajoutera :

Alcool à 90°.	3 litres
Potasse perlasse.	250 gram.

Lotion au Bay-Rhum

Teinture des feuilles du myrcice acris.	200 gram.
Bicarbonate d'ammoniaque.	30 —
Bicarbonate de soude.	30 —
Eau de roses.	1 lit. 250

Eau athénienne

Eau de roses.	5 litres
Alcool.	0 lit. 700
Essence de sassafras.	20 gram.
Potasse perlasse.	30 —

Lotion à la glycérine

Eau de fleurs d'oranger.	5 litres
Glycérine pure.	25 gram.
Sous-borate de soude (borax).	4 —

Ce cosmétique a été recommandé par un médecin anglais distingué, M. Startin, pour donner de la souplesse à la peau.

Lotion pour noircir la barbe et les cheveux

Suivant M. C.-M. Kurtz, on fait un très grand usage en Orient, et surtout en Grèce, d'une préparation inoffensive pour teindre la barbe et les cheveux qui se compose avec du brou de noix que l'on traite par l'eau. A la liqueur qui provient de ce brou, on ajoute un peu d'alun.

Ce produit, d'après M. T.-L. Phipson, a une base réelle et renferme un corps soluble dans l'alcool, la régiane, qui, par l'évaporation dans une solution acide, laisse déposer une poudre noire, l'acide régianique, qui forme une matière colorante, sans danger, dont on peut faire une pommade.

Eau pour noircir les cheveux

Eau distillée.	300 gram.
Nitrate d'argent.	40 —
Vert de vessie pour colorer.	1 —

Eau pour teindre la barbe et les cheveux

Les bases de ces préparations sont les sels de bismuth, les sulfures, et surtout les sels de mercure et d'argent. Ces derniers méritent la préférence, non en raison de leur inocuité, mais parce qu'ils ont la propriété de colorer, d'une manière permanente, toutes les matières organiques sur lesquelles on les applique. Les cheveux et la barbe appartiennent à cette classe de corps ; aussi leur coloration par les sels d'argent s'opère avec autant de facilité que de promptitude. Seulement, pour obtenir tous les bons effets que ces composés peuvent produire, il est important de les avoir dans un état de pureté convenable.

Nous passerons bien entendu volontairement sous silence les nombreuses préparations à base de plomb, puisqu'elles sont aujourd'hui absolument prohibées par la loi.

Karsi

Ambre.	5 gram.
Noix de galle.	2000 —

Poudre de fer.. . . . . 50 gram.
— de cuivre. . . . . 2 —
Musc.. . . . . 2 —

Teinture brune

Foie de soufre. . . . . 200 gram.
Alcool. . . . . 1 litre

Teinture brune

Nitrate d'argent. . . . . 120 gram.
Eau distillée. . . . . 1 litre

Coloration noire

Foie de soufre. . . . . 250 gram.
Alcool. . . . . 1 litre

Teinture au tanin

Poudre de noix de galle. . . . . . . 400 gram.
Eau. . . . . 500 —
Eau de roses. . . . . 500 —

IV. COMPOSITION DES PRINCIPALES TEINTURES POUR LES CHEVEUX, D'APRÈS A.-M. VILLON

1. *Mélanogène* ; composé d'eau, d'ammoniaque et de nitrate d'argent.

2. *Chromacome* ; eau et $Az H^3$ 88 ; nitrate d'argent K.

3. *Eau du Mont-Blanc* ; nitrate d'argent, 4.55 ; eau et $Az H^3$ 95.45.

4. *Eau d'Afrique* ; eau, 96.90 ; nitrate d'argent, 3.10.

5. *Eau égyptienne* ; eau, 96.12 ; nitrate d'argent, 3.88.

6. *Teinture végétale* ; A solution d'acide pyrogallique ; B solution de Na S ; C solution de nitrate d'argent 8.31 dans eau et Az H^3 91.30.

7. *Teinture américaine* ; A acide gallique et alcool ; B nitrate d'argent, 9 ; eau, 91.

8. Acide pyrogallique, 3 ; eau de roses, 120 ; eau de Cologne, 6.

9. A nitrate d'argent, 24 ; eau, 210 ; B foie de soufre, 24 ; eau distillée, 210.

10. A nitrate d'argent, 24 ; eau, 210 ; B acide pyrogallique, 9 ; eau, 120 ; alcool, 30.

11. *Eau des Roches* ; Pour 1 litre Ag O., Az O^5, 38.36 gr. ; Cu O, S O^4, 1.10 gr. ; Az H^3 16.65 ; elle laisse extrait sec, 7.83 0/0.

Idem (autre) : pour 1 litre sulfure de sodium, 66.7 gr., elle laisse extrait sec, 7.1 0/0.

12. *Eau Charbonnier* ; Par litre, Ag O, Az O^5, 19.36 gr. ; Cu O, S O^4, 0.88 gr. ; Az H^3, 10.88 gr.

13. *Eau magique* ; Par litre, Pb O, 9.78 gr. et hyposulfite de soude.

14. *Eau de Beiemis* ; Par litre, Pb O, 4.97 gr. et glycérine et hyposulfite de soude.

15. *Nuancine* ; Par litre, glycérine, 36 gr. ; Pb O, 8.83 gr. hyposulfite de soude ; extrait, 12.21 0/0.

16. *Teinture Raffin* ; Par litre, Az H^6, 26 gr. ; Ag O, Az O^5, 49.8 gr. ; extrait sec, 67 gr.

17. *Eau Denaanson et Châtelet* ; Par litre, Ag O, Az O^5, 93.5 gr. et glycérine ; extrait sec, 15.4 0/0.

18. *Eau de Figaro* ; Ag O, Az O^5 et Az H^3.

COMPOSITION DES PRINCIPALES TEINTURES

19. *Eau du serpent* ; Par litre, CuO, SO^3, 2.85 gr. ; AgO, AzO^5, 43.33 gr. ; extrait sec, 4.46 0/0.

20. *Eau Royal-Windsor* ; Par litre, glycérine, 28.9 gr. ; PbO, 16.77 gr. ; extrait sec, 34.1 gr.

21. *Eau des visites de la Dame* ; Par litre, CuO, SO^3, 2.10 gr. ; AgO, AzO^5, 6.15 gr. ; AzH^3, 4.20 ; extrait sec, 9.60.

Idem (autre) : Par litre, acide gallique, 7.70 gr.

22. *Eau Allen* ; Par litre, glycérine, 298 gr. ; PbO, 16.41 gr. ; extrait, 343.35.

23. *Poudre Laforest* ; mercure, 60 ; sulfure d'arsenic, 30 ; litharge, 30 ; amidon, 30.

24. *Composition Naquet* ; hyposulfite de bismuth.

Teinture pour les cheveux au brou de noix

Brou de noix concassé et broyé.	1 kilog.
Eau.	6 litres

On fait macérer à chaud pendant quatre heures, puis on laisse refroidir et on clarifie le liquide par la presse.

Après concentration de la solution, on ajoute :

Alcool.	200 gram.
Terpineol.	10 —
Santalol.	2 —
Essence de lilas.	4 —

Teinture pour décolorer les cheveux

Eau oxygénée.	2 litres
Acide chlorhydrique.	4 gram.

Eau nutritive pour l'entretien des cheveux

Alcool à 90°.	10 litres
Essence de Portugal.	250 gram.
— saponifiée..	1/2 —

On met dissoudre l'essence de Portugal dans l'alcool pendant quinze jours, on ajoute l'essence saponifiée, on agite et l'on filtre au bout de huit jours.

Cette eau s'emploie pure (n'y pas ajouter d'eau) au moyen d'une brosse ou d'une éponge. On imbibe bien le cuir chevelu et les cheveux en commençant à la racine.

Lotion pour la chevelure

Ammoniaque liquide.	4 gram.
Huile d'amandes douces..	4 —
Esprit de roses.	30 —
Essence de macis..	2 —
Eau de roses.	5 —

On mélange d'abord l'huile et l'ammoniaque, on ajoute l'essence de macis et l'esprit de roses, on agite avec l'huile et l'ammoniaque, et l'on ajoute peu à peu l'eau de roses.

Schampoings

Les schampoings sont essentiellement constitués par des solutions de savon de potasse dans l'eau additionnée d'un peu d'alcool. On parfume et colore à volonté.

Comme base des schampoings, nous indiquons la formule suivante :

Savon mou...............	45 gram.
Eau....................	1000 —
Carbonate de potasse.......	25 —

On porte le tout rapidement à l'ébullition, puis on ajoute 20 à 25 grammes d'un extrait composé quelconque dilué au préalable dans 200 centimètres cubes d'alcool.

Schampoing à l'eau de Cologne

Eau....................	1000 gram.
Savon..................	45 —
Carbonate de potasse.......	25 —
Eau de Cologne à 60°......	550 —

On emploiera de préférence les eaux de Cologne faites avec les essences déterpénées, *dont nous avons donné* le mode de préparation.

Schampoing au Bay-Rhum

Savon mou...............	45 gram.
Carbonate de potasse.......	22 —
Essence d'oranges douces....	2 gr. 8
Isoeugénol...............	2 — 2
Essence de Bay...........	5 gram.
Eau....................	1000 —
Alcool à 95°.............	800 —

Dissoudre les essences dans l'alcool, puis le savon et le carbonate de potasse dans l'eau additionnée de 5 0/0 de glycérine. Mélanger les deux solutions ; laisser en repos pendant quinze jours, puis filtrer.

CHAPITRE XIX

Des objets annexés au commerce du parfumeur

Sommaire. — I. Annexes fabriquées par le parfumeur. — II. Annexes non fabriquées par le parfumeur.

I. ANNEXES FABRIQUÉES PAR LE PARFUMEUR

SELS

Sels inépuisables pour flacons

Ammoniaque liquide.	1 kilog.
Essence de romarin.	10 gram.
— de lavande Mitcham. . . .	10 —
— de bergamote.	1 —
— de girofle.	1 —

On mélange bien le tout par l'agitation dans une bouteille épaisse et bien bouchée, puis on charge de petits flacons garnis d'un corps poreux absorbant, tel que l'amiante, ou mieux des fragments d'éponge bien battus, lavés et séchés, sans en mettre plus que l'éponge ne peut en absorber. Pour les flacons translucides, on se sert, au lieu d'éponge, de cristaux de sulfate de soude. Ces flacons conservent très longtemps leurs propriétés organoleptiques.

Parfois, on remplit aussi les flacons avec l'alcool saturé de gaz ammoniac ; mais, dans ce cas, on doit garnir le col des flacons avec un bouchon de coton, pour que le liquide ne se répande pas au dehors.

Les sels blancs, dits anglais, consistent en sesquicarbonate d'ammoniaque, réduit en poudre et aromatisé avec quelque essence, celle de lavande, par exemple ; mais les flacons ainsi chargés perdent promptement leur odeur. M. Allchin, pour remédier à ce défaut, a proposé de convertir le sesquicarbonate d'ammoniaque en monocarbonate ainsi qu'il suit : on brise un kilogramme de sesquicarbonate en morceaux de la grosseur d'une noisette, et on dépose dans un vaisseau sur lequel s'ajuste exactement un couvercle ; puis on verse sur ce sel 500 grammes d'ammoniaque liquide du poids spécifique de 0,880 ; on agite souvent le mélange pendant toute une semaine, et on en met à part, dans un lieu frais, pendant un mois environ. Au bout de ce temps, le tout est converti en une masse sèche et solide qu'on réduit en poudre pour en remplir les flacons.

Voici la formule du mélange pour remplir les flacons :

Huile de lavande anglaise........	2 gram.
Essence de musc...........	0 gr. 50
Huile de bergamote.........	1 gram.
— de girofle...........	1 —
Essence de roses..........	10 goutt.
Huile de cannelle..........	5 —
Ammoniaque liquide concentrée...	1 litre

Sels de Preston

Les sels de Preston se préparent avec du sel ammoniac (chlorhydrate d'ammoniaque) et de la chaux récemment éteinte. On pile fortement ce mélange dans les flacons, et on y ajoute quelques gouttes d'essence de lavande ou de bergamote.

Eau de Luce

Teinture de benjoin..	30 gram.
ou baume du Pérou..	30 —
Essence de lavande.	10 goutt.
Huile d'ambre.	5 —
Ammoniaque liquide.	30 gram.

Savon à détacher

On fait dissoudre du savon blanc sec, très divisé, dans du bon alcool ; on broie le mélange dans un mortier avec six jaunes d'œufs, on y ajoute peu à peu l'essence de térébenthine, et lorsque la pâte sera bien pétrie, on y incorpore de la terre à foulon très divisée pour donner la consistance convenable.

Pour faire usage de cette composition, on humecte avec de l'eau chaude, s'il est possible, l'étoffe tachée et l'on frotte dessus avec la savonnette ; puis, avec la main, une éponge, ou bien une brosse fine, on frotte, et l'on étend entièrement ce savon. Il convient pour toutes les taches, excepté l'encre et la rouille.

Eau à détacher, ou nouvelle eau vestimentale pour les taches graisseuses

Essence de térébenthine pure. . . .	250 gram.
Alcool à 40° centésimaux.	30 —
Ether sulfurique.	30 —

On mélange et l'on agite bien à bouchon

fermé. Si l'on veut masquer l'odeur de la térébenthine, on y ajoute de l'essence de citron.

Pour se servir de cette eau, on place l'étoffe à détacher sur plusieurs doubles de linge ; on en imbibe la partie tachée de graisse, puis l'on frotte légèrement avec un autre linge fin, jusqu'à ce que l'étoffe soit séchée et la tache enlevée. Si celle-ci était ancienne, on devrait en chauffer un peu la place.

Essence à détacher parfumée

Esprit à 40° centésimaux.	3 litres
Savon blanc.	1 —
Fiel de bœuf.	1 —
Essence de citron.	30 gram.
— de menthe.	60 . —

Eau de javelle rectifiée

Cette eau s'emploie comme désinfectante, et aussi pour enlever les taches de fruits, de rouille, d'encre. Elle se prépare en saturant une solution de potasse dans l'eau par un courant de chlore. Quelques gouttes mises dans un savonnage blanchissent le linge parfaitement ; mais il faut bien se garder de dépasser la dose.

Eau camphrée

On triture du camphre avec de la magnésie blanche, on ajoute peu à peu de l'eau en quantité suffisante, et l'on filtre. Le liquide filtré contient 15 centigrammes de camphre par 30 grammes. Ce camphre n'est pas précipité par une addition d'eau plus considérable.

L'eau camphrée est aussi souvent demandée au parfumeur qu'au pharmacien.

Moyen de blanchir les éponges

On les trempe dans l'eau froide, que l'on change toutes les trois ou quatre heures, en pressant complètement l'éponge à chaque fois. L'on continue cette manœuvre pendant cinq à six jours : l'éponge alors sera douce et propre. Si on employait de l'eau chaude, l'éponge serait au contraire durcie.

Lorsqu'elle contient quelques petites pierres, on la plonge dans de l'acide chlorhydrique étendu de vingt parties d'eau ; l'acide carbonique se dégage aussitôt, et les pierres calcaires sont détruites. Mais il faut laver soigneusement l'éponge après cette opération.

Ensuite on doit lui donner un bain d'acide sulfureux, dont la pesanteur spécifique est de 1,024. On la laisse s'imbiber pendant une semaine dans cet acide, en la retirant une fois chaque jour pour l'exprimer et la faire baigner de nouveau. Il ne reste plus qu'à la retirer définitivement, à l'exposer à un courant d'eau pendant vingt-quatre heures, puis à la faire sécher à l'air.

II. ANNEXES NON FABRIQUÉES PAR LE PARFUMEUR

Houppes de cygne

De cygne, premier choix.
— deuxième choix.

De cygne, troisième choix, 6, 9 et 12.
En poil de chat.
Pattes de lièvre préparées pour appliquer les poudres blanches de riz ou autres sur le visage.

Papier brouillard

En papier ordinaire.
—   lisse.

Peignes divers

Peignes à décrasser en buis.
—   —   en ivoire.
—   à retaper, en corne, de 80 à 190 $^{m/m}$.
—   —   en écaille, les 30 grammes.
—   pour chignon, en corne, à la douzaine.
—   —   en écaille ou en caoutchouc, les 30 gram.

Epingles noires bronzées pour les coiffeurs

Epingles noires ordinaires, au 1/2 kilogr.
—   bronzées, simples et doublées.
Pointes à perruques, n°s 3, 4 et 6.
Elastiques à perruques, 1re et 2e grandeur.

Cuirs à rasoirs

Cuirs à rasoirs, ordinaires, simples.
—   simples, soignés.
—   doubles.

Eponges de toilette

Eponges fines naturelles, au 1/2 kilogr.
—   superfines préparées.
—   blanches   —

Flacons de cristal

Flacons pour le col, dés en argent doré, taille riche, à la douzaine.
— — ordinaires.
— — taille riche, dés en or fort.
— de poche, diverses formes.
— de poche taille riche.
— de cheminée, diverses formes nouvelles.

Brosserie

Brosses à trois rangs, grand modèle.
— à quatre rangs.
— — façon anglaise, très dure.
— à trois rangs, monture à l'anglaise.
— à quatre rangs, —
— à trois rangs, corne blonde, monture ordinaire.
— à quatre rangs, corne blonde, monture ordinaire.
— à trois rangs, corne blonde, monture à l'anglaise.
— à quatre rangs, corne blonde, monture à l'anglaise.
— forme râteau, pour l'intérieur de la bouche.
— premier choix, manche sculpté.
— à trois rangs, monture à l'anglaise, en blaireau.
— à quatre rangs, monture à l'anglaise, en blaireau.

Brosses à ongles

Brosses à quatre rangs, petit modèle.
—   —   moyen modèle.
— à cinq rangs.
— à six rangs.
— à huit rangs.
— à quatre et cinq rangs, manche sculpté.

Brosses à tête

Brosses rondes en crin, ordinaires.
—   — et à manche, ordinaires.
— à manche effilé, en bois de racine vernie.
— concaves, en bois de racine vernie.
— soignées, —
— hérisson effilé, petit modèle.
—   —   — grand modèle.
—   — en acajou, massif avec filets en ébène.

Puis viennent les *brosses à peigner, à barbe,* de tous genres et de toutes dimensions.

FIN DU TOME SECOND

TABLE DES MATIÈRES

CONTENUES DANS LE TOME SECOND

	Pages
CHAPITRE VIII. — *Huiles d'amandes. Huiles parfumées dites huiles antiques*.	1
I. Huiles d'amandes par expression.	2
Huiles d'amandes douces	2
Diverses sortes d'huiles d'amandes.	3
Huile de noisette ou d'aveline.	5
Huile de ben.	5
Huile d'œuf.	5
Procédé pour parfumer à la fois l'huile et la pâte d'amandes.	6
Huile à la fleur d'oranger.	6
Huile au jasmin.	7
Huiles parfumées par infusion.	7
Huile à la rose de Provins.	8
Huile de civette.	8
Huile à l'iris.	9
Huile à l'héliotrope.	9
II. Huiles parfumées par enfleurage.	9
Huiles parfumées par un courant de vapeur.	10
Huile à la clématite cultivée.	11
Huile au chèvrefeuille.	11
Huile à l'aubépine.	12
Huile au bouquet de Flore.	12
III. Huiles de composition.	13
Huile aux violettes de Parme composée.	13
Huile à l'œillet de ratafia composée.	13
Huile à l'héliotrope du Pérou composée.	13
Huile de mille-fleurs ou de bouquet composée.	14
Huile au pot-pourri composée.	14

TABLE DES MATIÈRES

IV. Huiles parfumées aux essences．	14
Huile à la bergamote, citron, ou cédrat．	14
Huile de Portugal．	15
Huile de petit-grain et de néroli．	15
Huile à la lavande ou à la marjolaine．	15
Huiles à la menthe, au thym, au serpolet, etc.	15
V. Huiles parfumées aux esprits et teintures．	16
Huile lavande Mitcham．	16
Huile réséda．	17
Huile mille-fleurs．	17
Huile pré fleuri．	18
Huile œillet．	18
Huile fleurs de pêcher．	19
Huile vanille．	19
Huile miel d'Angleterre．	19
Huile jacinthe．	20
Huile mousseline (extra-fine)．	20
Huile essence bouquet．	20
Huile fleurs d'Italie．	21
Huile tubéreuse．	21
Huile maréchale (extra-fine)．	21
Huile fine violette de Parme．	22
Huile fine Macassar véritable．	22
Huile fine à la violette．	22
Parfum pour huile vanille fine．	23
Huile à la rose．	23
Huile athénienne extra-fine．	23
Huile à la quinine．	24
VI. Huiles aux odeurs ambrosiaques．	24
Huile à l'ambre．	24
Huile au musc．	25
Huile à la civette．	25
Huile à l'ambre et au musc．	25
VII. Extraits d'huile antique．	26
Extraits d'huile aux fleurs de catalpa．	26
Extrait d'huile à l'hémérocalle．	26
Extrait d'huile au jasmin-jonquille．	27

Extrait d'huile à l'oreille d'ours, à la violette des bois et autres fleurs............	27
VIII. Huiles diverses pour la conservation et la pousse des cheveux...............	27
Huile du phénix, ou baume nerval pour fortifier la chevelure................	27
Huile de graisse d'ours................	28
Huile philocome d'Aubril..............	28
Huile philocome....................	29
Huile des Célèbes, de Naquet...........	29
Huile de Macassar, de Naquet...........	30
Autre huile de Macassar, de Henkenins....	30
Huile de racine de clouteron...........	31
Chapitre IX. — *Des pommades*.............	32
I. Bases ou corps des pommades...........	32
Corps de pommade d'axonge............	33
Premier procédé.................	33
Deuxième procédé................	34
Troisième procédé................	35
Corps de pommade de graisse de bœuf.....	37
Corps de pommade de graisse de mouton...	38
Procédé particulier d'épuration..........	38
Corps de pommade de moelle de bœuf.....	38
Corps de pommade de graisse d'ours......	39
Corps de pommade au beurre de cacao.....	39
Corps de pommade à la vaseline.........	40
Corps de pommade à la lanoline.........	40
Corps de pommade jaune..............	40
Corps de pommade verte.............	41
II. Pommades préparées par infusion........	42
Pommade à la cassie ou à l'acacia........	42
Pommade à la rose..................	43
Pommade à la fleur d'oranger, fine et extra-superfine......................	44
Pommade à la vanille.................	45
Pommade au benjoin................	46

TABLE DES MATIÈRES

Pommade à l'héliotropine.	46
Pommade au musc.	46
Pommade à la coumarine.	46
III. Pommades préparées par enfleurage.	46
Pommade à la tubéreuse.	46
Pommade au jasmin.	50
Pommade à la jonquille.	50
Pommade au lilas.	51
Pommade à la jacinthe.	51
Pommade au narcisse.	52
Pommade à la violette.	52
Pommade au réséda.	53
Pommade aux pois de senteur	53
Pommade aux fleurs d'Italie	54
IV. Pommades de composition	55
Pommade à la jonquille composée.	55
Pommade à la jacinthe composée.	56
Pommade à la violette composée.	56
Pommade au muguet composée.	57
Pommade à l'héliotrope composée.	57
Pommade à l'œillet composée.	58
Pommade aux fleurs d'Italie composée.	58
Pommade au bouquet.	59
Pommade au pot-pourri.	59
Pommade de mille fleurs.	60
Pommade à la duchesse.	60
Pommade à la frangipane.	61
Pommade à la sultane.	62
Pommade à la maréchale.	62
Pommade de Chypre.	63
Pommade au jasmin.	63
Pommade aux cantharides	64
Pommade au quinquina.	64
Pommade circassienne	64
Pommade transparente.	64
V. Pommades romaines	65
Pommade romaine à la vanille.	66

TABLE DES MATIÈRES

Pommade romaine à l'ambre..................	67
Pommade romaine au benjoin................	67
Pommade romaine au musc..................	68
VI. Pommades par les essences.................	68
Pommade à la rose........................	69
Pommade à la vanille.....................	70
Pommade à l'amande amère.................	70
Pommade à la fleur d'oranger...............	70
Pommade à la violette.....................	70
Parfum pour pommade ordinaire.............	71
VII. Pommades diverses, philocomes et cosmétiques.................................	71
1° Pommades. — Préparation des pommades et de l'huile pour les cheveux.............	71
Pommade impériale.......................	73
Pommade de Flore........................	74
Pommade de moelle de bœuf à l'ambroisie...	74
Pommade de moelle de bœuf au baume de la Mecque.................................	75
Moelle de bœuf odorante...................	75
Pommade à la moelle de bœuf..............	76
Pommade à la moelle, autre formule........	76
Pommade à la graisse d'ours, aux feuilles de noyer...................................	76
Pommade canadienne, ou véritable graisse d'ours..................................	77
Pommade à la graisse d'ours...............	77
Pommade de vaseline, à la rose............	78
Pommade de vaseline, au néroli............	78
Pommade de vaseline, à l'héliotrope........	78
Pommade de vaseline, au lilas.............	78
Pommade cristalline, au muguet...........	78
2° Brillantines...........................	78
Brillantine à la rose......................	79
Brillantine au muguet.....................	79
Brillantine à la violette...................	79
Brillantine à l'héliotrope..................	79

TABLE DES MATIÈRES

Brillantines cristallisées....................	80
3° Philocomes et cosmétiques...............	81
Philocome moelle de bœuf...................	81
Philocome à la violette......................	82
Philocome dur à la violette..................	82
Philocome dur au bouquet...................	83
Philocome dur à la mousseline...............	83
Philocome fleurs de mai.....................	83
Philocome à la vanille.......................	84
Philocome au quinquina.....................	85
Philocome au géranium......................	85
Philocome à l'œillet.........................	85
Philocome au Portugal......................	85
Philocome à la rose.........................	86
Philocome aux fleurs mélangées..............	86
Philocome huile cristallisée..................	86
Cosmétique violette blanche.................	86
Cosmétique violette (Lubin)..................	87
Cosmétique vanille (Lubin)..................	87
Cosmétique moelle de bœuf..................	87
Cosmétique à la violette ordinaire............	88
Cosmétique à la violette (Lubin)..............	88
Cosmétique à la vanille......................	88
Cosmétique à la violette de Parme............	88
Cosmétique pour lisser et fixer les cheveux...	89
Pommade noire en bâtons pour les sourcils...	90
Pommade pour noircir les cheveux............	90
Pommade collante pour les faux-toupets......	91
Pommade hongroise pour les moustaches.....	92
Cire à moustaches hongroise.................	92
Pommade fixatrice à la rose..................	92
Bandoline aux amandes.....................	92
Bandolines.................................	93
Bandoline à la rose.........................	93
Bandoline à l'héliotrope.....................	93
Fourneau à air chaud pour la fonte des pommades et des philocomes.................	94

CHAPITRE X. — *Des poudres à poudrer, absorbantes, dépilatoires, etc.* 96

- I. Poudres aux fleurs 97
  - Poudre blanche.................. 97
  - Corps de poudre.................. 97
  - Corps de poudre à la fleur d'oranger...... 98
  - Poudre aux œillets de mai........... 100
  - Poudre à la giroflée jaune, ou baguette d'or.. 101
  - Poudre au réséda 101
- II. Poudres aux substances odorantes, impalpables................ 101
  - Poudre à l'ambre................. 101
  - Poudre au musc.................. 102
  - Poudre à la vanille brune............ 103
  - Poudre à la vanille blanche........... 103
  - Poudre de Chypre................. 104
  - Préparation de la mousse de chêne ou Chypre. 104
- III. Poudres de composition............. 105
  - Corps de poudre à la maréchale........ 105
  - Corps de poudre au bouquet de la reine.... 106
  - Corps de poudre aux fleurs d'Italie ou de Cypris..................... 106
  - Poudre à la rose musquée composée...... 107
  - Poudre au bouquet composée.......... 107
  - Poudre de Flore................. 108
  - Poudre à l'héliotrope composée......... 108
  - Poudre à l'œillet composée pour corps de poudre et sachets............... 109
  - Poudre à la mousseline des Indes....... 110
  - Olla podrida.................... 110
- IV. Poudres sachet.................. 111
  - Poudre à sachets, au Chypre.......... 111
  - Poudre à sachets à l'œillet........... 111
  - Poudre sachet mille-fleurs............ 111
  - Poudre sachet à l'héliotrope.......... 112
  - Poudre sachet au musc............. 112

Poudre sachet à la rose. 113
Poudre à sachets, à la violette. 113
Poudre à sachets à la violette de Parme. . . . 113
Poudre sachet au bouquet Impératrice. 114
Poudre à sachet au miel. 114
Poudre sachet frangipane. 114

V. Poudres de couleur. 115
Poudre noire, ou du Liban, à la fleur d'oranger. 115
Poudre blonde. 116
Poudre brune et châtaine. 116

VI. Poudres absorbantes. 116
Poudre d'iris pour éponger la sueur de la tête
  et des aisselles. 116
Son préparé et parfumé pour dégraisser les
  cheveux 117
Poudre hygiénique de féveroles pour la tête. . 117
Poudre d'alun de toutes odeurs. 117
Poudre d'alun au jasmin, au jasmin-jonquille. 118
Poudre d'alun au musc. 118

VII. Poudres épilatoires, etc. 118
Crème parisienne épilatoire. 119
Rusma dépilatoire des harems. 119
Pommade épilatoire de Turquie à la rose. . . 121
Poudre dépilatoire parfumée à toute odeur. . 121
Poudre épilatoire simple. 121
Cire épilatoire. 121
Extrait épilatoire. 122

VIII. Poudres diverses. 122
Poudre de gomme pour les faux toupets. . . . 122
Poudre de propreté 123
Poudre stéatite de Florence pour entrer les
  bottes. 123

IX. Peau d'Espagne. 124
Papier à lettres parfumé. 124
Sachets pour boîtes à gants. 124

TABLE DES MATIÈRES

CHAPITRE XI. — *Des préparations cosmétiques pour les lèvres et la peau*.................. 125

  I. Pâtes, crèmes et gelées pour embellir la peau................................... 125
    Amandine...................................... 125
    Saponaire..................................... 126
    Composition propre à adoucir la peau..... 126
    Pommade mexicaine de Michel et Lance... 127
    Pommade pour adoucir la peau............ 128
    Autre.. 129
    Crème de Cathay, de J.-M. Farina........ 129
    Pommade au beurre de cacao, de Lange.. 129
    Pommade de concombres.................... 130
    Pommade de Ninon de Lenclos, de Boyer. 131
    Pommade aux limaçons...................... 131
    Pommade des sultanes...................... 131
    Pommade de beauté, pour le teint et les gerçures de la peau......................... 132
    Pommade des Grâces, ou pommade de lavande de Baumé............................. 133
    Pommade d'Hébé, contre les rides........ 133
    Autre pommade contre les rides.......... 133
    Cold-cream, n° 1............................. 134
    Cold-cream, n° 2............................. 134
    Cold-cream à la rose........................ 134
    Gelée de glycérine.......................... 135
    Crème-neige................................... 135
    Crème à la noix de coco.................... 136
    Crème à la vanille........................... 136
    Crème à la vanille........................... 136
    Crème de tonka.............................. 137
    Crème de ricin............................... 137
    Crème de moelle............................. 137
    Crème kali.................................... 137
    Glycéré d'amidon............................ 137
  II. Laits ou émulsions............................ 142

TABLE DES MATIÈRES

Lait de roses de Londres.	142
Lait de roses, 2ᵉ formule.	144
Lait d'amandes.	144
Lait virginal simple.	144
Extrait de lait virginal ou lait virginal double.	144
Lait de concombre.	145
Lait de lis.	145
Lait de fleurs d'oranger.	145
Lait de pistaches.	146
III. Préparations pour les lèvres.	146
Pommade rosat pour les lèvres.	146
Pommade à la cerise pour les lèvres.	146
Pommade rosat pour les lèvres.	146
Pommade de roses pour les lèvres.	147
Cérat d'amour pour les lèvres.	147
Pommade pour les lèvres.	147
Pommade au raisin pour les lèvres.	148
Pommade virginale, ou pommade à la comtesse.	148
Pommade blanche pour les lèvres.	149
Pommade dite cold-cream.	149
Cold-cream à la violette.	150
Cold-cream à la rose.	150
IV. Poudres cosmétiques.	150
Poudre rouge de Cambon.	150
Serkis du sérail de Dissey et Piver.	151
Poudre favorite des sultanes pour blanchir la peau et ôter les taches de rousseur.	151
Poudre orientale.	152
Pâte de Lassar.	152
Poudre de beauté Victoria.	152
Pommade contre la gerçure des lèvres.	152
Poudres pour les ongles.	153
Poudre à la rose.	153
Poudre à la violette.	154
Vernis pour les ongles.	154

TABLE DES MATIÈRES 371

Chapitre XII. — *Des pâtes d'amandes. Gants cosmétiques*.. 155

I. Pâtes d'amandes en poudre. 155
    Pâte d'amandes bise. 155
    Pâte d'amandes douces blanche, demi-amère. 156
    Pâte d'amandes douces blanche à la bergamote. 157
    Pâte d'amandes amères. 157
    Fleur d'amandes douces à la violette. 157
    Pâte d'avelines. 158
    Fleur d'amandes amères. 158
    Pâte d'amandes d'Italie. 159
    Pâte d'amandes aux parfums. 159

II. Pâtes d'amandes liquides. 160
    Pâte d'amandes aux jaunes d'œufs. 160
    Pâte d'amandes à l'alcoolat de lavande. . . . 160
    Pâte d'amandes à l'eau de mélisse. 160
    Pâte d'amandes, suave, orientale. 161
    Pâte d'amandes au miel. 162
    Pâte d'amandes au miel, parfumée à toutes odeurs. 162
    Tablettes de pâte d'amandes au miel de Narbonne. 163
    Pâte d'amandes liquide à l'alcool, parfumée ou non parfumée. 163
    Pâte liquide parfumée, à la bergamote et autres odeurs. 164
    Pâte d'amandes des sultanes. 165
    Pâte liquide de Flore, ou pâte à la rose. . . . 165
    Pâte liquide au jasmin. 166
    Corps composé pour préparer la pâte d'amandes liquide à la vanille. 166
    Pâte liquide à la fleur d'oranger. 167
    Pâtes d'amandes liquides à la violette, à l'héliotrope, au bouquet, etc. 167
    Pâte grasse à toutes odeurs qui s'allient à l'amande amère. 167

TABLE DES MATIÈRES.

Pâte d'amandes en briques pour les bains...	168
III. Gants cosmétiques...	168
Gants cosmétiques au bouquet...	168
Gants cosmétiques à la rose des champs....	169
Chapitre XIII. — *Des fards*...	170
I. Fards blancs...	171
Blanc de talc en trochisques ou blanc de Circassie...	171
Fard blanc de bismuth, nommé blanc de perle.	172
Blanc de perles liquide...	172
Fard blanc sec...	172
Blanc de fleurs de zinc ou blanc de Thénard.	173
Fard blanc gras...	173
II. Fards rouges...	174
Préparation du talc en poudre...	175
Des diverses nuances de rouge...	175
Rouge de cinabre ou de vermillon, ou rouge commun pour le théâtre...	176
Rouge de bois de Brésil foncé pour le théâtre.	177
Rouge de carmin ordinaire ou rouge fin de théâtre...	177
Rouge fin de carmin en pommade...	178
Rouge fin de Germanie, ou de carmin d'Allemagne...	178
Rouge superfin de Chine, ou de carmin chinois.	178
Rouge extra-fin de Chine en feuilles, ou rouge de cochenille...	179
Rouge superfin de Hollande, ou rouge de carmin d'Amsterdam...	179
Rouge extra-fin d'Alyon...	179
III. Rouge végétal...	179
Préparation du carthame...	180
Rouge de carthame, ou rouge végétal en poudre...	181
Rouge-vert d'Athènes...	182
Rouge en pot...	182

Rouge de carthame liquide, ou rouge des
    Circassiennes................ 182
Rouge d'alloxane................... 182
Bleu végétal pour les veines............ 182
Bleu pour les veines. — Autre formule.... 183
Fard bleu d'azur................... 183
IV. Vinaigres de fards................ 183
    Vinaigre de fard.................. 183
    Vinaigre de rouge de toutes nuances...... 184
    Rouge liquide économique............ 184
    Rouge liquide de Sophie Goubet......... 185
    Vinaigre de Vénus................ 186
V. Crépons. Accessoires des fards........ 186
    Crépons divers.................. 186

CHAPITRE XIV. — *Des dentifrices*......... 187

I. Eaux dentifrices................. 187
    Eau dentifrice de Prodhomme. — Composition
    et préparation.................. 187
    Eau odontalgique du docteur O'Méara. — Composition.......................... 188
    Eau balsamique de Jackson........... 189
    Elixir de Lafandinière.............. 191
    Eau de Sthal de Manseau............ 191
    Elixir blanc de Greenouch............ 192
    Extrait rose de Greenouch............ 192
    Baume du Commandeur............. 193
    Eau-de-vie de gaïac................ 193
    Eau-de-vie de ratanhia.............. 193
    Paraguay roux................... 194
    Esprit de pyrèthre simple............. 194
    Esprit de pyrèthre composé........... 194
    Esprit odontalgique de Boerhaave....... 195
    Eau impériale odontalgique........... 195
    Eau du docteur Mialhe.............. 196
    Eau de salvia................... 196
    Eau de violette.................. 196

TABLE DES MATIÈRES

Eau de Botot............................. 196
   1re Formule ancienne................. 197
   2e Formule........................... 197
   3e Formule dite anglaise............. 198
Imitation de l'eau de quinine............ 198
Baume dentifrice de Pradal............... 198
Autre formule............................ 199
Eau dentifrice dite du docteur Pierre.... 200
Eau dentifrice au thymol (Docteur Muller). 201
Eau dentifrice au thymol (Schleuker)..... 201
Eau dentifrice de Thomson................ 201

II. Poudres dentifrices.................. 201
  Poudres dentifrices au charbon......... 201
  Poudre de Ceylan, de Mayer............. 202
  Poudre péruvienne, de Poisson.......... 203
  Poudre dentifrice, de Maury............ 203
  Poudre dentifrice hygiénique........... 204
  Poudre dentifrice orientale............ 204
  Poudre dentifrice américaine........... 205
  Poudre dentifrice à la rose............ 205
  Poudre dentifrice, de Piesse et Lubin.. 205
  Poudre d'écorce de quinine............. 206
  Poudre de sépia........................ 206
  Borax dentifrice....................... 206

III. Opiats et pâtes dentifrices.......... 206
  Opiat dentifrice de charbon............ 207
  Opiat pour les dents, d'André Lormé.... 207
  Opiat dentifrice rouge, ou de corail... 207
  Opiat dentifrice blanc, liquide........ 208
  Opiat dentifrice d'Orient.............. 208
  Opiat de Piesse et Lubin............... 209
  Pâte dentifrice au salol............... 209
  Cherry Tooth-Paste..................... 210
  Pastilles de cachou aromatisé.......... 210

IV. Racines préparées ou brosses de corail.. 211
  Brosses de racines de guimauve......... 211

TABLE DES MATIÈRES

Brosses de racines de raifort, ou brosses antiscorbutiques.................................... 211
Brosses de racines de luzerne................. 212
Brosses de racines de réglisse................ 212
Brosses de tilleul blanc....................... 213
Petites éponges fines pourvues d'un manche, pour les dents................................ 213

CHAPITRE XV. — *Pastilles fumantes. Clous. Cassolettes. Sachets*....................... 214

I. Pastilles fumantes........................ 214
   Pastilles simples........................ 214
   Pastilles au benjoin..................... 214
   Pastilles à la rose...................... 215
   Pastilles à la vanille.................... 215
   Pastilles à la fleur d'oranger............ 215
   Pastilles à l'ambre...................... 216
   Pastilles des Indes, dites pastilles blondes... 217
   Pastilles au bouquet des champs......... 217
   Pastilles au benjoin et au musc.......... 218
   Rubans de Bruges....................... 218
   De la forme des pastilles................ 219
II. Pastilles odorantes de toilette, pour collier.. 219
   Pâte de violette, de Chypre.............. 219
   Pâte de roses............................ 220
   Pâte de menthe ou de jasmin............ 221
   Clous fumants ou odorants.............. 221
   Autres clous fumants ou odorants....... 222
III. Cassolettes............................... 222
   Cassolettes odoriférantes à l'ambre...... 222
   Cassolettes de Portugal................. 223
   Cassolettes au pot-pourri................ 223
   Cassolettes aromatiques................. 224
   Papier d'Arménie....................... 225
   Parfum pour papier d'Arménie.......... 225
IV. Sachets.................................... 225
   Sachets printaniers..................... 226

Sachets aux herbes de Montpellier............ 226
Sachets au bouquet des Grâces............ 227
Sachets au pot-pourri............... 227
Sachets à la violette................ 227
Sachets à la vanille................ 227
Sachets de peau d'Espagne au musc...... 228
Sachets à l'ambre.................. 228
Poudre de Ceylan................. 228
Poudre de vétiver.................. 229
Pot-pourri....................... 229
Poudre indienne................... 229
Poudre de Chypre................. 229
Peau d'Espagne................... 229

CHAPITRE XVI. — *Des vinaigres de toilette et de propriétés*.................. 232

  I. Vinaigres par infusion............... 233
    Vinaigre de toilette, de Sinfar.......... 233
    Vinaigre rosat................... 234
    Vinaigre infusé à la fleur d'oranger...... 234
    Vinaigre infusé à l'œillet rouge........ 234
    Vinaigre infusé à la jonquille.......... 234
    Vinaigre infusé à la lavande.......... 234
    Vinaigres infusés de sauge, de thym, de serpolet....................... 235
    Vinaigres infusés de menthe poivrée, de menthe coq, de menthe fine, de mélisse, de baume, etc...................... 235
    Vinaigre framboisé................ 235
  II. Vinaigres par distillation............. 235
    Vinaigre à la rose................ 235
    Vinaigre à la lavande.............. 236
    Vinaigre de romarin............... 237
    Vinaigres distillés de toutes autres plantes aromatiques : marjolaine, absinthe, sarriette, angélique, baume, citronnelle, basilic, menthe ordinaire, menthe poivrée, etc.... 237

Vinaigre à l'orange................	237
Vinaigre à la bergamote..............	238
Vinaigre au cédrat................	238
Vinaigre à l'ambre................	238
Vinaigre au musc.................	239
Vinaigre à la civette...............	239
Vinaigre à l'ambrette..............	239
Vinaigre au girofle................	240
Vinaigre à la muscade..............	240
Vinaigre à la cannelle..............	240
III. Vinaigres par solution.............	240
Vinaigre virginal ou vinaigre au benjoin...	240
Vinaigre balsamique...............	241
Vinaigre des sultanes...............	241
Crème de vinaigre................	241
Vinaigre de Cologne...............	242
Vinaigre à l'orange................	242
Vinaigre de fleurs de cédrat, de bergamote..	242
Vinaigre au girofle................	242
Vinaigre à la cannelle de Ceylan.........	243
Vinaigres de toutes les plantes aromatiques labiées, comme sauge, lavande, marjolaine, thym, etc....................	243
Vinaigre de fleurs de tous genres.........	243
Vinaigre de mille-fleurs, de bouquet, etc....	243
Vinaigre de Flore.................	244
Vinaigre de thym à la rose............	244
Vinaigre à la rose................	244
Vinaigre au citron................	245
Vinaigre au Portugal...............	245
Vinaigre au géranium...............	245
Vinaigre à la violette...............	245
Vinaigre de toilette hygiénique superfin, d'André Loriné................	246
Teinture de benjoin................	246
Teinture de fèves de Tonka............	247
Infusion d'iris de Florence............	247

TABLE DES MATIÈRES

Infusion de mélisse.	247
Vinaigre aromatique hygiénique.	247
Vinaigre de toilette d'André Lormé.	248
Vinaigre de toilette dit anglais.	249
Vinaigre hygiénique pour la barbe et les bains, d'André Lormé.	249
Vinaigre dentifrice.	250
Vinaigre camphré.	250
Vinaigre oriental.	251

IV. Vinaigres obtenus à la fois par distillation et par solution, nommés aussi extraits de vinaigre. 251

Extrait de vinaigre de jasmin.	251
Extrait de vinaigre à l'œillet.	251
Extrait de vinaigre à la vanille.	252
Extrait de vinaigre à la tubéreuse.	252
Extrait de vinaigre citronné à la verveine.	252

V. Vinaigres de salubrité. 253

Vinaigre anti-méphitique de Bully (1814).	253
Vinaigre aromatique de Bully (1818).	254
Vinaigre aromatique et salubre.	255
Vinaigre des quatre voleurs (1re formule).	255
Vinaigre des quatre voleurs, composé de Vergnes (2e formule).	256
Vinaigre des quatre voleurs, de Bertrand (3e formule).	257
Vinaigre des quatre voleurs, de Laugier (4e formule).	258

VI. Vinaigres de propriétés. 258

Vinaigre de fard de Vénus.	259
Vinaigre romain, ou vinaigre dentifrice.	259
Vinaigre styptique pour effacer les rides.	259
Vinaigre astringent au girofle.	259
Vinaigre double, astringent, à la grenade.	260
Vinaigre scillitique pour éclaircir la voix.	260
Vinaigre colchique pour le même objet.	261
Vinaigre colchique à la rose.	261

Vinaigre résolutif et fondant, pour guérir les cors et les verrues.............. 261
Vinaigre alcoolique contre les évanouissements................. 262
Vinaigre de mille-pertuis pour ôter le rouge et le vinaigre de fard............ 262
VII. Esprits ou sels de vinaigre............ 262
Esprit aromatique de vinaigre, ou vinaigre anglais................... 263
Vinaigre anglais................... 263
Vinaigre radical aromatique, de Vergnes... 264
Sel volatil aromatique anglais.......... 264

CHAPITRE XVII. — *Des savons de toilette*..... 265

I. Savons durs.................... 267
Savon blanc parfumé à l'huile de coco..... 274
Savon jaune parfumé de coco et de palme... 275
Savon au miel................... 275
Savon au miel anglais............... 275
Savon Wilson, de Londres............. 275
Savon hygiénique................. 276
Savon au suc de laitue.............. 276
Savon au suc de laitue (pour 100 kilog.)... 276
Savon lis et miel (pour 100 kilog.)........ 278

II. Savons à froid.................. 279
Savon fleur d'Italie extra-fin (pour 120 kilog.). 283
Savon jonquille extra-fin (pour 120 kilog.).. 283
Savon benjoin extra-fin (pour 120 kilog.)... 284
Savon ambre extra-fin (pour 120 kilog.).... 285
Savon mille-fleurs extra-fin (pour 120 kilog.). 285
Savon au miel d'Angleterre extra-fin (pour 60 kilog.).................. 286
Savon à la maréchale extra-fin, cosmétique et hygiénique (pour 61 kilog.)........ 286
Savon au bouquet extra-fin (pour 60 kilog.).. 287
Savon au suc de concombre extra-fin...... 287

Fabrication du savon à l'huile de coco, savon très blanc (pour 100 kilog.)......... 290
Savon rose d'huile de coco............ 290
Savon cannelle à l'huile de coco........ 291
Savon jaune dit de guimauve........... 291
Savon de moulage de pépins de coings..... 292
Savon mousseux de guimauve.......... 292
Savon hygiénique dulcifié au lactarium.... 293
Savon amygdalin idéaliné ou suc laiteux de framboise.................... 294
Savon cold-cream solidifié ou lait virginal.. 295
Savon à la rose (pour 120 kilog.)........ 295
Savon à la rose, n° 1............... 296
Savon à la rose, n° 2............... 296
Savon à la rose, n° 3............... 296
Savon à la rose, n° 4............... 297
Savon à la rose, n° 5............... 297
Savon aux violettes des bois, extra-fin (pour 60 kilog.).................... 297
Savon à la violette................ 298
Savon aux violettes de Parme, extra-fin (pour 60 kilog.).................... 298
Savon hygiénique extra-fin (pour 60 kilog.).. 298
Savon impérial français, extra-fin (pour 60 kilog.)...................... 299
Savon à la mousseline, extra-fin (pour 60 kilog.)...................... 300
Savon au musc, extra-fin (pour 120 kilog.).. 301
Savon médicinal, extra-fin (pour 120 kilog.). 301
Savons à la glycérine............... 302
Savon de Windsor, pour la barbe........ 302
III. Savons légers.................. 303
IV. Savons en poudre................ 304
Poudre de savon de Windsor.......... 305
Poudre de savon au beurre de Galam..... 305
Poudre de savon onctueuse........... 305
Poudre de savon, parfumée à toutes odeurs.. 306

TABLE DES MATIÈRES

V. Essences de savon.	306
VI. Savons transparents.	308
VII. Savons mous ou crèmes.	309
Crème d'amandes amères, ou savon mou marbré.	310
Crème de cacao savonneuse.	311
Crème d'ambroisie.	311
Saponaire orientale, ou crème de savon.	311
Savon de jaunes d'œuf.	312
Savon d'huile d'œufs.	314
Savon à la glycérine.	315
VIII. Boules de savon.	316
Recettes de boules de savon parfumées.	317
Boules de savon à l'ambre.	318
Boules de savon à l'huile de bergamote.	318
Boules de savon au citron.	319
Boules de savon à la frangipane.	319
Boules de savon au jasmin.	319
Boules de savon à la lavande.	319
Boules de savon napolitaines.	320
Boules de savon au girofle.	320
Boules de savon au musc.	320
Boules de savon à l'orange.	321
Boules de savon à la rose.	321
Boules de savon de Chiras.	321
Boules de savon à la vanille.	322
Boules de savon à la cannelle.	322
IX. Savons mousseux.	322
Savon mousseux au bouquet.	323
Savon mousseux aux fleurs.	324
Savon mousseux à la rose.	324
X. Savons à barbe.	324
Pâte à raser.	325
Savon à raser liquide.	326
Savon à raser liquide.	326

TABLE DES MATIÈRES

Chapitre XVIII. — *Des produits pharmaceutiques du Parfumeur*......... 328

I. Eaux vulnéraires odontalgiques, stomachiques 328
    Eau de mélisse des carmes (1re formule)... 328
    Eau de mélisse des carmes, réformée (2e formule)......... 330
    Eau de mélisse des carmes (3e formule).... 330
    Eau de mélisse d'hiver (4e formule)...... 331
    Eau de mélisse......... 332
    Eau de mélisse, supérieure à celle des carmes. 333
    Eau vulnéraire simple et double......... 333
    Eau d'arquebusade de Lausanne......... 334
    Eau de la reine de Hongrie......... 335
    Eau fine de la reine de Hongrie......... 335
    Eau de Luce......... 335
    Eau des jacobins de Rouen......... 336
    Esprit de menthe, n° 1, par André Lormé... 336
    Esprit de menthe, n° 2......... 337
    Alcool camphré......... 337
    Eau-de-vie camphrée......... 337

II. Pastilles propres à désinfecter l'haleine. — Cachou......... 337
    Pâte de cachoudé......... 337
    Cachou à la violette......... 338
    Cachou à la fleur d'oranger......... 338
    Cachou à la rose......... 339
    Cachou à la vanille......... 340
    Cachou inodore......... 340
    Cachou à la cannelle......... 341
    Cachou à l'ambre gris......... 341
    Pastilles pour la désinfection de l'haleine... 341
    Préparation contre la mauvaise odeur de l'haleine et des gencives......... 342
    Pastilles grises de chlorure de chaux pour désinfecter l'haleine......... 343

Pastilles blanches pour le même objet.....	343
Autres pastilles propres à empêcher l'odeur fétide de la bouche..................	344
III. Lotions diverses...................	344
Lotion astringente................	344
Lotion pour les cheveux, au romarin.......	344
Lotion au Bay-Rhum................	345
Eau athénienne..................	345
Lotion à la glycérine...............	345
Lotion pour noircir la barbe et les cheveux..	345
Eau pour noircir les cheveux...........	346
Eau pour teindre la barbe et les cheveux...	346
Karsi........................	346
Teinture brune..................	347
Teinture brune..................	347
Coloration noire.................	347
Teinture au tanin................	347
IV. Composition des principales teintures pour les cheveux, d'après A.-M. Villon.........	347
Teinture pour les cheveux au brou de noix..	349
Teinture pour décolorer les cheveux......	349
Eau nutritive pour l'entretien des cheveux...	350
Lotion pour la chevelure.............	350
Schampoings...................	350
Schampoing à l'eau de Cologne.........	351
Schampoing au Bay-Rhum............	351
CHAPITRE XIX. — *Des objets annexés au commerce du parfumeur*...................	352
I. Annexes fabriquées par le parfumeur.....	352
Sels inépuisables pour flacons..........	352
Sels de Preston..................	353
Eau de Luce....................	354
Savon à détacher.................	354
Eau à détacher, ou nouvelle eau vestimentale pour les taches graisseuses...........	354
Essence à détacher parfumée..........	355

Eau de javelle rectifiée	355
Eau camphrée	355
Moyen de blanchir les éponges.	356
II. Annexes non fabriquées par le parfumeur	356
Houppes de cygne	356
Papier brouillard	357
Peignes divers	357
Epingles noires bronzées pour les coiffeurs	357
Cuirs à rasoirs	357
Eponges de toilette	357
Flacons de cristal	358
Brosserie	358
Brosses à ongles	359
Brosses à tête	359

FIN DE LA TABLE DU TOME SECOND

BAR-SUR-SEINE. — IMP. Vᵉ C. SAILLARD.

ENCYCLOPÉDIE-RORET

COLLECTION DES MANUELS-RORET

FORMANT UNE

ENCYCLOPÉDIE DES SCIENCES & DES ARTS

FORMAT IN-18

Par une réunion de Savants et d'Industriels

Tous les Traités se vendent séparément.

La plupart des volumes, de 300 à 400 pages, renferment des planches parfaitement dessinées et gravées, et des vignettes intercalées dans le texte.

Les Manuels épuisés sont revus avec soin et mis au niveau de la Science à chaque édition. Aucun Manuel n'est cliché, afin de permettre d'y introduire les modifications et les additions indispensables.

Cette mesure, qui met l'Éditeur dans la nécessité de renouveler à chaque édition les frais de composition typographique, doit empêcher le Public de comparer le prix des *Manuels-Roret* avec celui des autres ouvrages, tirés sur cliché à chaque édition, et ne bénéficiant d'aucune amélioration.

Pour recevoir chaque volume franc de port, on joindra, à la lettre de demande, un mandat sur la poste (de préférence aux timbres-poste) équivalant au prix porté au Catalogue.

Cette franchise de port ne concerne que la **Collection des Manuels-Roret** et n'est applicable qu'à la France et à l'Algérie. Les volumes expédiés à l'Étranger seront grevés des frais de poste établis d'après les conventions internationales.

Bar-sur-Seine. — Imp. ve C. SAILLARD.

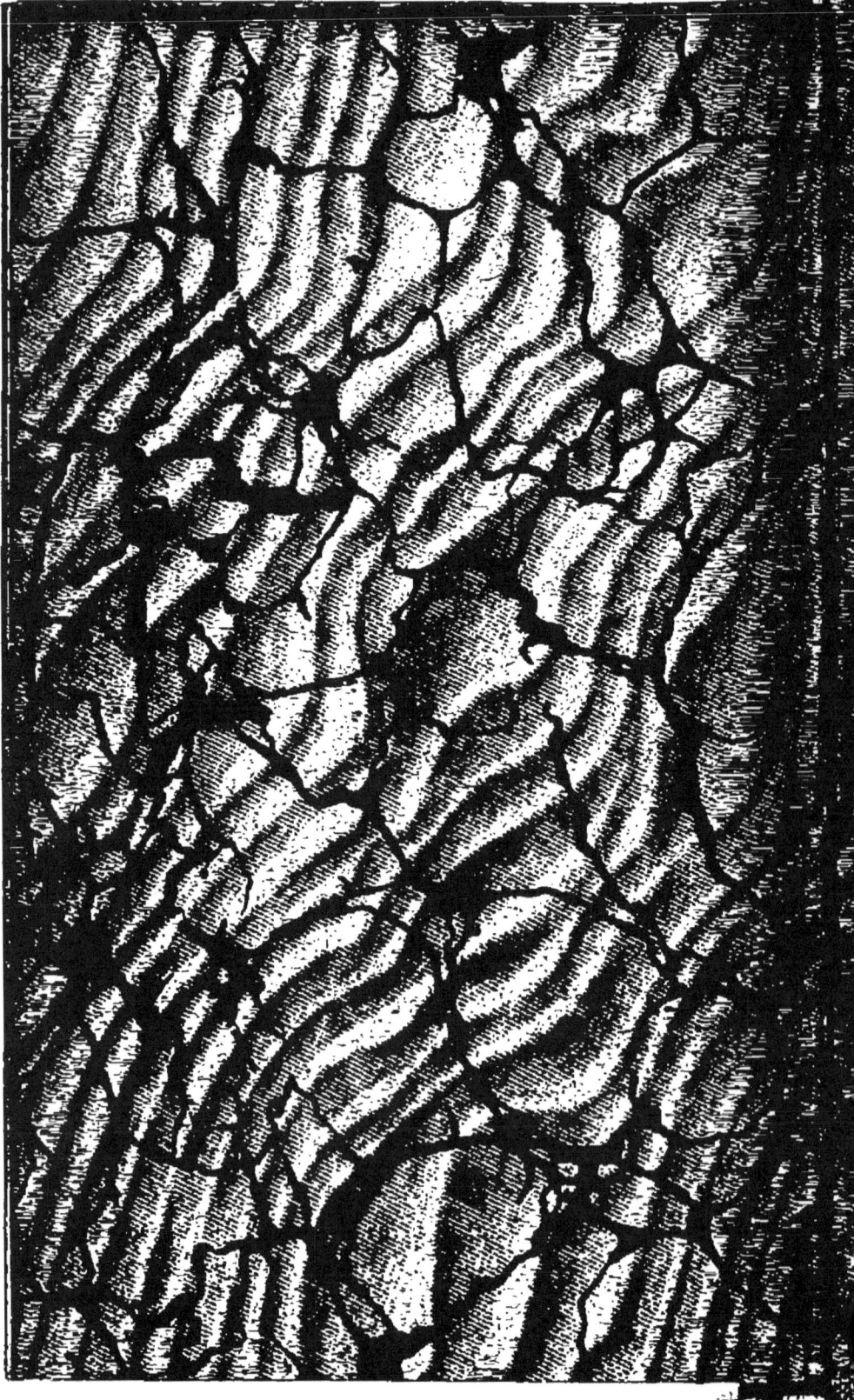

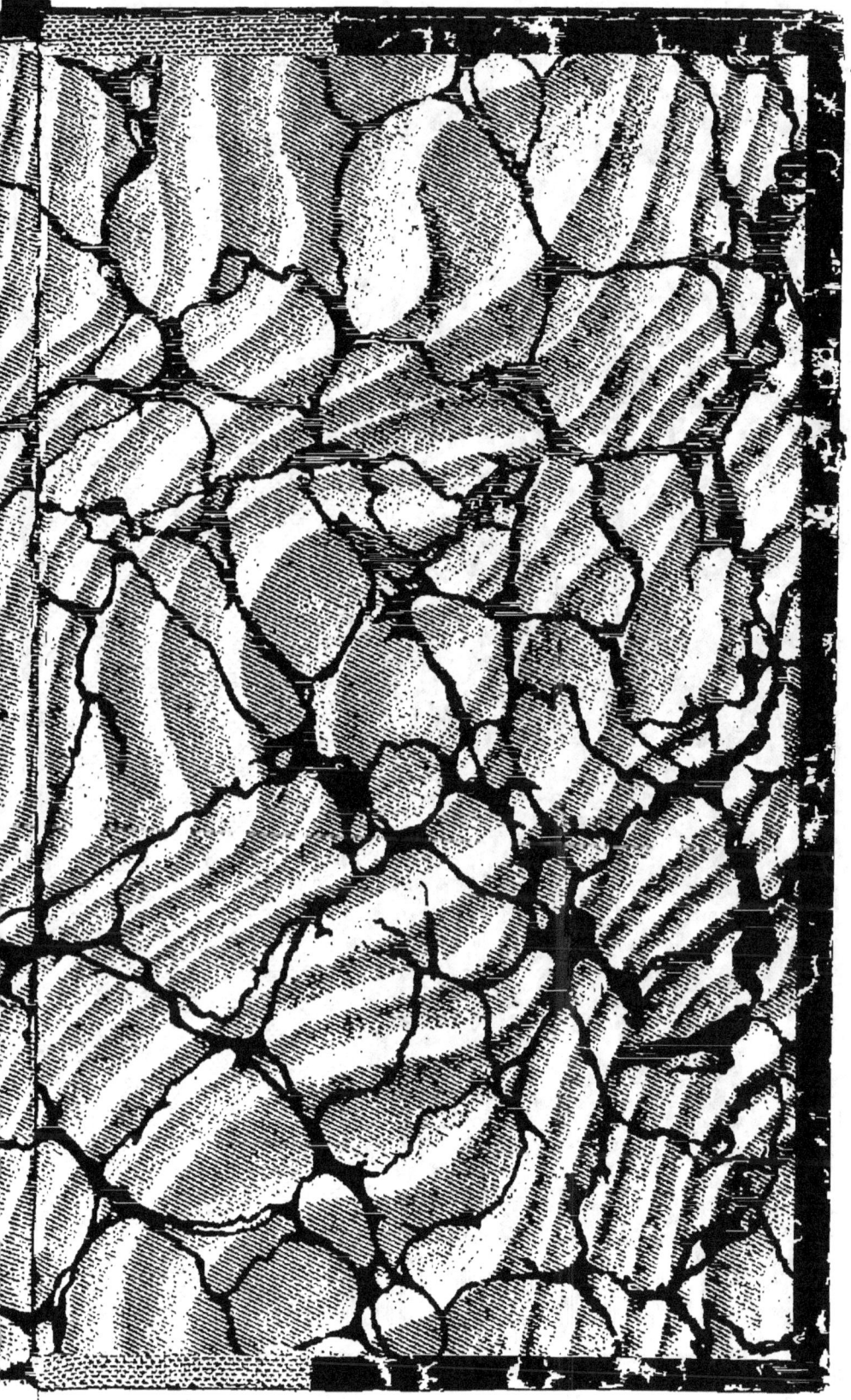

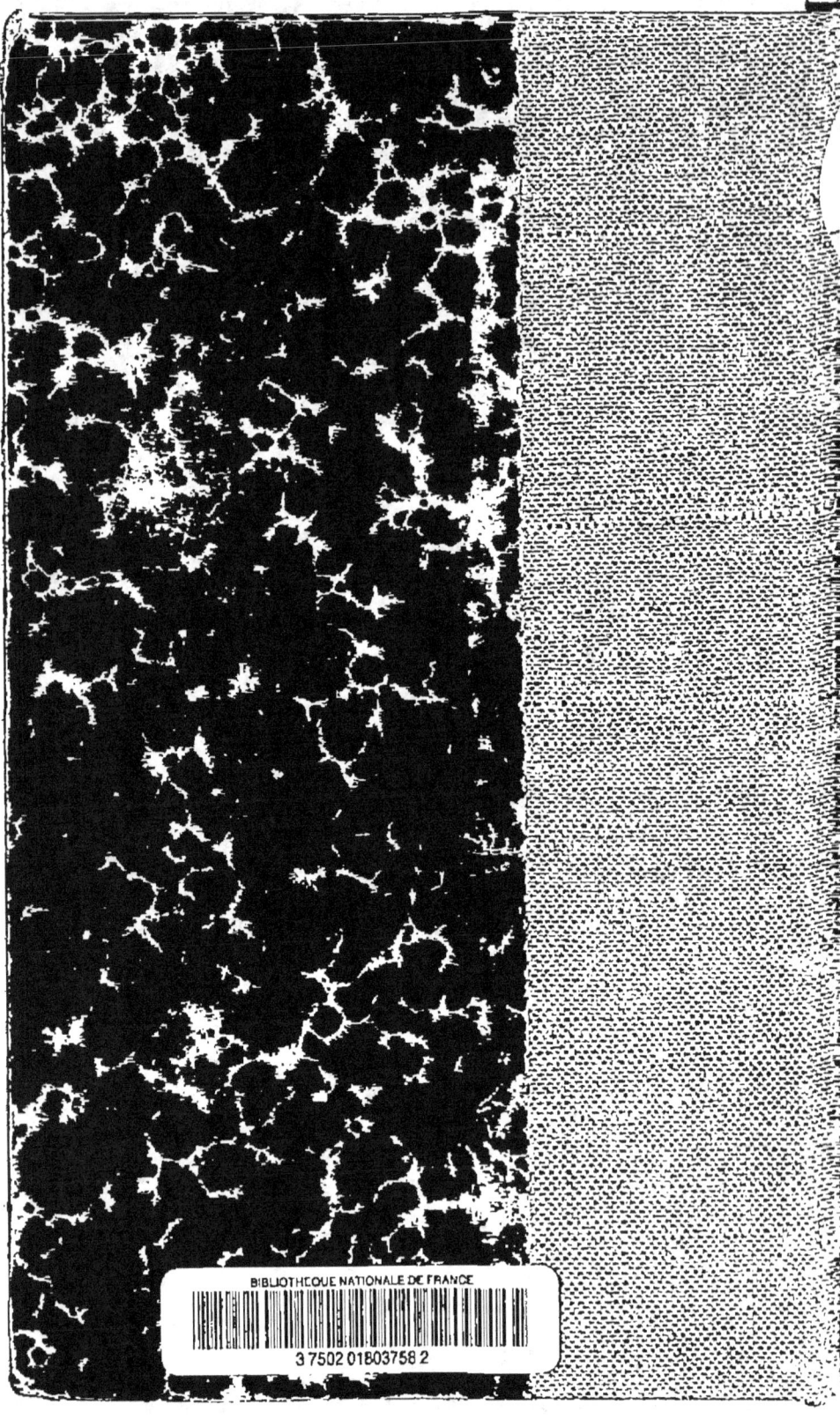

www.ingramcontent.com/pod-product-compliance
Lightning Source LLC
Chambersburg PA
CBHW052033230426
43671CB00011B/1631